亚马逊跨境电商运营实操大全

张国文◎编著

化学工业出版社
·北京·

内 容 简 介

本书从内容的全面性和干货性出发，对全书进行布局，让读者能够在短时间内快速掌握亚马逊跨境电商运营的核心操作技巧。

内容全面：10章专题内容，从账户注册、后台操作、账户管理、商品管理、课程学习、图片制作、文案编写、广告投放、推广引流和爆款打造等角度，全面讲解亚马逊跨境电商运营实操的相关知识。

注重干货：90多个实操技巧，提炼账户注册、后台操作、账户管理和商品管理等操作干货进行重点说明，帮助运营新手在短时间内掌握核心技巧，快速入门。

本书适合拥有一定运营经验的亚马逊运营者快速提升自身实操能力，也适合亚马逊运营新手快速入门，还能为对跨境电商运营感兴趣的人群提供一定的经验借鉴。

图书在版编目（CIP）数据

亚马逊跨境电商运营实操大全 / 张国文编著. —北京: 化学工业出版社, 2022.2（2024.8重印）
ISBN 978-7-122-40386-5

Ⅰ. ①亚… Ⅱ. ①张… Ⅲ. ①电子商务－商业企业管理－经验－美国 Ⅳ. ①F737.124.6

中国版本图书馆CIP数据核字(2021)第248722号

责任编辑：李 辰 孙 炜　　装帧设计：盟诺文化
责任校对：李雨晴　　封面设计：王晓宇

出版发行：化学工业出版社（北京市东城区青年湖南街 13 号　邮政编码 100011）
印　　装：北京建宏印刷有限公司
710mm×1000mm 1/16　印张 15　字数 309 千字　2024 年 8 月北京第 1 版第 2 次印刷

购书咨询：010-64518888　　售后服务：010-64518899
网　　址：http：//www.cip.com.cn
凡购买本书，如有缺损质量问题，本社销售中心负责调换。

定　价：78.00 元

前言

对于大多数人来说，做好亚马逊跨境电商运营并不是一件容易的事。在笔者看来，在亚马逊跨境电商运营的过程中，必须重点做好以下几个方面的工作。

账号注册与管理

账号注册是亚马逊跨境电商运营的基础，只有拥有了属于自己的店铺账号，才可以销售商品，获得收益。当然，卖家要想通过账号运营获得更高的收益，还必须对账号进行管理，借助账号信息的设置更好地进行销售。

内容的制作

大多数买家都会根据商品详情页面的信息来判断是否要购买对应的商品，因此卖家必须要做好内容的制作，通过优质的文案和精美的图片来吸引买家下单。

推广引流

通常来说，商品详情页面中涌入的流量越多，商品的销量也会越高。所以在亚马逊跨境电商的运营中，卖家做好推广引流很有必要，尽可能多地将站内和站外的流量吸引过来。

爆款打造

如果一件商品能够成为爆款，那么它便可以获得更多流量和销量。因此，卖家要掌握选品、促销的方法，以及爆款打造的技巧，让自己销售的商品更容易成为爆款。

本书通过10章内容、90多个干货技巧，对上述4个方面的工作及其他亚马逊跨境电商的实操技巧进行了全面解读，而且书中的很多运营技巧甚至展示了具体的操作步骤。所以，即便是亚马逊运营新手，也能快速读懂本书，并运用书中的知识快速玩转亚马逊跨境电商运营。

需要特别提醒的是，在编写本书时，笔者是基于当前各平台和软件而截取的实际操作图片，但本书从编辑到出版需要一段时间，在这段时间里软件界面与功能会有所调整与变化，比如有的内容删除了，有的内容增加了，这是软件开发商做的更新，请在阅读时根据书中的思路，举一反三，进行学习。

本书由张国文编著，参与编写的人员还有高彪等人，在此表示感谢。由于作者知识水平有限，书中难免有错误和疏漏之处，恳请广大读者批评、指正。

编著者

目　录

第 1 章
注册店铺账户

很多卖家之所以选择入驻亚马逊跨境电商平台，主要是因为可以通过在该平台上运营店铺来获得收益。而卖家要想运营亚马逊跨境电商的店铺，需要先注册一个店铺账户。因此，本章笔者就重点为大家讲解店铺注册的相关知识，让大家可以快速获取适合自己的店铺账户。

1.1 查看各站点的信息

亚马逊为卖家提供了多个开店的站点，卖家可以在亚马逊官网中查看各站点的具体信息，并据此选择适合自身的站点进行开店。具体来说，卖家进入亚马逊中国的官网默认页面后，可以单击页面上方的“全球开店”按钮，如图1-1所示。

图 1-1 单击“全球开店”按钮

操作完成后，进入亚马逊全球开店平台。卖家只需将鼠标放置在“站点介绍”按钮上，便会打开亚马逊全球开店主要站点（有的站点服务于某个地区的几个国家，有的站点则主要服务于一个国家）的下拉列表框，如图1-2所示。

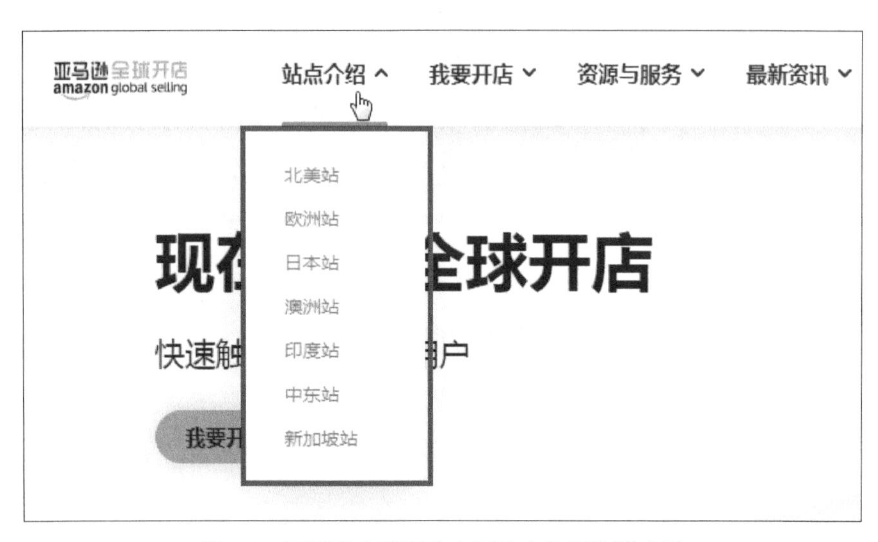

图 1-2 亚马逊全球开店主要站点的下拉列表框

另外，卖家只需选择对应的站点，即可进入该站点的详情介绍页面，全面了解该站点的相关信息。

1.1.1　查看北美站信息

在“站点介绍”下拉列表框中选择“北美站”选项，即可进入北美站的详情介绍页面。在该页面中，卖家可以查看北美站的概览和最新资讯，如图1-3所示。除此之外，卖家还可以查看北美站的销售品类和销售相关费用，如图1-4所示。

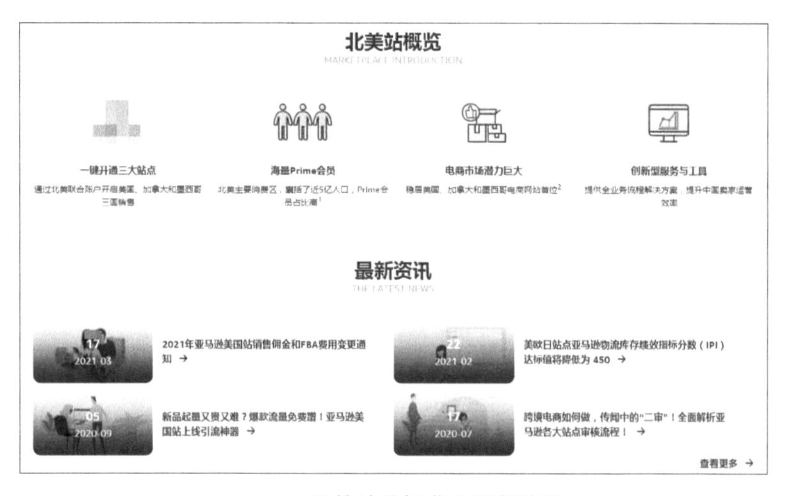

图 1-3　北美站的概览和最新资讯

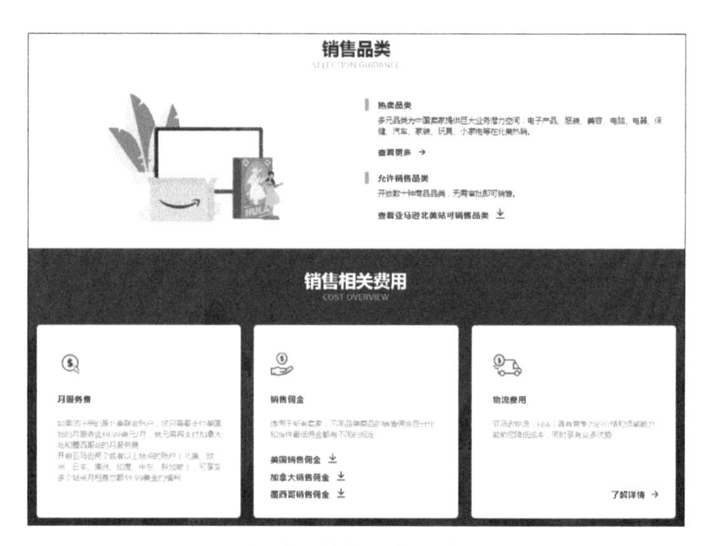

图 1-4　北美站的销售品类和销售相关费用

另外，卖家还可以单击北美站销售品类和销售相关费用中的相关链接，了解具体的销售信息。例如，卖家单击“销售品类”版块下方的“查看亚马逊北美站可销售品类”链接，便可直接查看北美站可销售商品的品类，如图1-5所示。

商品分类	允许的状况	是否需要批准
亚马逊设备配件	新品、经认证的翻新商品、二手	否（销售指南见附录 1）
亚马逊 Kindle	二手	否
汽车用品	新品、经认证的翻新商品、二手、收藏品	是（销售指南见附录 2）
母婴（服装除外）	新品	否，但某些子分类需要批准。
美容化妆	新品	否
图书	新品、二手、收藏品	否（收藏类图书状况指南见附录 3）
摄影摄像	新品、经认证的翻新商品、二手	否
手机和配件	新品、二手、经认证的翻新：已解锁	否（销售指南见附录 4）
硬币收藏品	收藏品、类似新品	是（销售指南见附录 5）
电视/音响	新品、经认证的翻新商品、二手	通常情况下，所有卖家均可在“软件”、“视频游戏”和“电视/音响”分类下发布商品，但若要销售某些特定商品，可能需要预先获得批准。（销售指南见附录 6）
娱乐收藏品	收藏品、类似新品	是
艺术品	新品（包括一手交易和二手交易艺术品）	是，但是限制新卖家的申请，查看亚马逊艺术品的一般要求（附录 7）。
食品	新品	否（销售指南见附录 8）
个护健康	新品	否，但某些子分类需要批准
家居与园艺	新品、经认证的翻新商品、二手、收藏品	否
工业与科学用品	新品、经认证的翻新商品、二手	否（销售指南见附录 9）

商品分类	允许的状况	是否需要批准
Kindle 配件和亚马逊 Fire TV 配件	新品、经认证的翻新商品、二手	否
大型电器	新品、二手、经认证的翻新商品	否
音乐	新品、二手、收藏品	是（销售指南见附录 10）
乐器	新品、经认证的翻新商品、二手、收藏品	否
办公用品	新品、经认证的翻新商品、二手、收藏品	否，但某些子分类需要批准。
户外	新品、经认证的翻新商品、二手	否，但某些子分类需要批准。
个人电脑	新品、经认证的翻新商品、二手	否，但某些子分类需要批准。
宠物用品	新品、经认证的翻新商品、二手	否，但某些子分类需要批准。
软件	新品、二手	否，但特定商品可能需要。
运动	新品、经认证的翻新商品、二手	否
体育收藏品	收藏品、类似新品	是（销售指南见附录 11）
工具和家居装修	新品、经认证的翻新商品、二手	否
玩具和游戏	新品、收藏品	否，但某些子分类需要批准。在冬季假日季期间销售商品可能需要获得批准，请参阅“玩具和游戏”假日销售指南见附录 12 了解详细信息。
视频、DVD 和蓝光光盘	新品、二手、收藏品	是（销售指南见附录 13）
视频游戏	新品、二手、收藏品	否，但特定商品可能需要。
钟表	新品	是

图 1-5　北美站可销售商品的品类

又如，卖家单击“销售相关费用”版块中“物流费用”下方的“了解详情”按钮，即可进入“各地区的亚马逊物流”页面，如图1-6所示。

图 1-6　“各地区的亚马逊物流”页面

卖家可以单击该页面中的相关链接，查看对应站点的物流费用。例如，卖家单击“点击查看2021年美国亚马逊物流收费标准”链接之后，即可进入“2021年美国销售佣金和亚马逊物流费用变更一览”页面，如图1-7所示。

2021 年美国销售佣金和亚马逊物流费用变更一览

即使受到新冠肺炎疫情的影响，亚马逊商城的卖家在 2020 年依然取得了优秀的业绩。自 2020 年 4 月 15 日至 2021 年 1 月 15 日，独立的第三方卖家（几乎所有的小型和中型企业）在亚马逊商城的销售额同比增长超过 55%。我们也在尽力加大投入，以帮助您继续取得成功。

2020 年，我们将整个配送和物流网络的仓储空间扩大了 50%，在全球增设了几十个配送站和运营中心。我们打造了超过 250 项工具和服务，以帮助您管理和发展业务，例如：帮助您推动新销售业务发展的“业务发展机会”页面、帮助您收回库存成本并改善可持续发展能力的“亚马逊物流批量清货计划”以及通过改进卖家大学课程来指导您有效使用所有这些新工具和服务。我们还认识到，新型冠状病毒肺炎疫情让小型企业面临严峻的考验，因此，我们在 12 月份决定将年度费用调整推迟到 2021 年春季，为其提供可靠的保障与支持，从而帮助他们度过如我们所预料的严冬。在 2020 年，许多其他公司通过加收附加费和进行费用调整的方式来转嫁成本，但是我们替您承担了 50 多亿美元的新型冠状病毒肺炎疫情相关费用，并且在 2021 年上半年还将再承担数十亿美元。

目前，已经在全球范围内大规模接种疫苗，我们也希望早日恢复正常状态，我们计划于 2021 年 6 月 1 日起在美国进行下一次费用调整。大部分销售佣金不会发生变化，我们只会对配送费用进行最小幅度的增长（平均约为 2-3%），符合或低于行业平均值。基于我们从卖家收到的反馈，以及我们不断努力降低成本的目标，我们还会降低某些费用（如退货处理费）。

请查看以下费用变更详情页面。这些变更将于 2021 年 6 月 1 日起生效（除非另作说明）。

2021 年亚马逊物流配送费用变更

2021 年亚马逊销售佣金和计划费用变更

2021 年亚马逊物流退货处理费用变更

2021 年亚马逊物流新选品计划变更

2021 年亚马逊物流移除、弃置和人工处理费用变更

2021 年亚马逊物流轻小商品计划费用变更

2021 年多渠道配送费用变更

图 1-7　“2021 年美国销售佣金和亚马逊物流费用变更一览”页面

卖家可以单击“2021年美国销售佣金和亚马逊物流费用变更一览”页面中的相关链接，了解具体的费用变更情况。例如，单击“2021年亚马逊物流配送费用变更”链接，即可查看核心物流配送费用变更和危险品的配送费用变更等信息，如图1-8和图1-9所示。

2021 年 6 月 1 日之前				**2021 年 6 月 1 日及之后**		
尺寸分段	发货重量	包装重量	每件商品的配送费用[1]	尺寸分段	发货重量（今后不再计算包装重量）	每件商品的配送费用[1]
小号标准尺寸	不超过 10 盎司	4 盎司	$2.50	小号标准尺寸	不超过 6 盎司	$2.70
					6 至 12 盎司（不含 6 盎司）	$2.84
	10 至 16 盎司（不含 10 盎司）	4 盎司	$2.63		12 至 16 盎司[2]（不含 12 盎司）	$3.32
大号标准尺寸	不超过 10 盎司	4 盎司	$3.31	大号标准尺寸	不超过 6 盎司	$3.47
					6 至 12 盎司（不含 6 盎司）	$3.64
	10 至 16 盎司（不含 10 盎司）	4 盎司	$3.48		12 至 16 盎司[2]（不含 12 盎司）	$4.25
	1 至 2 磅（不含 1 磅）	4 盎司	$4.90		1 至 2 磅（不含 1 磅）	$4.95
	2 至 3 磅（不含 2 磅）	4 盎司	$5.42		2 至 3 磅（不含 2 磅）	$5.68
	3 至 21 磅（不含 3 磅）	4 盎司	$5.42 + $0.38/磅（超出首重 3 磅的部分）		3 至 20 磅（不含 3 磅）	$5.68 + $0.30/磅（超出首重 3 磅的部分）
小号大件商品	不超过 71 磅	1 磅	$8.26 + $0.38/磅（超出首重 2 磅的部分）	小号大件商品	不超过 70 磅	$8.66 + $0.38/磅（超出首磅的部分）
中号大件商品	不超过 151 磅	1 磅	$11.37 + $0.39/磅（超出首重 2 磅的部分）	中号大件商品	不超过 150 磅	$11.37 + $0.39/磅（超出首磅的部分）
大号大件商品	不超过 151 磅	1 磅	$75.78 + $0.79/磅（超出首重 90 磅的部分）	大号大件商品	不超过 150 磅	$76.57 + $0.79/磅（超出首重 90 磅的部分）
特殊大件商品	不适用	1 磅	$137.32 + $0.91/磅（超出首重 90 磅的部分）	特殊大件商品	超过 150 磅	$138.11 + $0.79/磅（超出首重 90 磅的部分）

图 1-8　核心物流配送费用变更信息（“服装”类商品除外）

2021 年 6 月 1 日之前				2021 年 6 月 1 日及之后		
尺寸分段	发货重量	包装重量	每件商品的配送费用	尺寸分段	发货重量（今后不再计算包装重量）	每件商品的配送费用
小号标准尺寸	不超过 10 盎司	4 盎司	$3.43	小号标准尺寸	不超过 6 盎司	$3.63
					6 至 12 盎司（不含 6 盎司）	$3.85
	10 至 16 盎司（不含 10 盎司）	4 盎司	$3.64		12 至 16 盎司（不含 12 盎司）	$3.89
大号标准尺寸	不超过 10 盎司	4 盎司	$4.06	大号标准尺寸	不超过 6 盎司	$4.22
					6 至 12 盎司（不含 6 盎司）	$4.39
	10 至 16 盎司（不含 10 盎司）	4 盎司	$4.23		12 至 16 盎司（不含 12 盎司）	$4.82
	1 至 2 磅（不含 1 磅）	4 盎司	$5.47		1 至 2 磅（不含 1 磅）	$5.52
	2 至 3 磅（不含 2 磅）	4 盎司	$5.86		2 至 3 磅（不含 2 磅）	$6.12
	3 至 21 磅（不含 3 磅）	4 盎司	$5.86 + $0.38/磅（超出首重 3 磅的部分）		3 至 20 磅（不含 3 磅）	$6.12 + $0.30/磅（超出首重 3 磅的部分）
小号大件商品	不超过 71 磅	1 磅	$8.98 + $0.38/磅（超出首重 2 磅的部分）	小号大件商品	不超过 70 磅	$9.38 + $0.38/磅（超出首磅的部分）
中号大件商品	不超过 151 磅	1 磅	$11.22 + $0.39/磅（超出首重 2 磅的部分）	中号大件商品	不超过 150 磅	$12.20 + $0.39/磅（超出首磅的部分）
大号大件商品	不超过 151 磅	1 磅	$87.14 + $0.79/磅（超出首重 90 磅的部分）	大号大件商品	不超过 150 磅	$87.93 + $0.79/磅（超出首重 90 磅的部分）
特殊大件商品	不适用	1 磅	$157.12 + $0.91/磅（超出首重 90 磅的部分）	特殊大件商品	超过 150 磅	$157.91 + $0.79/磅（超出首重 90 磅的部分）

图 1-9　危险品的配送费用变更信息

1.1.2　查看欧洲站信息

在“站点介绍”下拉列表框中选择“欧洲站”选项，即可进入欧洲站的详情介绍页面。在该页面中，卖家可以查看欧洲站的概览和最新资讯，如图1-10所示。可以看到，欧洲站的主要特点包括拥有“3.4亿网购卖家”“1个账户覆盖8大站点”“完善的物流服务”，以及可以“获得多样化收入”。

图 1-10　欧洲站的概览和最新资讯

卖家还可以在欧洲站详情介绍页面中，查看欧洲站的销售品类和销售相关费用，如图1-11所示。另外，卖家还可以单击欧洲站销售品类和销售相关费用中的相关链接，了解具体的销售信息。例如，卖家单击“销售佣金”中的“了解详情”链接，便可直接查看欧洲站的销售佣金情况，如图1-12所示。

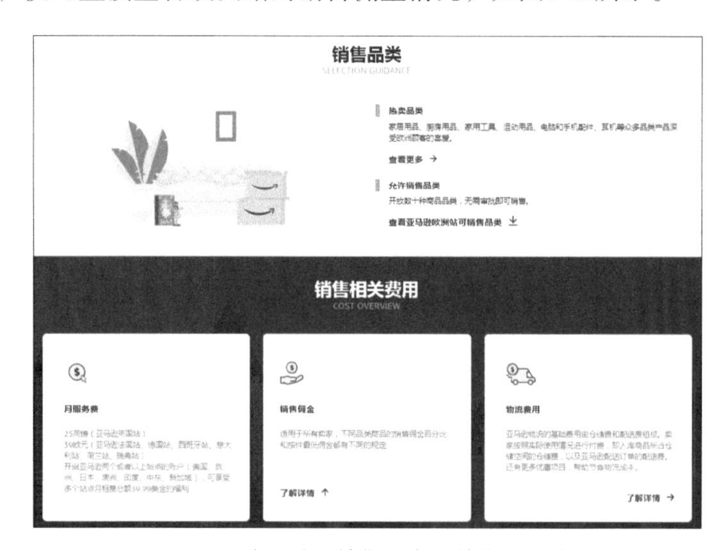

图 1-11　欧洲站的销售品类和销售相关费用

欧洲站销售佣金

分类	销售佣金	最低佣金
添加剂制造	12%	0.4英镑
亚马逊设备配件	45%	0.4英镑
啤酒、葡萄酒和烈酒	10%	--
媒介类商品(图书、音乐、影视)	15%	--
商业、工业和科学用品	15%	0.4英镑
汽车和摩托车	15%	0.4英镑
电脑	7%	0.4英镑
电脑配件	12%	0.5英镑
电视/音响	7%	0.6英镑
DIY工具	12%	0.4英镑
电子配件	12%	0.4英镑
食品服务	15%	0.4英镑
食品	15%	--
工业电气用品	12%	0.4英镑
工业工具和仪器	12%	0.4英镑
珠宝首饰	25%	1.25英镑
大型家电(不包含配件、微波炉以及抽油烟机)	7%	0.4英镑
材料处理	12%	0.4英镑
金属加工	12%	0.4英镑
乐器和DJ	12%	0.4英镑
软件	15%	--
轮胎	10%	0.4英镑
视频游戏	15%	--
视频游戏机	8%	--
钟表	15%	1.25英镑
所有其他分类	15%	0.4英镑

图 1-12　欧洲站的销售佣金情况

1.1.3　查看日本站信息

在“站点介绍”下拉列表框中选择“日本站”选择，即可进入日本站的详情介绍页面。和其他站不同的是，日本站的详情介绍页面中没有“最新资讯”版块，该页面中依次展示的是“日本站概览”和“卖家分享”版块（在北美站的详情介绍页面中，“卖家分享”版块位于“最新资讯”版块的下方）。图1-13所示为日本站的概览和卖家分享。

图 1-13　日本站的概览和卖家分享

卖家还可以在日本站详情介绍页面中，查看日本站的销售品类和销售相关费用，如图1-14所示。

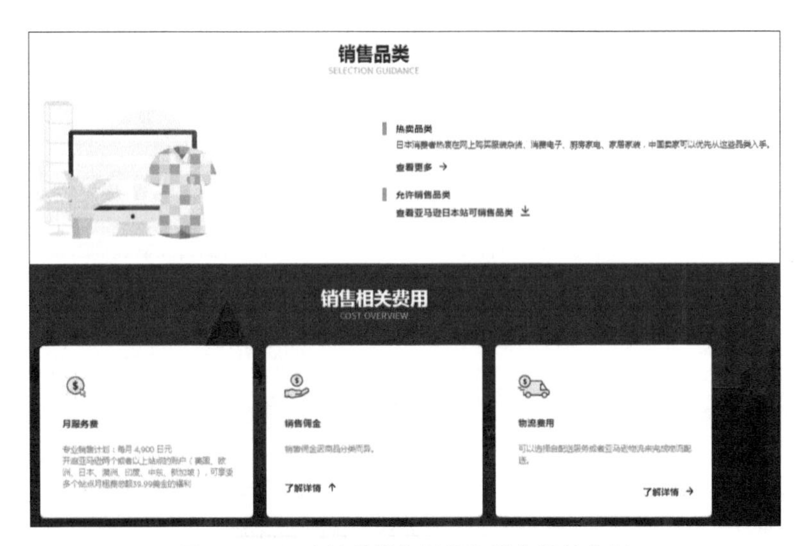

图 1-14　日本站的销售品类和销售相关费用

另外，卖家还可以单击日本站销售品类和销售相关费用中的相关链接，了解具体的销售信息。例如，卖家单击“销售相关费用”版块中的“销售佣金”

下方的“了解详情”链接，便可查看日本站中各类商品的佣金百分比，如图1-15所示。

日本站销售佣金

类别	佣金百分比
图书	15%
音乐	15%
DVD	15%
视频	15%
电子产品（影音设备、手机）	8%
摄影摄像	8%
电脑	8%
（电子产品、摄影摄像和电脑）配件	10%（最低销售佣金为50日元）
亚马逊设备配件	45%
乐器	8%
药品商店	• 总销售价格不超过1,500日元的商品，收取8% • 总销售价格超过1,500日元的商品，收取10%

运动户外	10%
汽车用品	10%
玩具和游戏	10%
视频游戏	15%
软件	15%
宠物用品	• 总销售价格不超过1,500日元的商品，收取8% • 总销售价格超过1,500日元的商品，收取15%
办公用品	15%
家居（内饰、厨具）	15%
家具	• 总销售价格中不超过20,000日元的部分，收取15% • 总销售价格超过20,000日元的部分，收取10%
家用电器	15%
大型家电	8%
工具和家居装修	15%
工业与科学用品	15%

图 1-15　日本站中各类商品的佣金百分比

1.1.4　查看澳洲站信息

选择“站点介绍”下拉列表框中的“澳洲站”选项，即可进入澳洲站的详情介绍页面。和日本站相同，澳洲站的详情介绍页面中也没有“最新资讯”版块。图1-16所示为澳洲站的概览和卖家分享。

图 1-16　澳洲站的概览和卖家分享

卖家还可以在“卖家分享”版块的下方，查看澳洲站的销售品类和销售相关费用，如图1-17所示。

图 1-17　澳洲站的销售品类和销售相关费用

卖家可以单击图1-17中的链接，查看销售品类和销售费用的相关信息。例如，卖家单击“手续费”下方的“了解详情”链接，即可查看“澳洲站手续费”的详情，如图1-18所示。

澳洲站手续费

固定手续费：

- 专业销售计划：无固定交易手续费
- 个人销售计划：每件售出的商品0.99澳元

对于售出的每件媒介类商品，所有卖家（无论计划类型如何）还需支付$1.00的交易手续费。媒介类商品是指图书、DVD、音乐、软件和电脑/视频游戏、视频和视频游戏机。

图 1-18　“澳洲站手续费”的详情

1.1.5　查看印度站信息

在“站点介绍”下拉列表框中选择“印度站”按钮，即可进入印度站的详情介绍页面，查看印度站的概览和最新资讯。可以看到，该站点的主要特点包括背靠“快速增长经济体”“人口红利和流量大”“站内（商品）品类丰富”和“引流工具齐全”，如图1-19所示。

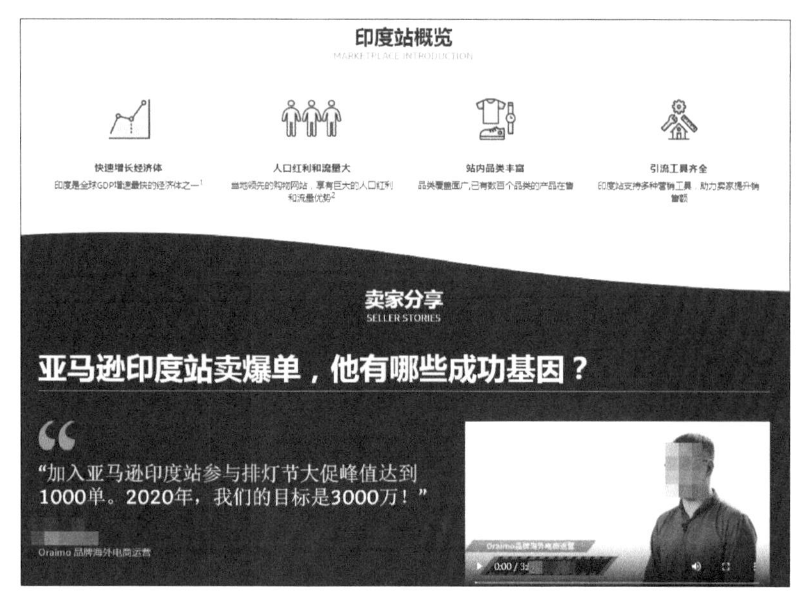

图 1-19　印度站的概览和最新资讯

卖家还可以在“卖家分享”版块的下方，查看印度站的销售品类和销售相关费用，如图1-20所示。

图 1-20　印度站的销售品类和销售相关费用

卖家可以单击图1-20中的链接，查看销售品类和销售费用的相关信息。例如，例如，卖家单击“交易手续费”中的“了解详情”链接，即可查看印度站的交易手续费、取消费和大批量上架费用，如图1-21和图1-22所示。

交易手续费

您需要根据买家支付的商品价格（包括卖家收取的所有运费或礼品包装费）支付固定交易手续费。需支付的固定交易手续费的计算方法如下所示：

表 1. 对于 Easy Ship 和自行配送

含运费的商品价格（印度卢比）	Easy Ship*	Easy Ship Prime	自配送
0-250	5	8	6
251-500	8	11	16
501-1,000	28	25	32
1,000+	50	45	59

表 2. 对于标准亚马逊物流（Seller Flex 除外）

含运费的商品价格（印度卢比）	所有分类	指定分类*
0-250	25	25
251-500	20	12
501-1,000	15	15
1,000+	30	30

图 1-21 交易手续费

取消费

对于在以下情况下取消的卖家自配送订单，您需要支付当前商品价格销售佣金的 100%（如果在 ESD 当日或之前取消）/150%（如果在 ESD 之后取消）作为取消费用：

1. 订单因非买家请求的其他原因被卖家取消。（只有买家通过 Amazon.in 网站发出的取消请求才会被视为买家请求，可以免除取消费。）
2. 因卖家在预计发货日期的 24 小时内未发货或未确认订单发货，导致亚马逊自动取消订单。

注意：所有费用均不含 18% 的商品及服务税 (GST)。为了确保您支付的销售佣金正确无误，您在网站上发布商品时需要尽可能准确地对其进行分类。适用于商品的分类由亚马逊自行决定。

大批量上架费用

自 2019 年 7 月 1 日起，对于超出 2,000,000 个在售非媒介类商品 ASIN 的部分，我们针对该超出部分的每个 ASIN 收取 0.5 印度卢比的月度大批量上架费用（"HVLF"）。请注意，大批量上架费用仅针对您的非媒介类商品 ASIN 收取。有关更多详情，请参阅大批量上架费用常见问题页面

图 1-22 取消费和大批量上架费用

1.1.6 查看中东站信息

在“站点介绍”下拉列表框中选择“中东站”按钮，即可进入中东站的详情介绍页面，查看中东站的概览和最新资讯，如图1-23所示。

卖家还可以在“卖家分享”版块的下方，查看中东站的销售品类和销售相

关费用，如图1-24所示。有需要的卖家还可以单击图1-24中的链接，查看销售品类和销售费用的相关信息。具体查看方法和其他几个站点相同，这里不再赘述。

图 1-23　中东站的概览和卖家分享

图 1-24　中东站的销售品类和销售相关费用

1.1.7　查看新加坡站信息

在“站点介绍”下拉列表框中选择“新加坡站”选项，即可进入新加坡站的详情介绍页面。与其他站点的详情介绍页面不同，新加坡站的详情介绍页面中没有“最新资讯”和“卖家分享”版块。不过，在笔者截图时，在新加坡站开店可以免月租。图1-25所示为新加坡站的概览和月租情况。

图 1-25　新加坡站的概览和月租情况

卖家还可以在“新加坡站概览”版块的下方，查看新加坡站的销售品类和销售相关费用，如图1-26所示。有需要的卖家还可以单击图1-26中的链接，查看销售品类和销售费用的相关信息。具体查看方法和其他几个站点相同，这里不再赘述。

图 1-26　新加坡站的销售品类和销售相关费用

1.2 注册属于你的账户

卖家要想通过亚马逊跨境电商运营获得收益，需要先注册相关账户，开设属于自己的店铺，只有这样卖家才可以获得店铺的运营资格。本节将讲解账户注册的相关内容，让大家可以更好、更快地开设自己的店铺。

1.2.1 查看开店前需要做的准备

在开设店铺账户之前，卖家可以先了解开店需要做的准备。对此，卖家可以将鼠标放置在“亚马逊全球开店”平台中的“我要开店”按钮上，在打开的下拉列表框中选择“开店前准备”选项，如图1-27所示。

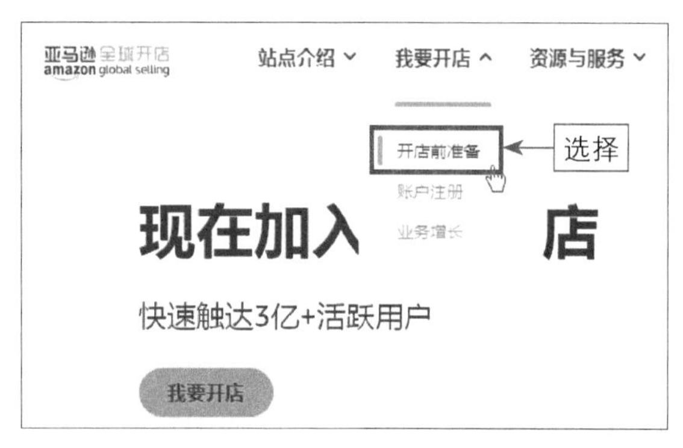

图 1-27　单击“开店前准备”按钮

操作完成后，即可进入“开店前准备”页面，查看开店需要做的一些准备。具体来说，进入“开店前准备”页面后，卖家首先可以看到的是“卖家行为准则”和“可销售品类”版块，如图1-28所示。

图 1-28　卖家行为准则和可销售品类

可以单击图1-28中的链接，查看链接中的相关内容。例如，卖家单击“查看更多”链接，便可进入“卖家行为准则”页面，该页面中展示了卖家需要遵守的各项行为准则，如图1-29所示。

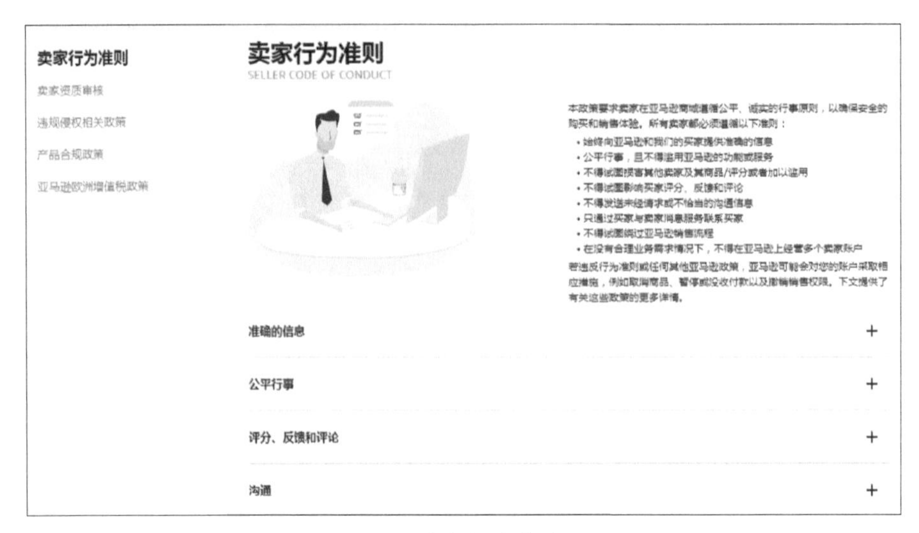

图 1-29 “卖家行为准则”页面

如果卖家单击对应行为准则后方的 + 图标，还可以查看具体的行为准则。图1-30所示为准确的信息、公平行事、评分、反馈和评论，以及沟通的具体行为准则。

图 1-30 具体的行为准则

“可销售品类”版块的下方是“开店成本”版块。在“开店成本”版块中，卖家可以查看月服务费、销售佣金、物流费用和其他成本的相关信息，如图1-31所示。有需要的卖家还可以单击该版块中的链接，查看某个部分的开店成本。

图 1-31　“开店成本”版块

另外，单击“其他成本”版块中的＋图标，还可以查看相关成本的具体说明，如图1-32所示。

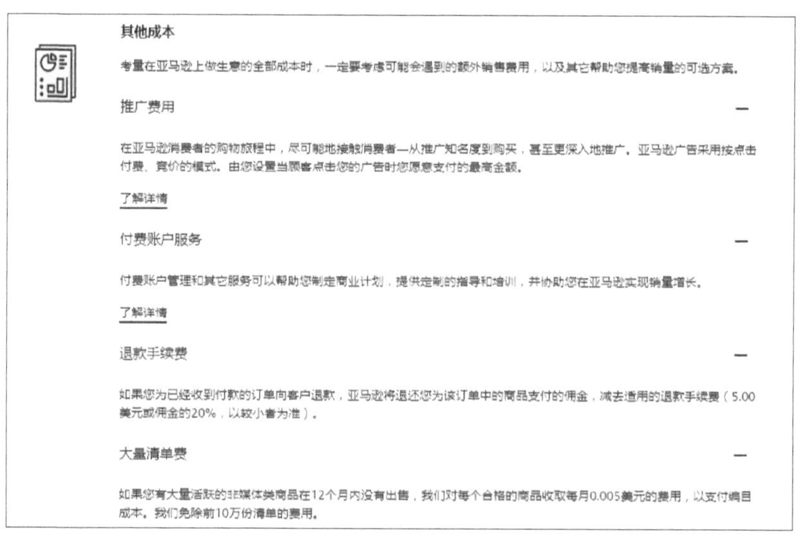

图 1-32　查看“其他成本”版块中的具体说明

“开店成本”版块的下方是“注册资料准备”版块。可以看到，注册账户需要准备的资料主要包括公司营业执照彩色扫描件、法定代表人身份证彩色扫描件、付款信用卡和联系方式，如图1-33所示。

图 1-33　“注册资料准备”版块

1.2.2　查看账户注册的相关事项

除了了解开店前的相关准备，卖家还需要了解账户注册的相关事项。具体来说，在如图1-27所示的“我要开店”下拉列表框中选择“账户注册”选项，操作完成后，即可进入“账户注册”页面。进入“账户注册”页面后，卖家便可以看到“注册流程”版块，如图1-34所示。

图 1-34　“注册流程”版块

卖家可以单击该版块中的链接，查看对应站点的账户注册指导信息。例如，单击“欧洲站点卖家账户注册指导”链接，便可以查看“亚马逊欧洲站点卖家注册指导”的相关内容，如图1-35所示。有需要的卖家，还可以直接下载该注册指导文件。

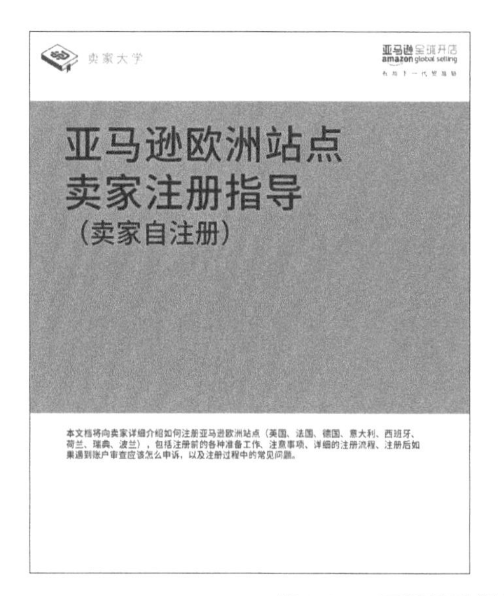
卖家大学

亚马逊全球开店
amazon global selling

亚马逊欧洲站点
卖家注册指导
（卖家自注册）

本文档将向卖家详细介绍如何注册亚马逊欧洲站点（英国、法国、德国、意大利、西班牙、荷兰、瑞典、波兰），包括注册前的各种准备工作、注意事项、详细的注册流程、注册后如果遇到账户审查应该怎么申诉，以及注册过程中的常见问题。

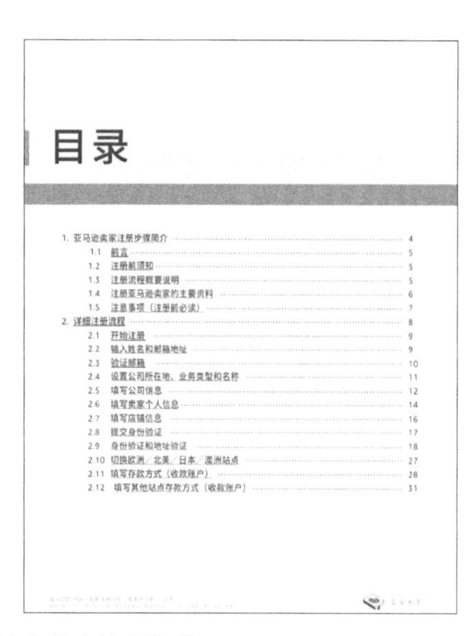
目录

图 1-35 亚马逊欧洲站点卖家注册指导

除了“注册流程”，卖家还可以在“账户注册”页面中查看“账户审查”和“上传商品”版块的相关信息，如图1-36所示。

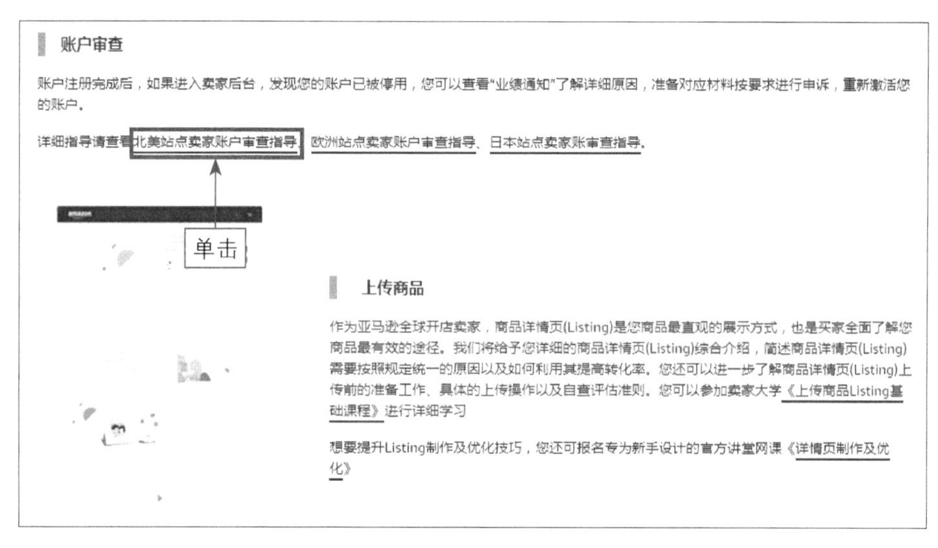

图 1-36 “账户审查”和“上传商品”版块

卖家可以单击图1-36中的对应链接，查看具体的链接内容。例如，卖家单击“北美站点卖家账户审查指导”链接，便可查看亚马逊北美站账户审查的相关文件，如图1-37所示。

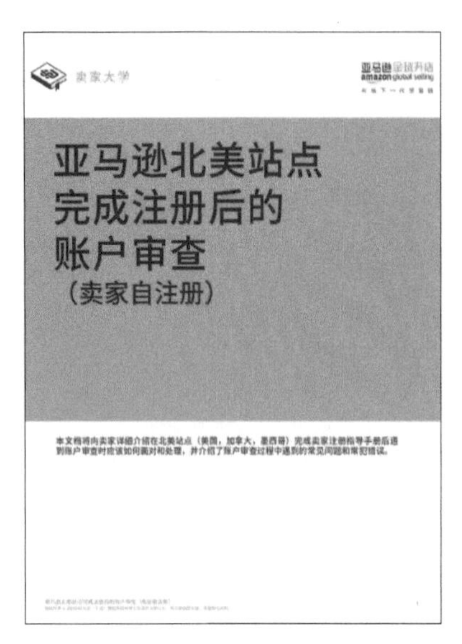

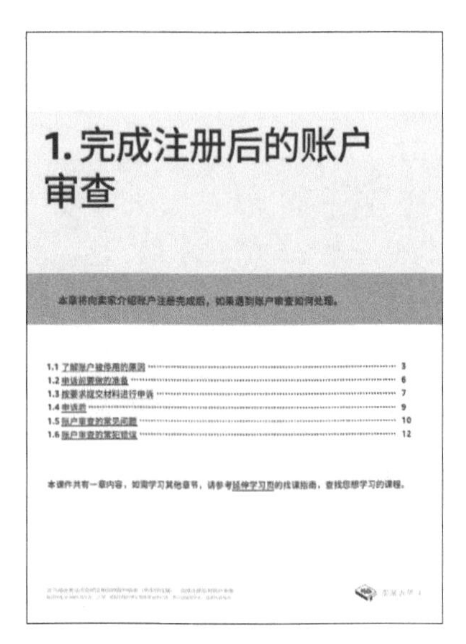

图 1-37　亚马逊北美站账户审查的相关文件

1.2.3　了解账户注册的常见问题

在注册账户之前，卖家可以先到对应站点的详情介绍页面中，查看账户注册的常见问题。例如，在亚马逊美洲站的“常见问题”版块中，便为卖家列出了账户注册（即图中的账号注册）中的常见问题，如图1-38所示。

常见问题

FAQ

关于注册账号

不小心注册了一个账户或者不再需要我的账户了，如何关闭账户？ +

我可以停下来，稍后再完成注册吗？ +

我输入的信息会丢失吗？ +

我在开户后是否可以提供其他信用卡？ +

我没有座机电话，该怎么办？ +

我已经尝试过3遍电话验证了，现在无法再试一遍，我该怎么办？ +

收款方式一定要双币信用卡吗？ +

存款方式可以使用第三方服务账户 +

图 1-38　账户注册的部分常见问题

卖家只需单击对应问题后面的＋图标，便可查看问题的答案。图1-39所示为部分问题及对应的答案。

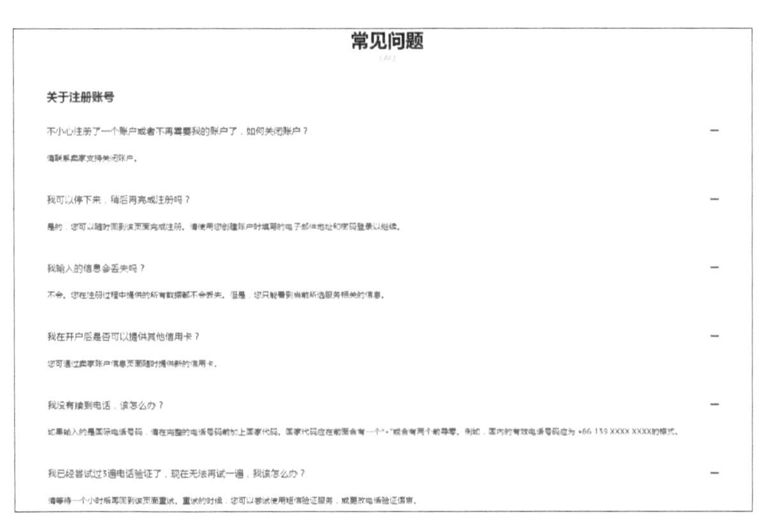

图 1-39　部分问题及对应的答案

★ 专家提醒 ★

除了账户注册的问题，卖家还可以在“常见问题”版块中查看其他方面的常见问题。例如，在亚马逊美洲站的“常见问题”版块中，便可以查看账户和店铺信息设置、产品刊登、物流、税务等方面的问题及答案。

1.2.4　注册亚马逊平台的账户

在亚马逊跨境电商平台中，有的内容是需要登录账户之后才能查看和设置的，而要登录账户就需要先注册亚马逊平台的账户。下面，笔者就来介绍注册亚马逊平台账户的具体操作步骤。

步骤 01 单击亚马逊跨境电商平台默认页面右侧的“免费注册”链接，如图1-40所示。

步骤 02 进入“创建账户”页面，卖家可以直接输入相关信息注册账号，也可以单击“微信账号注册”按钮，用微信号进行账户注册，如图1-41所示。

步骤 03 如果卖家单击“微信账号注册”按钮，便会打开一个带有二维码的页面。卖家可以打开微信App，❶单击⊕图标，打开一个下拉列表框，❷选择“扫一扫”选项，如图1-42所示。

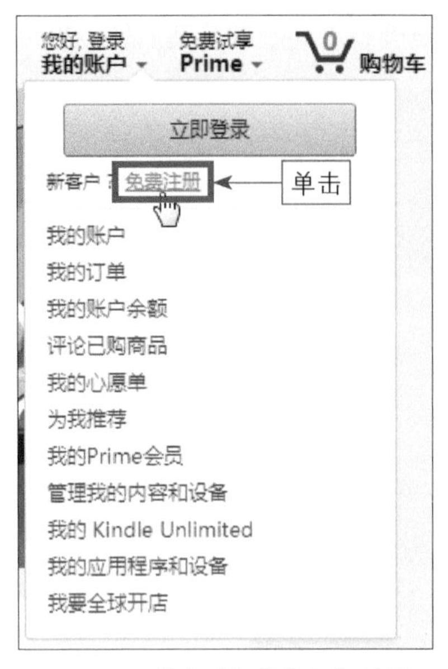

图 1-40　单击“免费注册”链接

图 1-41　“创建账户”页面

步骤 04 进入“扫码”页面，将镜头对准二维码进行扫码，如图1-43所示。

图 1-42　选择“扫一扫”选项

图 1-43　扫描二维码

步骤 05 进入亚马逊中国申请使用微信信息界面，单击界面中的“同意”按钮，如图1-44所示。

步骤 06 进入“微信用户注册”页面，❶输入手机号码和验证码；❷单击

“创建您的亚马逊账户”按钮，如图1-45所示。完成操作后，卖家便可获得亚马逊平台的账户。

图 1-44　单击“同意”按钮

图 1-45　单击“创建您的亚马逊账户”按钮

1.2.5　注册对应站点的店铺账户

如果卖家确定要在亚马逊上开店，可以注册对应站点的店铺账户，具体操作步骤如下。

步骤 01 将鼠标放置在“亚马逊全球开店”页面中的“立即注册”按钮上，打开一个下拉列表框，选择对应站点的注册选项，如“沙特注册”，如图1-46所示。

图 1-46　选择对应站点的注册选项

步骤 02 进入“Create account（译为：创建账户）”页面，单击页面中的“Sign in（译为：登录）”按钮，如图1-47所示。

步骤 03 进入“Sign-In”页面，在该页面中输入账户和密码，单击“Sign-In”按钮，如图1-48所示。

图 1-47 单击“Sign in”按钮

图 1-48 单击“Sign-In”按钮

步骤 04 进入“设置您的亚马逊销售账户”页面，在该页面中选择和输入销售账户信息，单击“同意并继续”按钮，如图1-49所示。

图 1-49 单击“同意并继续”按钮

步骤 05 进入“公司信息”页面，在页面中输入相关信息，单击“立即给我发短信”按钮，如图1-50所示。

图 1-50　单击“立即给我发短信”按钮

步骤 06 操作完成后，会弹出“输入通过短信向您发送的PIN码”提示框，在文本框中❶输入验证码；❷单击“验证”按钮，如图1-51所示。

图 1-51　单击“验证”按钮

步骤 07 返回“公司信息”页面，此时页面中会显示“验证成功完成”。单击页面中的“保存并继续”按钮，如图1-52所示。

步骤 08 进入“取件地址”页面，如果之前填写的地址无法提供“Easy Ship”（即便捷配送服务），那么页面中会显示“您输入的城市和地区不符合Easy Ship要求。”，如图1-53所示。此时卖家可以返回修改地址，也可以先单击“保存并继续”按钮，完成账户的注册，等注册完之后再修改相关信息。

步骤09 进入“设置您的收款方式”页面，在该页面中设置和填写相关信息，单击“下一步”按钮，如图1-54所示。

图 1-52 单击“保存并继续”按钮

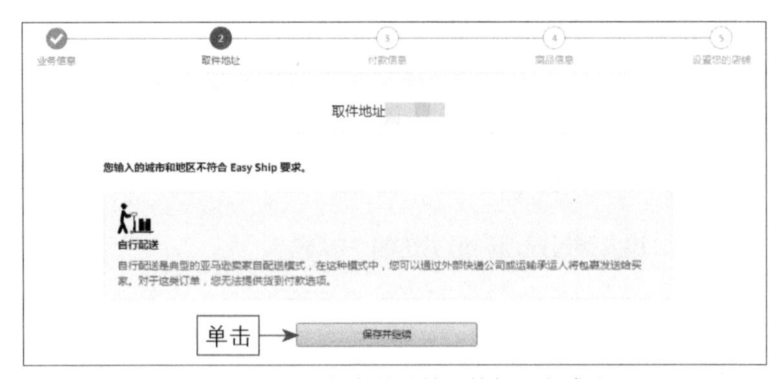

图 1-53 单击“保存并继续”按钮，完成注册

图 1-54 单击“下一步”按钮

步骤 10 进入“设置您的付款方式”页面，❶选中对应信用卡所在的单选按钮；❷单击“保存并继续”按钮，如图1-55所示。

图 1-55　单击“保存并继续”按钮

步骤 11 进入“请告诉我们您的商品信息”页面，在该页面中根据相关问题进行选择，单击“继续”按钮，如图1-56所示。

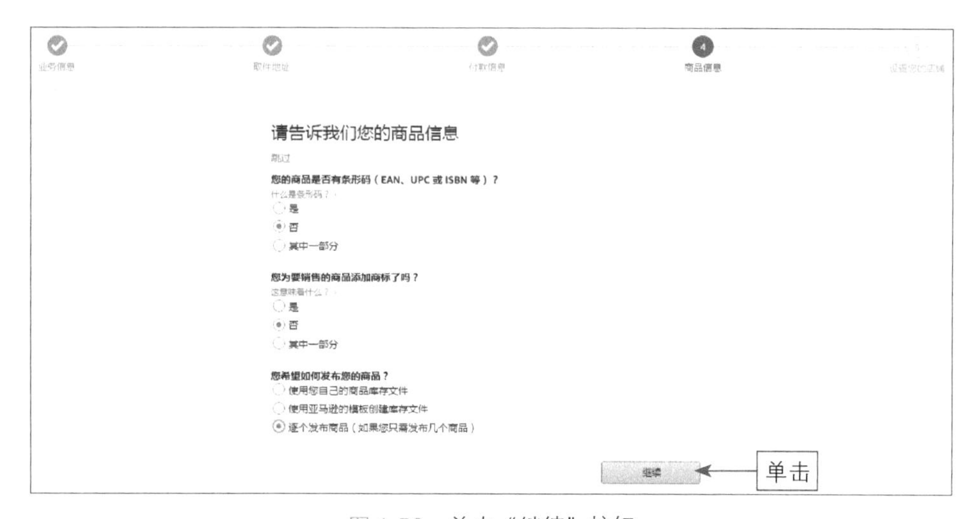

图 1-56　单击“继续”按钮

步骤 12 进入商品分类页面，从页面中选择所要销售的商品所属的类别，单击“完成注册”按钮，如图1-57所示。

步骤 13 进入卖家“身份验证”页面，在该页面中选择所在的国家和卖家的类别，单击“下一步”按钮，如图1-58所示。

步骤 14 进入账户所有者个人信息页面，在该页面中设置和填写相关信息，单击“提交”按钮，如图1-59所示。

告诉我们您的商品分类。您也可以稍后添加或编辑您的选择。
单击

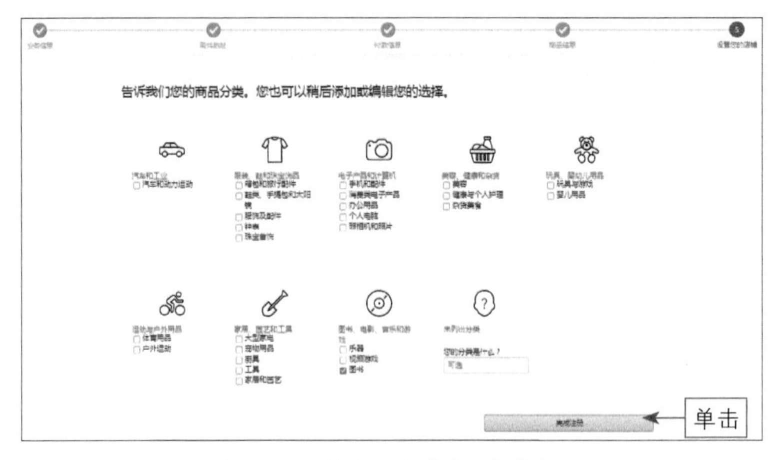

图 1-57　单击“完成注册”按钮

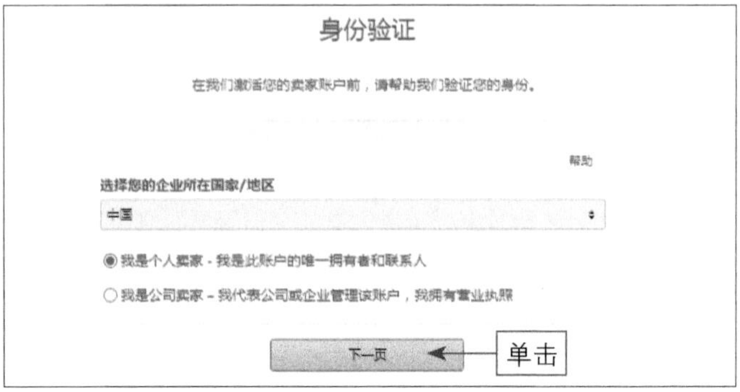
身份验证
在我们激活您的卖家账户前，请帮助我们验证您的身份。
帮助
选择您的企业所在国家/地区
中国
我是个人卖家 - 我是此账户的唯一拥有者和联系人
我是公司卖家 - 我代表公司或企业管理该账户，我拥有营业执照
下一页
单击

图 1-58　单击“下一步”按钮

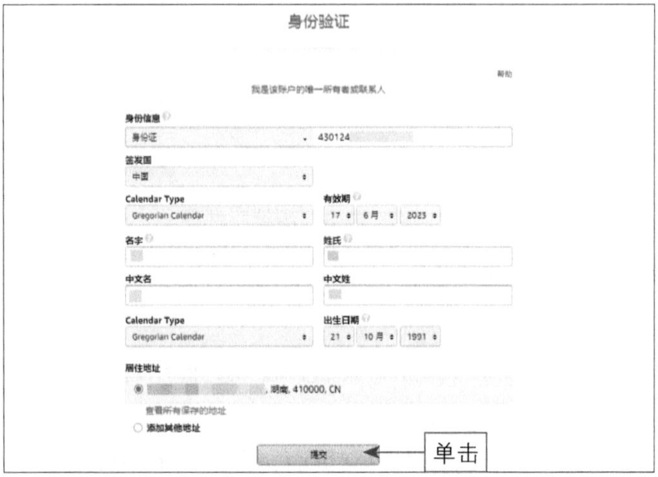
身份验证
帮助
我是该账户的唯一所有者或联系人
身份信息
身份证
430124
签发国
中国
Calendar Type
Gregorian Calendar
有效期
17
6月
2023
名字
姓氏
中文名
中文姓
Calendar Type
Gregorian Calendar
出生日期
21
10月
1991
居住地址
湖南, 410000, CN
查看所有保存的地址
添加其他地址
提交
单击

图 1-59　单击“提交”按钮

步骤 15 进入账户所有者个人信息的文件上传页面，在该页面中上传身份证照片和信用卡对账单截图，单击“提交”按钮，如图1-60所示。

图 1-60　单击“提交”按钮

步骤 16 操作完成后，页面中会弹出“感谢您共享您的信息”提示框。提示框中会显示“我们正在处理您的信息，请稍候。这最多可能需要60秒。”，如图1-61所示。

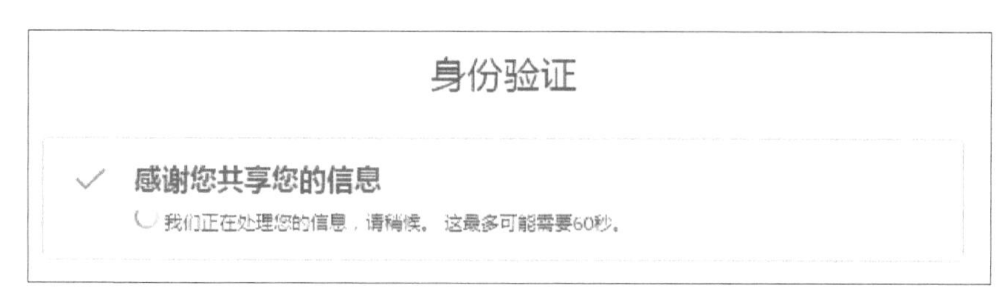

图 1-61　弹出“感谢您共享您的信息”提示框

步骤 17 等待一会，页面中会弹出“感谢您提出请求”提示框。提示框中会显示“我们已收到您的信息，并可能会在2个工作日内联系您以进行进一步澄清。”，如图1-62所示。此时，卖家只需保持手机畅通，等待亚马逊客服人员联系即可。

步骤 18 亚马逊对身份信息进行验证之后，会向卖家发送审核通过的相关邮件。收到邮件之后，刷新页面，即可看到“启用两步验证”页面。单击页面中的“启用两步验证”按钮，如图1-63所示。

步骤 19 进入“注册两步验证认证器”页面，❶输入手机号码；❷单击“继续”按钮，如图1-64所示。操作完成后，在跳转的新页面中输入手机验证码。

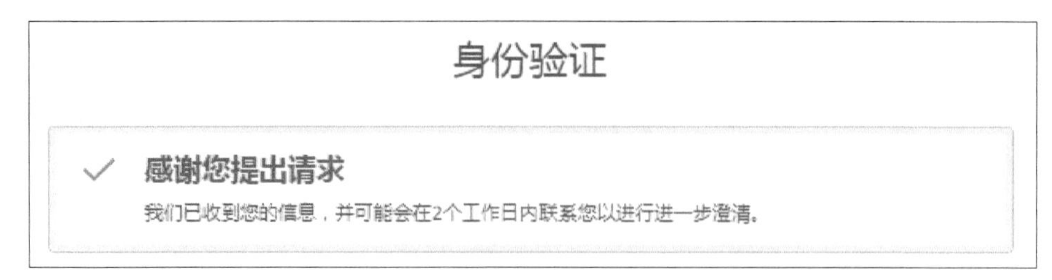

图 1-62　弹出“感谢您提出请求”提示框

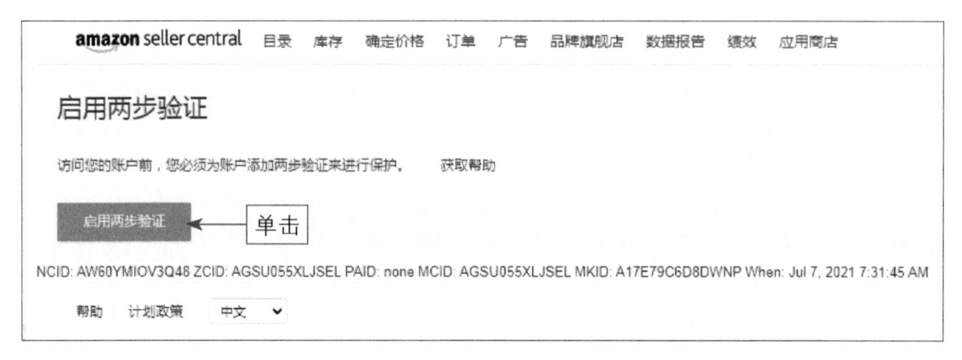

图 1-63　单击“启用两步验证”按钮

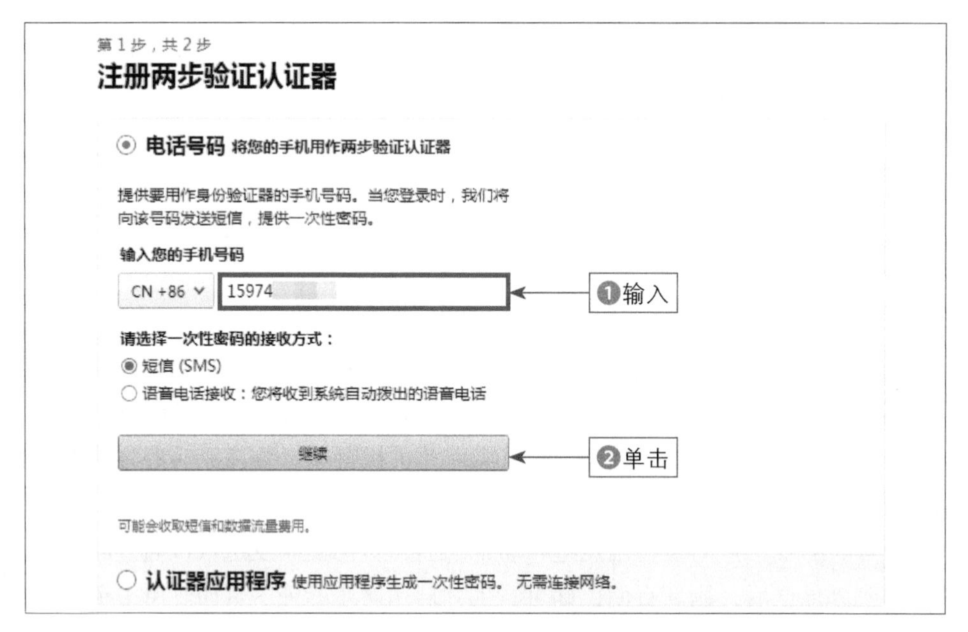

图 1-64　单击“继续”按钮

★ 专家提醒 ★

输入手机号码之前，卖家需要先根据手机号注册国的国家代码。例如，在中国注册的手机号，应选择“CN +86”，否则，卖家输入手机号之后，可能会显示输入的手机号不符合要求。

步骤 20 操作完成后，跳转至“就快完成了……”页面，单击页面下方的“好，启用两步验证”按钮，如图1-65所示。操作完成后，跳转至图1-63所在的页面，单击该页面中的“启用两步验证”按钮。

图 1-65　单击“好，启用两步验证”按钮

步骤 21 操作完成后，如果卖家收到关于成功启用两步验证的邮件，如图1-66所示。并且页面自动跳转至商家后台，就说明店铺账户注册成功了。

图 1-66　卖家收到关于成功启用两步验证的邮件

第 2 章 熟悉后台操作

在亚马逊店铺的运营过程中，卖家需要通过后台对店铺的相关信息进行设置，从而确保店铺的有序运营。刚接触亚马逊跨境电商的用户，对于后台的相关操作可能不太熟悉。本章笔者就带大家熟悉后台的相关信息和操作，让大家可以借助后台更好地运营自己的店铺。

2.1 登录与了解卖家后台

在正式使用后台进行操作时，卖家还需要先对后台有所了解。本节将重点讲解卖家后台的登录方法，以及卖家后台的相关页面的信息，让大家快速对后台有所认识。

2.1.1 登录卖家后台的方法

卖家要使用亚马逊卖家后台，需要先进行登录。登录亚马逊卖家后台的具体操作步骤如下。

步骤 01 进入“亚马逊全球开店”平台，将鼠标停留在页面上方菜单栏中的“登录”上，打开一个下拉列表框，在下拉列表框中选择已经注册的店铺账户所在的平台选项。因为笔者注册的是沙特阿拉伯的店铺账户，所以这里以选择“沙特卖家平台”选项为例进行说明，如图2-1所示。

图 2-1　选择“沙特卖家后台”选择

步骤 02 操作完成后，会打开“登录”页面。该页面中会根据用户已注册的账户显示账户的相关信息，卖家确认账户信息无误后，❶输入账户密码；❷单击“登录”按钮，如图2-2所示。

步骤 03 操作完成后，会弹出“两步验证”提示框，与此同时，注册店铺账户时所留的手机上将收到一条包含一次性密码的信息。在该提示框中，❶输入一次性密码；❷单击“登录”按钮，如图2-3所示。

步骤 04 操作完成后，卖家即可进入沙特阿拉伯的卖家后台了。

★ 专家提醒 ★

亚马逊各卖家后台的功能基本相同，只是卖家所进行的操作会在对应站点的电商平台上执行。因此，在登录时，同时在几个站点注册了店铺的卖家还是要根据自身的实际情况选择对应的卖家账户。

图 2-2　登录亚马逊账户

图 2-3　更加安全的"两步验证"流程

2.1.2　卖家后台主页面详解

登录店铺账户之后，卖家便可以进入对应卖家平台的后台（简称"卖家后台"）主页面。当然，卖家要使用卖家后台，还得先对后台的页面信息有所了解。下面将详细介绍后台的主页面信息。

卖家后台主页面的信息可以分为上下两部分。图2-4所示为卖家后台主页面的上半部分。不难看出，该部分主要由3个方面的信息构成，❶是菜单栏；❷是店铺的相关信息；❸是系统的提醒和相关消息。

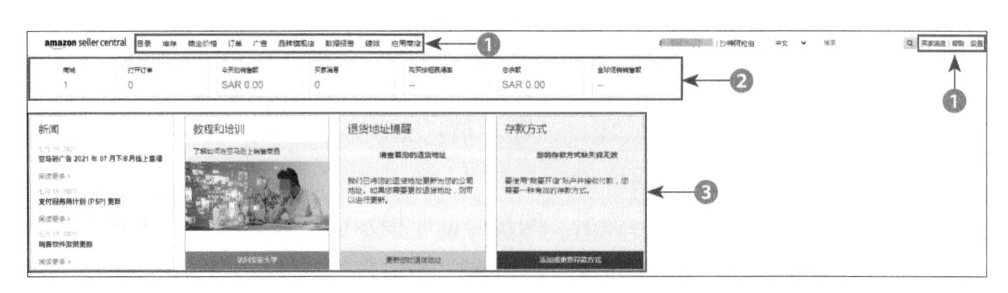

图 2-4　卖家后台主页面的上半部分

卖家后台主页面的下半部分，则是卖家后台主页面上半部分左侧菜单栏中的子类目。图2-5所示为卖家后台主页面的下半部分。可以看到，该页面中便展示了菜单栏中"目录""库存""确定价格""订单""广告""品牌旗舰店""数据报告""绩效"和"应用商品"的子类目信息。

另外，如果卖家单击子类目中的链接，还可以进入子类目的链接页面中进行相关操作。例如，单击“目录”中的“付款”子类目链接，便可进入“付款”页面，查看付款信息并进行相关操作，如图2-6所示。

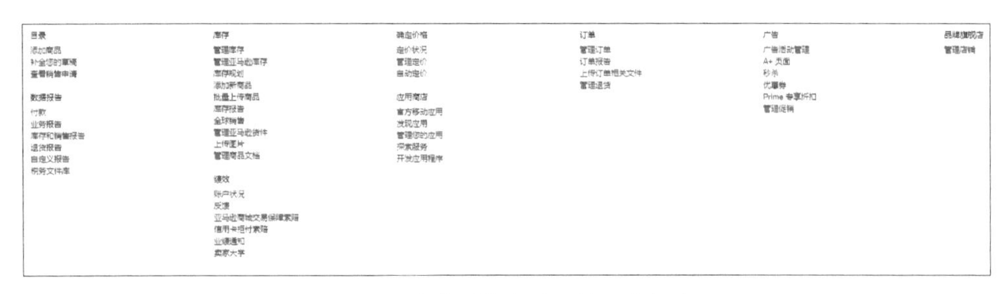

图 2-5　卖家后台主页面的下半部分

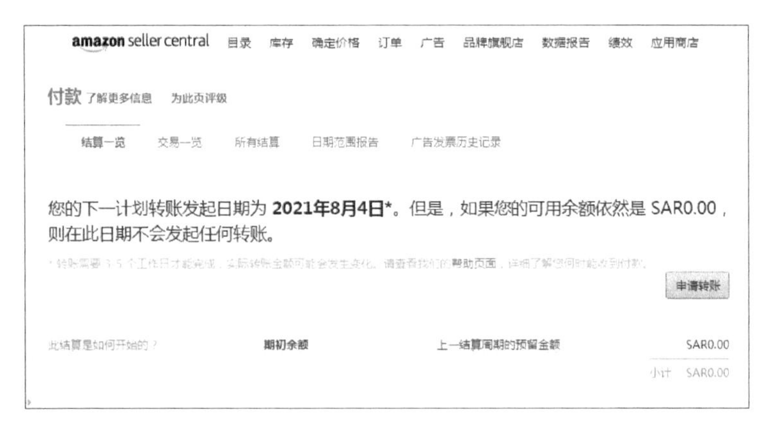

图 2-6　“付款”页面

除了卖家后台，卖家还可以通过另一种方式查看左侧菜单栏的子类目，那就是将鼠标放在对应菜单栏所在的位置。例如，将鼠标放在菜单栏中的“订单”上，便会打开与之对应的子类目列表框，如图2-7所示。

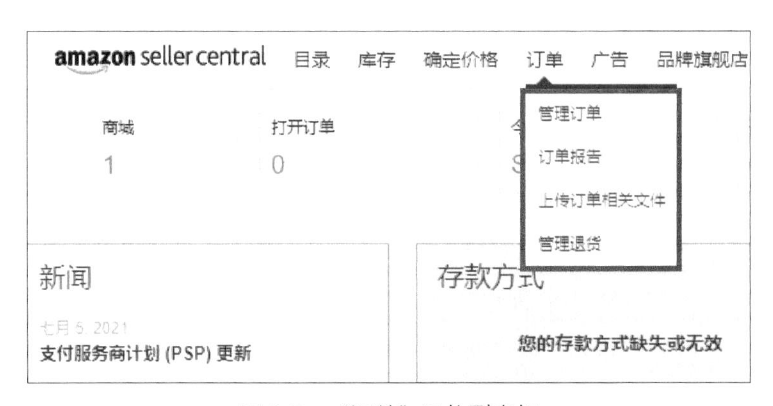

图 2-7　“订单”下拉列表框

★ 专家提醒 ★

单击卖家后台主页面下半部分中菜单栏的子类目链接和选择菜单栏下拉列表框中的子类目选项，达到的效果是相同的。在实际操作时，卖家根据自身的习惯选择合适的操作方式即可。

2.1.3 卖家后台的设置技巧

有时候卖家需要通过卖家后台的“设置”功能，来设置账户和店铺的相关信息。下面将介绍卖家后台设置的技巧。

步骤 01 进入卖家后台的主页面，将鼠标停留在右侧菜单栏中的“设置”上，会打开与之对应的子类目列表框。卖家选择需要设置的信息，并选择对应的选项，进入相关页面进行设置操作。以设置登录信息为例，这里只需要选择“登录设置”选项即可，如图2-8所示。

步骤 02 操作完成后，会弹出“登录与安全”提示框。卖家可以根据自身需要设置信息所属的类别，单击对应类目后面的“编辑”按钮。以设置密码为例，卖家只需单击“密码”后面的“编辑”按钮即可，如图2-9所示。

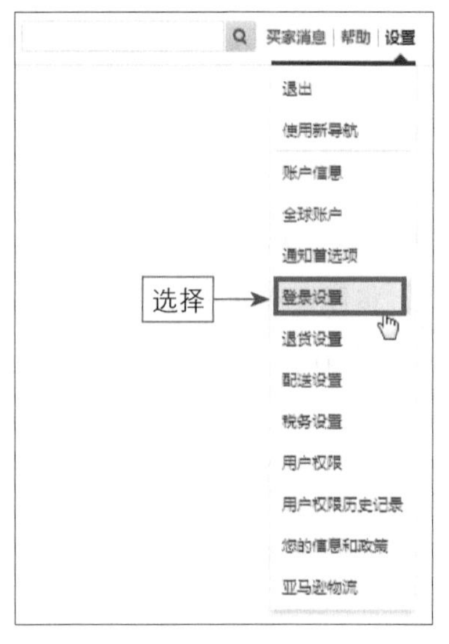

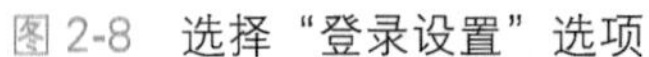
图 2-8 选择“登录设置”选项

图 2-9 单击“编辑”按钮

步骤 03 弹出“修改密码”提示框，在该提示框中输入当前密码和新密码，并单击“保存更改”按钮，如图2-10所示。

步骤 04 返回“登录与安全”提示框所在的页面，如果该提示框的上方出现了“您成功地更改了您的账户”提示，就说明账户密码修改成功了，如图2-11所示。

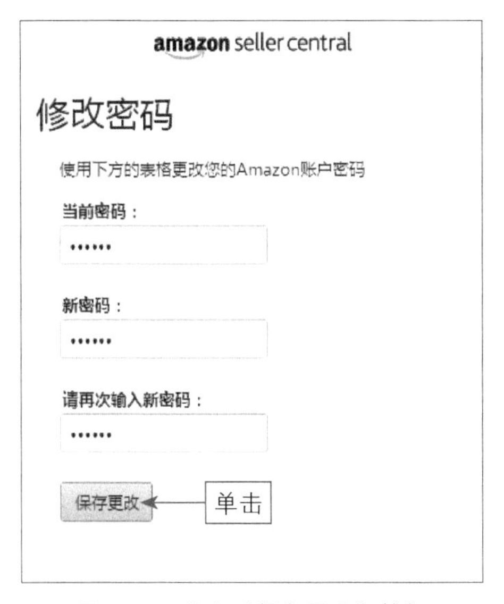

图 2-10　单击“保存更改”按钮

图 2-11　账户密码修改成功

2.1.4　查看后台的买家消息

买家消息是买家反馈意见的重要渠道，因此在运营亚马逊店铺的过程中，卖家很有必要查看买家消息，并对相关消息进行回复。

具体来说，卖家只需要单击卖家后台右侧菜单栏中的“买家消息”按钮，即可进入“买家消息”页面，如图2-12所示。

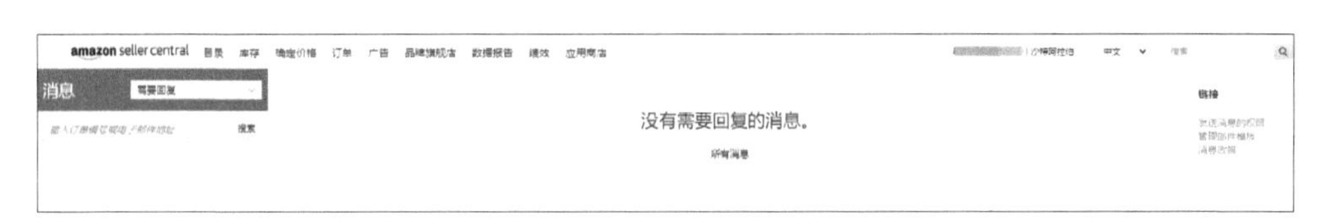

图 2-12　“买家消息”页面

另外，有需要的卖家，还可以单“买家消息”页面右侧“链接”版块中的链接，对卖家消息的相关内容进行设置。

2.2　卖家后台的实操技巧

介绍完卖家后台的一些基本信息之后，接下来介绍一些实操技巧，帮助大家快速掌握卖家后台的基本操作。

2.2.1 设置通知首选项

所谓通知首选项，简单来说，就是系统通知和提醒的选项。卖家可以通过通知首选项的设置，增加或减少系统通知和提醒的选项，确保可以接收到重要信息，屏蔽掉无用信息。设置通知首选项的具体操作步骤如下。

步骤 01 进入卖家后台的主页面，将鼠标停留在右侧菜单栏中的“设置”上，在打开的子类目列表框中选择“通知首选项”选项，如图2-13所示。

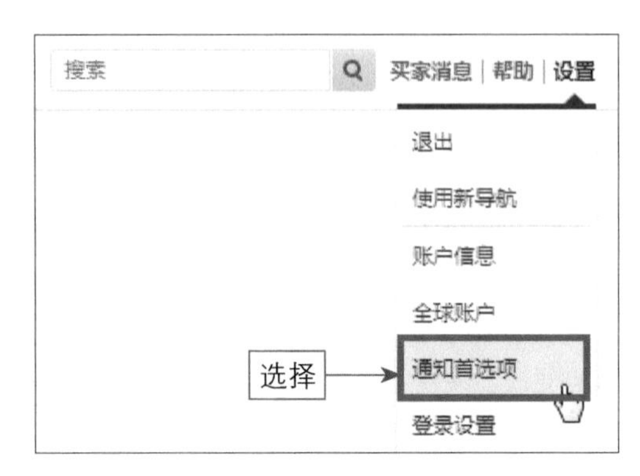

图 2-13 选择“通知首选项”按钮

步骤 02 进入“通知选项”页面，卖家可以单击对应版块中的“编辑”按钮，设置通知选项。例如，卖家需要设置“订单通知”版块中的选项，可以单击该版块中的“编辑”按钮，如图2-14所示。

图 2-14 单击“编辑”按钮

步骤 03 操作完成后，卖家可以在“订单通知”版块的编辑页面中进行相关操作。例如，卖家可以❶取消选择某个通知选项前的复选框，如“多渠道配送通知”；❷单击“保存”按钮，如图2-15所示。

图 2-15　单击“保存”按钮

步骤 04 操作完成后，如果在“订单通知”版块中成功取消了复选框的选中状态，就说明该通知选项取消通知和提醒设置成功了，如图2-16所示。

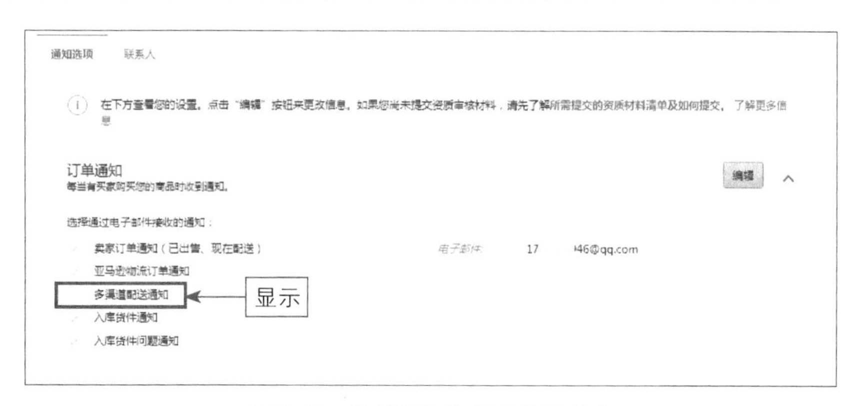

图 2-16　取消通知和提醒设置成功

除了常见的通知选项，卖家还可以对通知和提醒的联系人进行设置，具体操作步骤如下。

步骤 01 单击“通知选项”页面中的“联系人”按钮，进入“联系人”页面。单击联系方式后的“编辑”按钮。例如，单击“电子邮件”后面的“编辑”按钮，即可对联系人的电子邮件进行设置，如图2-17所示。

图 2-17　单击“编辑”按钮

步骤 02 操作完成后，会弹出“编辑联系人”对话框。在对话框中❶输入电子邮箱地址；❷单击“保存”按钮，如图2-18所示。

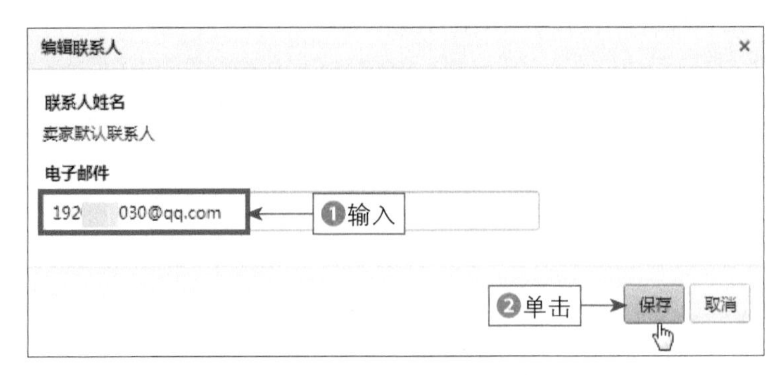

图 2-18 单击“保存”按钮

步骤 03 操作完成后，返回“联系人”页面，如果页面中“电子邮件”后面显示的是刚刚输入的电子邮箱地址，就说明联系人的电子邮件设置成功了，如图2-19所示。

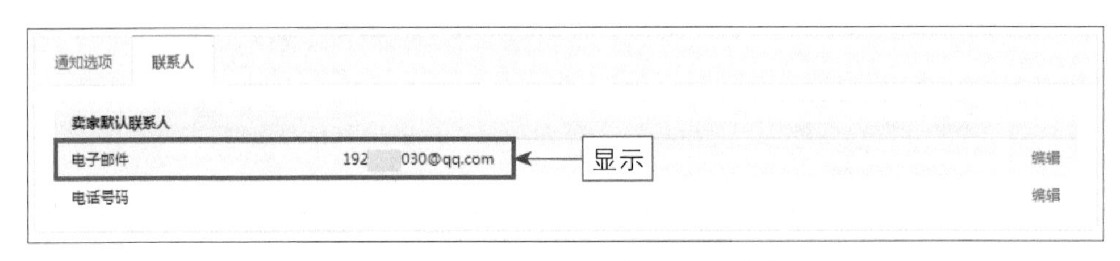

图 2-19 联系人的电子邮件设置成功

2.2.2 设置店铺的退货信息

为了让买家退的货能够准确地送到自己手中，卖家可以对店铺的退货信息进行设置。设置退货信息的具体操作步骤如下。

步骤 01 进入卖家后台的主页面，将鼠标停留在右侧菜单栏中的“设置”上，在打开的子类目列表框中选择“退货设置”选项，如图2-20所示。

图 2-20 选择“退货设置”按钮

步骤 02 操作完成后，进入“退货设置”的“常规设置”页面，如图2-21

所示。卖家可以在该页面中查看常规设置的内容，还可以编辑退货说明的内容。退货说明编辑完成后，可以单击页面下方的“保存设置”按钮，保存退货说明的信息。

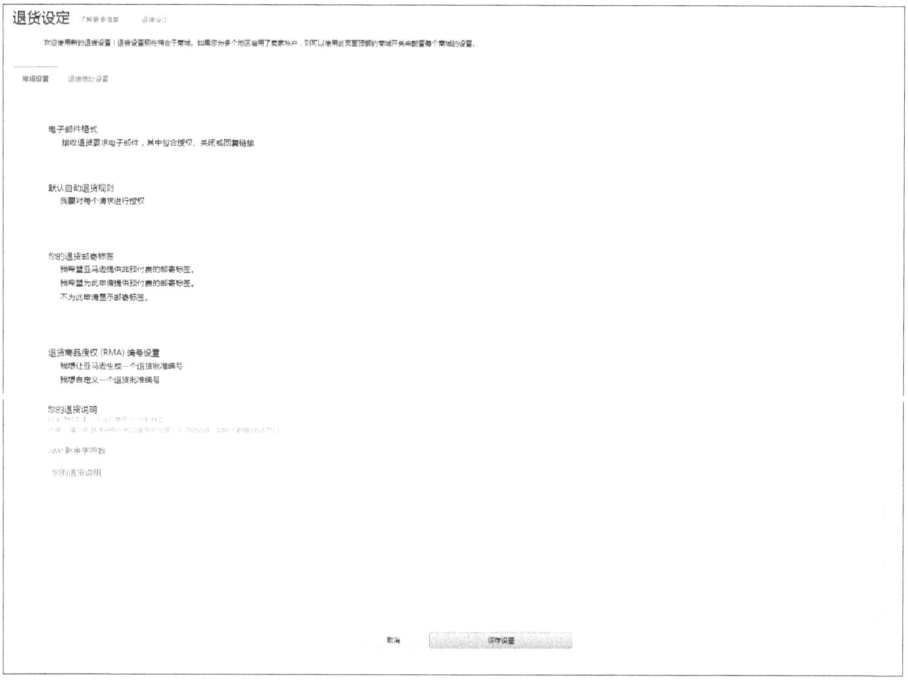

图 2-21　“退货设置”的“常规设置”页面

除了“常规设置”，卖家还可以对退货地址进行设置，具体操作步骤如下。

步骤 01 单击“退货设定”页面中的“退货地址设置”按钮，进入“退货地址设置”页面。单击“默认退货地址”后面的“更改地址”按钮，如图 2-22 所示。

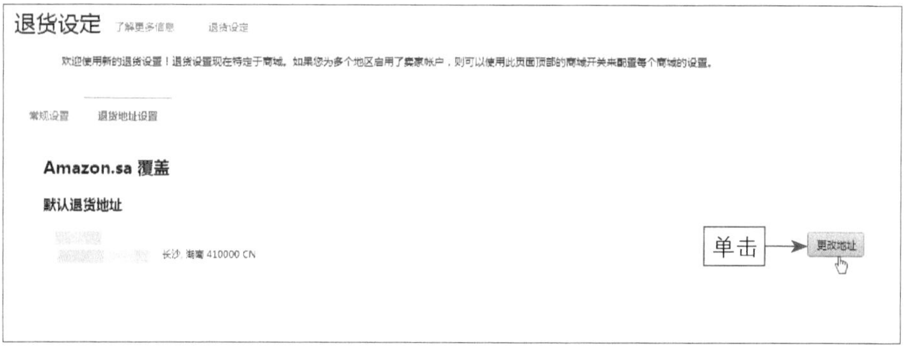

图 2-22　单击“更改地址”按钮

步骤 02 操作完成后，会弹出“从地址中选择”对话框。单击“管理您的退货地址”链接，如图2-23所示。

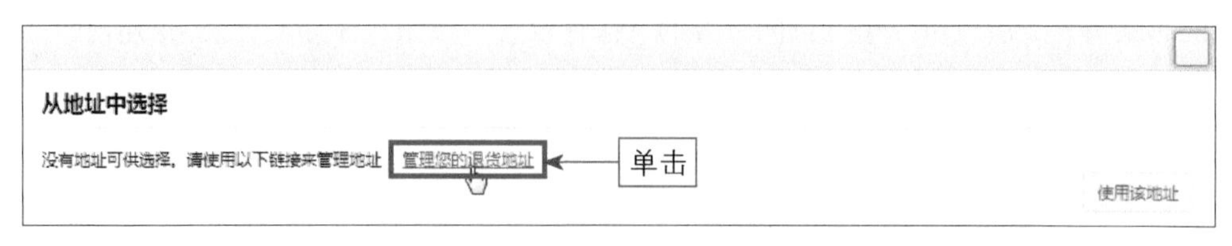

图 2-23　单击“管理您的退货地址”链接

步骤 03　操作完成后，会弹出“管理您的地址”对话框。单击对话框中的“添加新地址”链接，如图2-24所示。

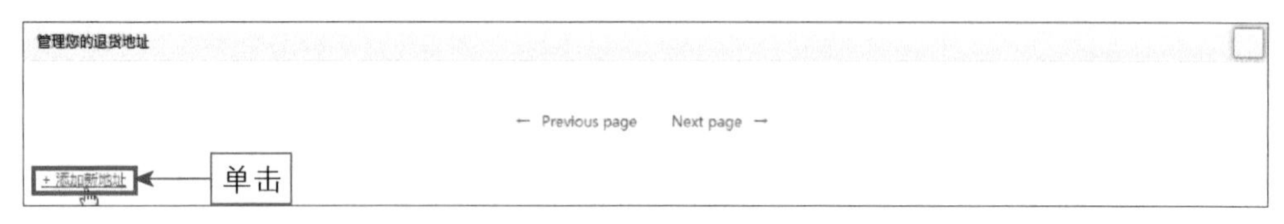

图 2-24　单击“添加新地址”链接

步骤 04　操作完成后，进入“添加新地址”页面，卖家可以在该页面中输入新地址的相关信息，如图2-25所示。

添加新地址

地址名称

البلد/المنطقة

المملكة العربية السعودية

الاسم بالكامل (الاسم الأول واسم العائلة)

رقم الهاتف المحمول

+966　05XXXXXXXX

يمكن استخدامها للمساعدة في التوصيل

اسم الشارع

مثال شارع العروبة

اسم/رقم المبنى، رقم الطابق، رقم الشقة، أو رقم الفيلا.

مثال برج الأميرة، الطابق الخامس، شقة رقم 5023

المدينة

مثال الرياض، جدة، مكة، الأحساء

ألا تستطيع العثور على مدينتك؟ اتصل بـ CS للحصول على المساعدة.

图 2-25　“添加新地址”页面

步骤 05　保存编写的信息，返回至“从地址中选择”对话框中。卖家只需在该其中选择新添加的地址，即可更改店铺的退货地址。

2.2.3　设置商品的配送信息

商品配送信息的设置主要可以分为两种，即一般配送信息的设置和配送模板信息的设置。下面将分别进行说明。

1. 一般配送信息的设置

一般配送信息的设置主要是对默认的配送信息进行编辑，具体操作步骤如下。

步骤 01 进入卖家后台的主页面，将鼠标停留在右侧菜单栏中的“设置”上，在打开的子类目列表框中选择“配送设置”选项，如图2-26所示。

图 2-26　选择“配送设置”按钮

步骤 02 进入“配送设置”的“一般配送设置”页面，单击默认配送地址后面的“编辑”按钮，如图2-27所示。

图 2-27　单击“编辑”按钮

步骤 03 进入“编辑默认配送地址”页面，单击默认地址后方的“编辑”链接，如图2-28所示。

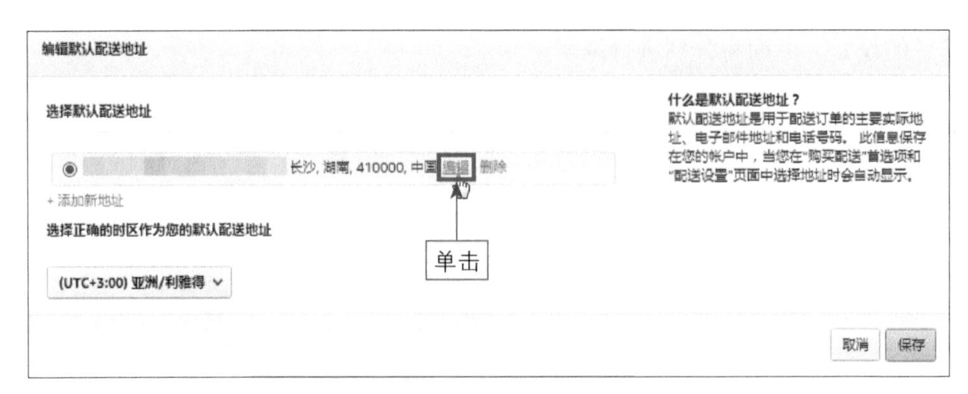

图 2-28　单击“编辑”链接

步骤 04 进入“编辑地址”页面，对页面中的相关信息进行修改，单击“保存”按钮，如图2-29所示。

图 2-29　单击“保存”按钮

步骤 05 操作完成后，返回如图 2-27 所示的“一般配送设置”页面。如果此时默认配送地址中的相关信息发生了变化，就说明默认配送地址的信息修改成功了。

2. 配送模板的信息设置

除了设置一般的配送信息，卖家还可以对配送模板的相关信息进行设置，具体操作步骤如下。

步骤 01 进入“一般配送设置”版块所在的页面，单击页面中的“配送模板”链接，如图2-30所示。

图 2-30　单击“配送模板”链接

步骤 02 进入“配送设置”的“配送模板”页面，单击默认模板中的“编辑模板”按钮，如图2-31所示。

图 2-31　单击“编辑模板”按钮

步骤 03 进入配送模板的信息设置页面，在该页面中设置相关信息，如将配送费设置为15 SAR（沙特里亚尔，沙特阿拉伯的货币名称），单击“保存”按钮，如图2-32所示。

步骤 04 返回“配送设置”的“配送模板”页面，如果此时模板中的运费变成了15 SAR，就说明配送模板信息设置成功了，如图2-33所示。

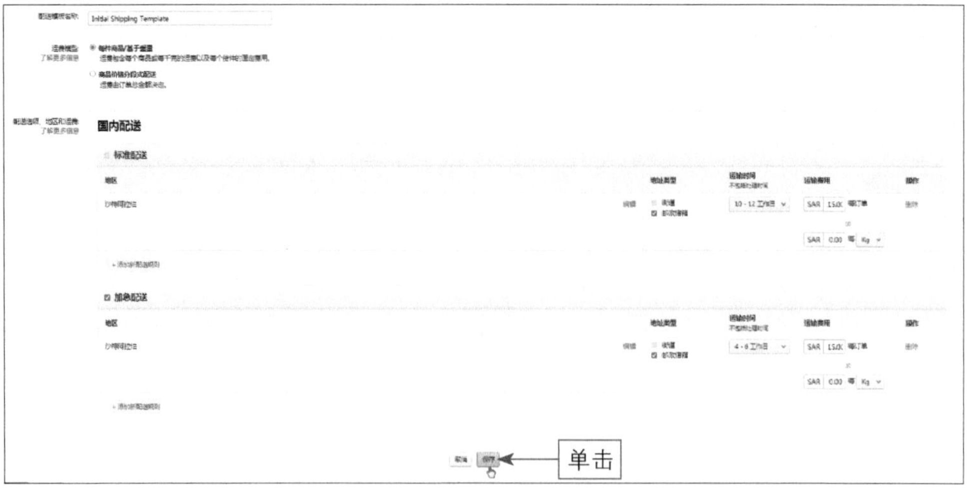

图 2-32 单击“保存”按钮

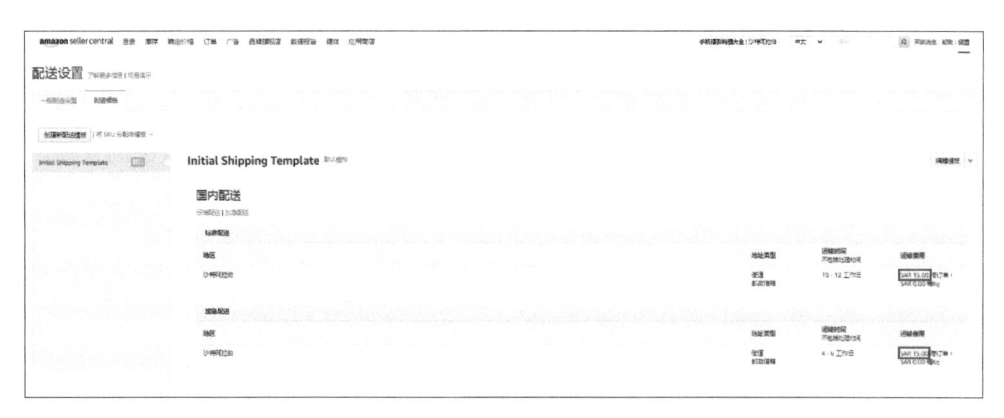

图 2-33 模板信息设置成功

除了对默认配送模板中的信息进行设置，卖家还可以创建新的配送信息模板。下面介绍创建新配送信息模板的具体操作步骤。

步骤 01 进入“配送设置”的“配送模板”页面，单击版块中的“创建新配送模板”按钮，如图2-34所示。

步骤 02 操作完成后，页面中会弹出“创建新模板”提示框。单击提示框中的“确定”按钮，如图2-35所示。

步骤 03 进入配送模板的信息设置页面，对配送相关信息进行设置。例如，卖家可以将配送模板名称修改为“免运费模板”，将运费改为0 SAR，并单击“保存”按钮，如图2-36所示。

图 2-34　单击“创建新配送模板”按钮

图 2-35　单击“确定”按钮

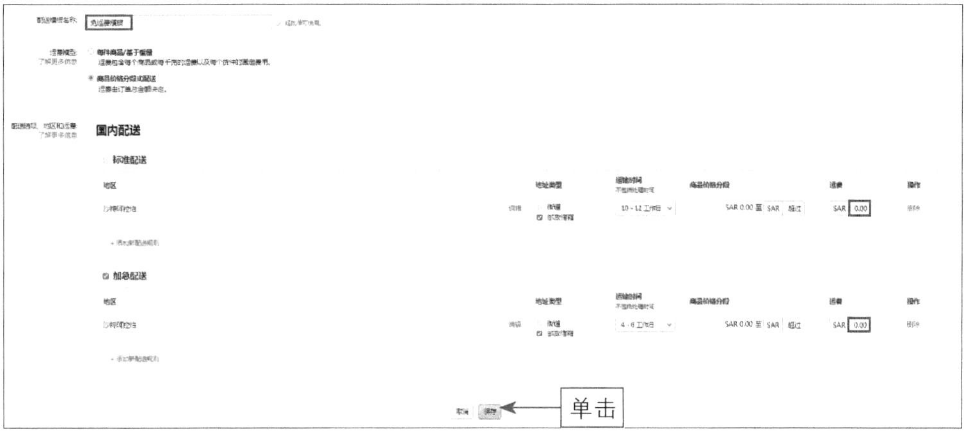

图 2-36　单击“保存”按钮

步骤 04 返回“配送设置”的“配送模板”页面，如果此时该页面中出现了“免运费模板”的相关信息，就说明新的配送模板创建成功了，如图 2-37 所示。

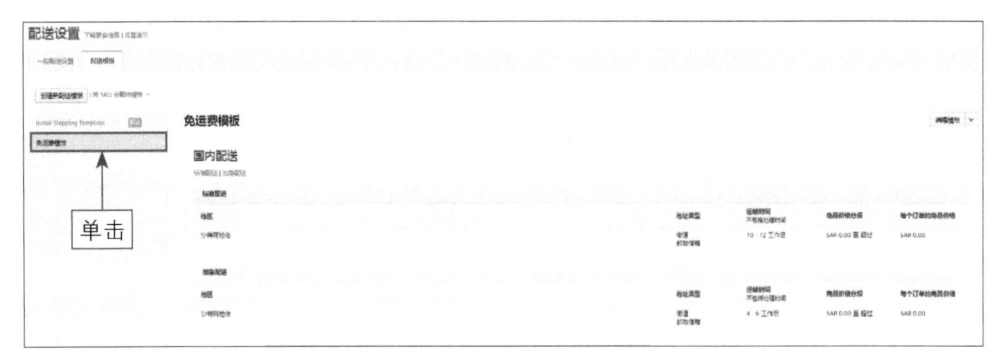

图 2-37　新的配送模板创建成功

2.2.4　设置亚马逊物流信息

许多卖家在店铺运营的过程中，可能会需要用到亚马逊物流。下面介绍设置亚马逊物流的相关信息，具体操作步骤如下。

步骤 01 进入卖家后台的主页面，将鼠标停留在右侧菜单栏中的“设置”上，在打开的子类目列表框中选择“亚马逊物流”选项，如图2-38所示。

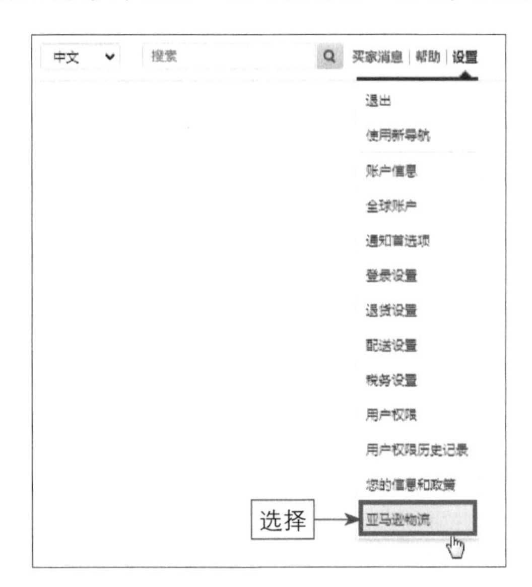

图 2-38　选择“亚马逊物流”选项

步骤 02 进入“亚马逊物流设置”页面，卖家可以在该页面中对入库和商品支持进行设置。以商品支持设置为例，卖家只需单击“商品支持”后面的“编辑”按钮即可，如图2-39所示。

步骤 03 进入“商品支持”页面，卖家可以在该页面中选择启用“处理Amazon.

sa的买家问题”，选择完成后，单击“更新”按钮，如图2-40所示。

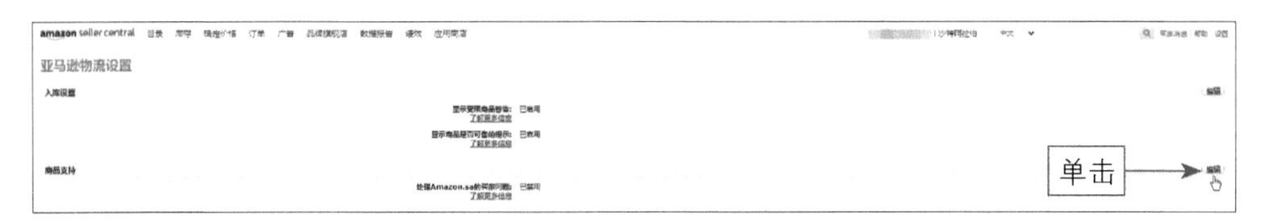

图 2-39　单击“编辑”按钮

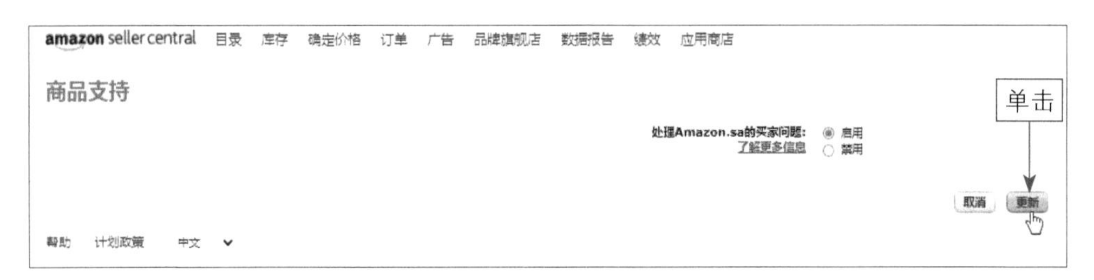

图 2-40　单击“更新”按钮

步骤 04　操作完成后，如果自动返回“亚马逊物流设置”页面，并显示“成功”，就说明亚马逊物流信息设置成功了，如图2-41所示。

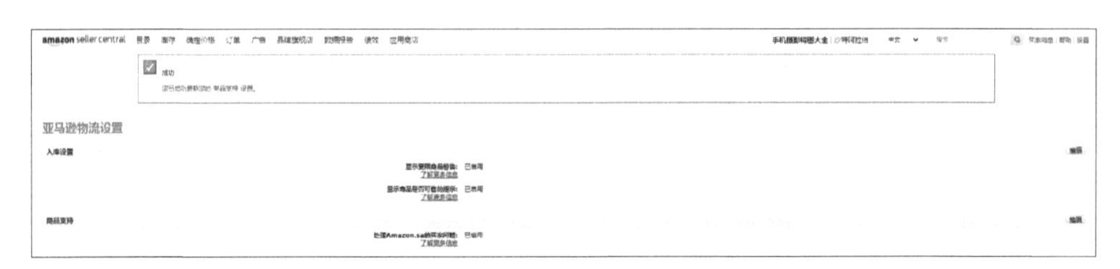

图 2-41　亚马逊物流信息设置成功

第3章 做好账户管理

在亚马逊跨境电商的运营中，运营者需要做好账户管理，以便确保电商运营工作能够有序地进行下去。具体来说，运营者既可以从卖家的角度出发，做好店铺账户的管理；也可以从买家的角度出发，做好亚马逊平台账户的管理。本章笔者就为大家讲解卖家账户和买家账户管理的实操技巧。

3.1 卖家账户管理

在亚马逊店铺的运营过程中，卖家需要了解账户的相关信息，并对账户的信息进行管理，从而保证账户的安全运营。本节将讲解亚马逊店铺账户的相关信息，帮助大家做好账户的安全管理。

3.1.1 查看卖家账户状况

对于卖家来说，账户的状况评级是必须要重点关注的一项信息。如果账户状况评级达不到要求，那么账户可能会面临停用。在这种情况下，账户的安全管理无疑将受到威胁。对此，卖家可以先查看账户的状况评级，当状况评级不佳时，卖家可以针对性地进行改进，提高账户的评级。具体来说，卖家可以通过以下步骤查看账户的状况评级。

步骤 01 进入卖家后台的主页面，将鼠标停留在左侧菜单栏中的“绩效”上，会打开一个子类目列表框，选择“账户状况”选项，如图3-1所示。

图 3-1　选择“账户状况”选项

步骤 02 操作完成后，进入“账户状况”页面。卖家可以在该页面的“政策合规性”版块中，查看账户状况评级情况。例如，笔者运营的账户显示的状况评级为“良好”，如图3-2所示。

另外，卖家可以将鼠标放置在账户状况评级情况上，查看账户状况评级的相关说明，如图3-3所示。从图3-3中不难看出，当账户状况评级为“存在风险”

或“严重”时，账户将有可能面临停用的风险。因此，卖家需要做好账户安全管理，避免在运营过程中出现违反政策和规则的行为。

图 3-2 查看账户状况评级情况

i 账户状况评级 (AHR) 是一项新功能，可帮助您根据自己对亚马逊销售政策的遵守情况监控账户状况。此评级考虑了多种因素，例如在给定时间您的账户中未解决的违反政策的问题数量、这些违规行为的相对严重性以及您通过销售活动对买家体验的积极影响程度。此评级不会改变亚马逊的现有销售政策，并将不断进行完善。为维持“良好”的账户状况，请及时解决所有违反政策的问题。如果您的账户状况评级为“存在风险”或“严重”，则您的账户可能面临停用的风险。该评级并未反映全部销售政策。无论账户状况评级如何，都请确保从整体上遵守我们的条款、政策和适用法律，以避免账户被停用。

账户状况评级 Beta

良好

配送绩效

图 3-3 查看账户状况评级的相关说明

3.1.2 设置卖家账户信息

在卖家后台中，卖家可以通过一定的操作查看和设置账户信息。例如，卖家可以通过以下步骤设置和查看账户中的卖家信息。

步骤 01　进入卖家后台的主页面，将鼠标停留在右侧菜单栏中的“设置”上，会打开一个子类目列表框，选择“账户信息”选项，如图3-4所示。

步骤 02　进入“卖家账户信息”页面，单击“您的卖家资料”链接，如图3-5所示。

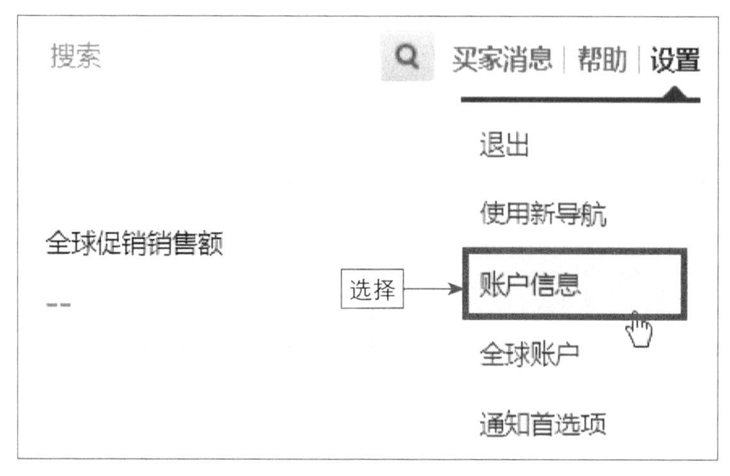

图 3-4　选择“账户信息”选项

图 3-5　单击“您的卖家资料”链接

步骤 03　进入“卖家信息”页面，卖家可以在该页面中设置商店信息和客户服务信息。以设置客户服务信息为例，卖家只需单击“客户服务详细信息”后面的“编辑”按钮即可，如图3-6所示。

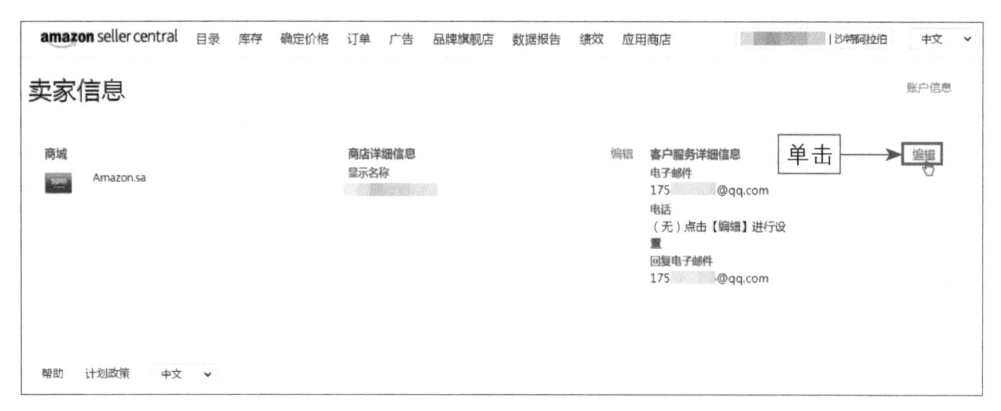

图 3-6　单击“编辑”按钮

步骤 04 进入“卖家信息”的“编辑客户服务详细信息”版块，在该版块中输入相关信息，并单击“提交”按钮，即可对客户服务信息进行设置。例如，可以❶输入客户服务电话号码；❷单击“提交”按钮，如图3-7所示。

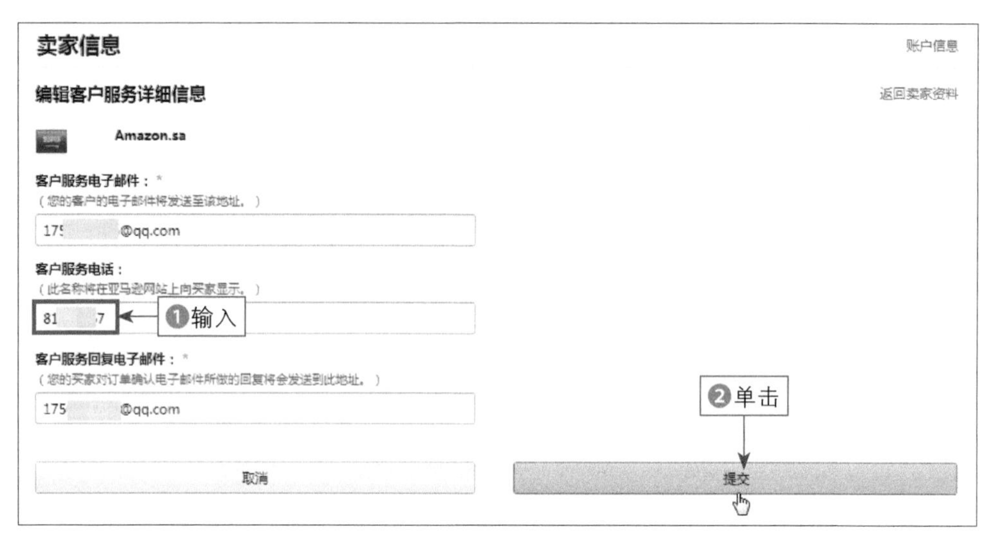

图 3-7　“卖家信息”的“编辑客户服务详细信息”版块

步骤 05 操作完成后，“卖家信息”的“编辑客户服务详细信息”版块中会出现“客户服务详细信息已成功更新”的提示，如图3-8所示。返回“卖家信息”页面，如果此时“客户服务详细信息”版块中“电话”下方显示刚刚输入的电话号码，就说明客户服务电话设置成功了，如图3-9所示。

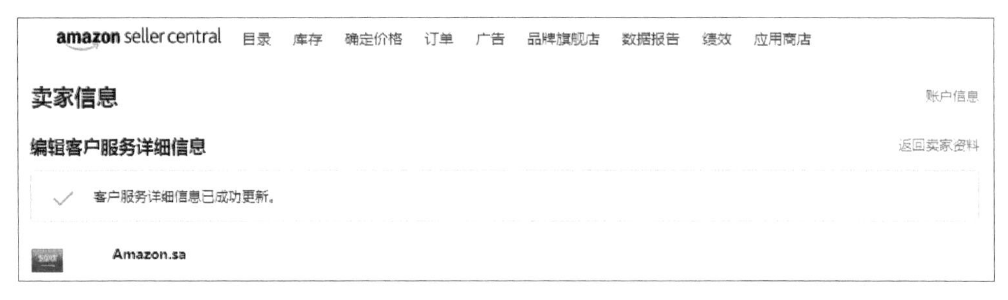

图 3-8　出现“客户服务详细信息已成功更新”的提示

图 3-9　客户服务电话设置成功

除了查看和设置卖家信息，卖家还可以对账户的相关信息进行管理，具体操作步骤如下。

步骤 01 卖家可以单击“卖家账户信息”页面中“账户管理”版块下方的按钮，对相关信息进行管理。以管理“用户权限”为例，卖家可以单击“账户管理”版块下方的“用户权限”链接，如图3-10所示。

图 3-10　单击“用户权限”链接

步骤 02 操作完成后，进入“用户权限”页面。卖家可以在该页面中对卖家账户的用户权限进行设置，例如可以在“添加新用户”版块的下方输入“名称”和“电子邮件地址”，并单击“邀请”按钮，如图3-11所示。

图 3-11　单击"邀请"按钮

步骤03 操作完成后，对应邮箱中将收到亚马逊平台发送的"卖家平台邀请"邮件，卖家只需按照邮件中的步骤进行操作，便可让对应用户获得卖家后台访问权限，如图3-12所示。

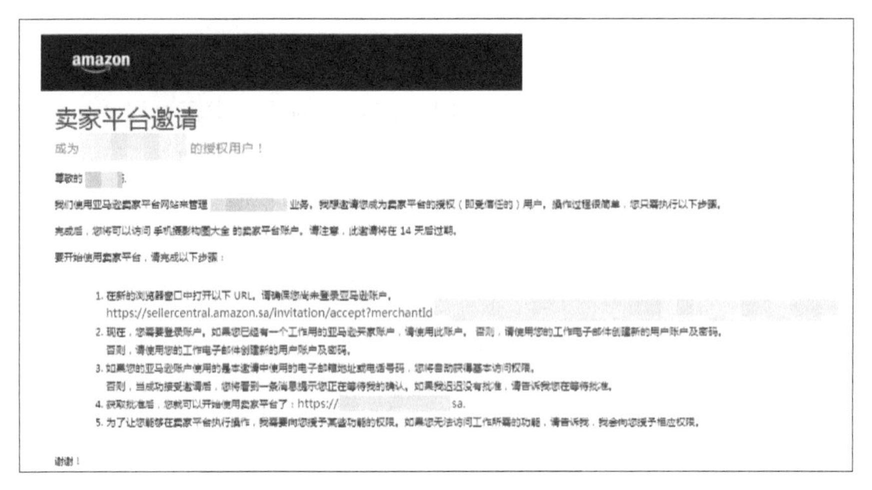

图 3-12　亚马逊平台发送的"卖家平台邀请"邮件

3.1.3　设置全球账户信息

当卖家在多个亚马逊站点上注册了账户时，便可以通过卖家平台中的"全球账户"功能查看并设置这些账户的信息。具体来说，卖家可以通过以下步骤查看和设置全球账户的信息。

步骤01 进入卖家后台的主页面，将鼠标停留在右侧菜单栏中的"设置"

上，会打开一个子类目列表框，选择“全球账户”按钮，如图3-13所示。

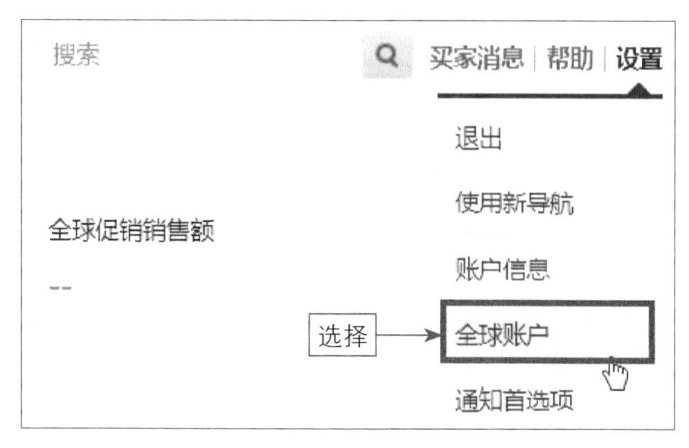

图 3-13　选择“全球账户”选项

步骤 02 进入“您的全球账户”页面的“账户”版块，该版块中会显示卖家注册的店铺账户，有需要的卖家还可以单击账户名称后面的“重命名”按钮，更改账户名称，如图3-14所示。

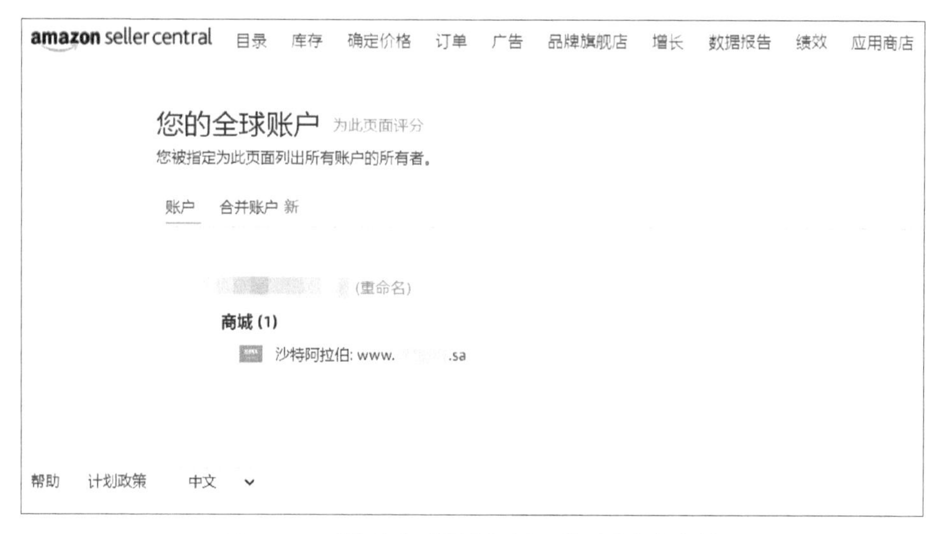

图 3-14　“您的全球账户”页面的“账户”版块

步骤 03 有需要的卖家还可以单击“您的全球账户”页面中的“合并账户”按钮，进行账户合并操作。具体来说，在“您的全球账户”页面的“账户”版块中，卖家只需选中两个账户，便可进行账户合并操作。当然，因为笔者只注册了一个店铺账户，所以在该页面中是无法进行账户合并操作的，如图3-15所示。

图 3-15 只注册一个店铺账户无法进行账户合并操作

另外，在“您的全球账户”页面的“合并账户”版块中，还对账户合并的一些常见问题进行了解答。如果卖家确定要进行账户合并，或者对账户合并有疑问，可以查看这些问题及其解答内容。

3.1.4 设置账户存款信息

在亚马逊卖家后台中，卖家可以自行设置店铺的收款账户。具体来说，卖家可以通过以下步骤设置收款账户。

步骤 01 进入“卖家账户信息”页面，单击“付款信息”版块中的“存款方式”链接，如图3-16所示。

图 3-16 单击“存款方式”链接

步骤 02 进入“存款方式”页面，单击“分配存款方法”版块中的“分配”按钮，如图3-17所示。

图 3-17　单击“分配”按钮

步骤 03 进入“存款方式”页面，如图3-18所示。卖家只需在该页面中填写账户的相关信息，并单击下方的“设置存款方式”按钮，便可将对应账户设置为店铺的存款账户（即收款账户）了。

存款方式
账户信息
分配存款方法
用于亚马逊商城
Amazon.sa
银行账户
添加新的存款方式
银行所在地
沙特阿拉伯
您的银行可能会对支付收取费用
银行账户必须由银行开立，或者由已加入支付服务商计划的支付服务商管理。
账户持有人姓名
姓名应与银行证件上的相同
BIC
（8 或 11 个字符）
国际银行帐户号码
最多 34 个字符
重新输入 IBAN
我们可能会通过向您的银行或支付服务商发送您的银行账户和销售账户信息，以及从您的支付服务商处接收有关您的身份和银行账户的信息，来验证您的银行账户信息，并防止欺诈、非法活动和滥用。有关我们的支付服务商计划以及我们如何管理您的个人信息的更多信息，请参阅可接受的银行账户和支付服务商以及我们的隐私声明。
取消
设置存款方式

图 3-18　“存款方式”页面

需要特别说明的是，有些站点中是无法直接将中国境内的银行卡设置为收款账户的。此时，卖家可能需要根据该站点提供的收款账户类型，注册一个新账户。否则，卖家将无法在亚马逊平台中设置收款账户。

3.1.5 设置账户付款信息

除了账户存款信息，卖家还可以设置账户付款信息。具体来说，卖家可以通过以下步骤设置账户付款方式。

步骤 01 进入“卖家账户信息”页面，单击“付款信息”版块中的“付费方式”链接，如图3-19所示。

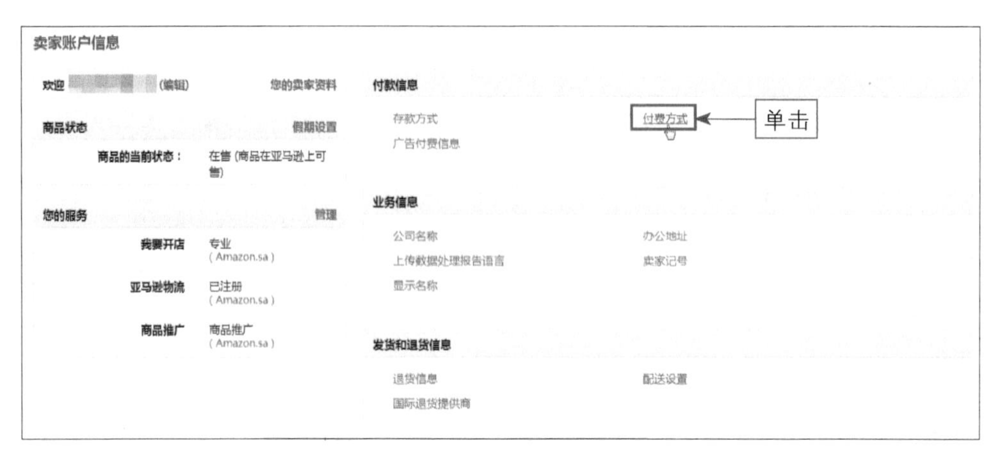

图 3-19　单击“付费方式”链接

步骤 02 进入“付费方式”页面，单击页面中的“更换付费方式”按钮，如图3-20所示。

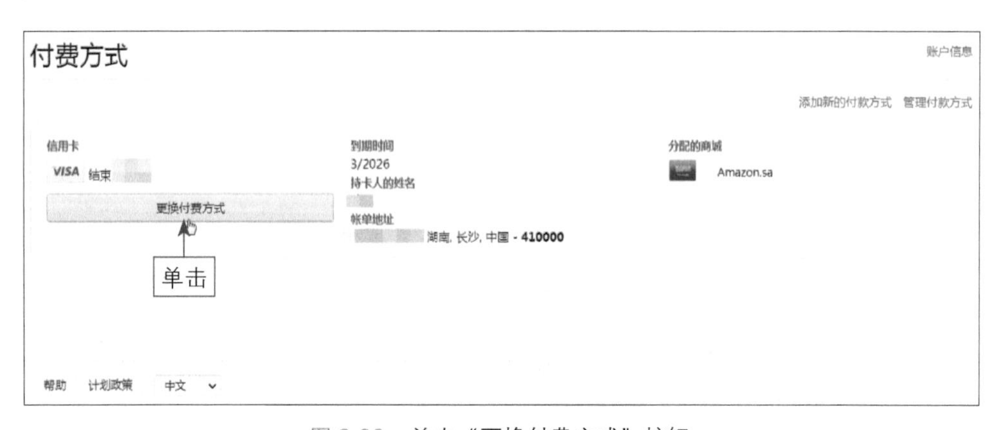

图 3-20　单击“更换付费方式”按钮

步骤 03 进入“付费方式”页面，在“信用卡”版块中❶选择需要更换的付款信用卡；❷单击“设置付款方式”按钮，如图3-21所示。

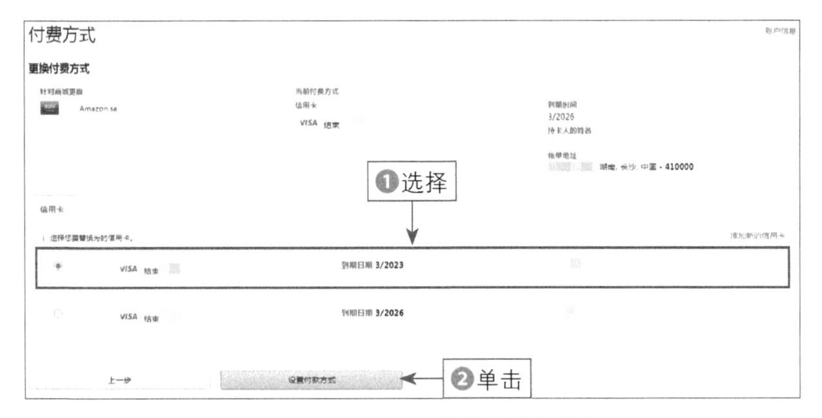

图 3-21　单击“设置付款方式”按钮

步骤 04 操作完成后，如果“付费方式”页面中出现了“付款方式已成功更新。”提示，就说明付款方式设置成功了，如图3-22所示。

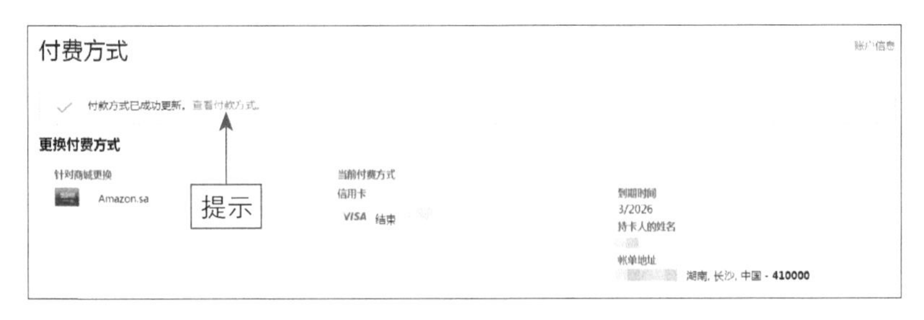

图 3-22　付款方式设置成功

另外，卖家还可以单独对广告付费信息进行设置，具体操作步骤如下。

步骤 01 单击“卖家账户信息”页面中的“广告付费信息”按钮，进入“账户信息”页面，单击“更改付款方式”按钮，如图3-23所示。

图 3-23　单击“更改付款方式”按钮

步骤 02 操作完成后，进入“更改您的默认付款方式”页面，单击“继续”按钮，如图3-24所示。

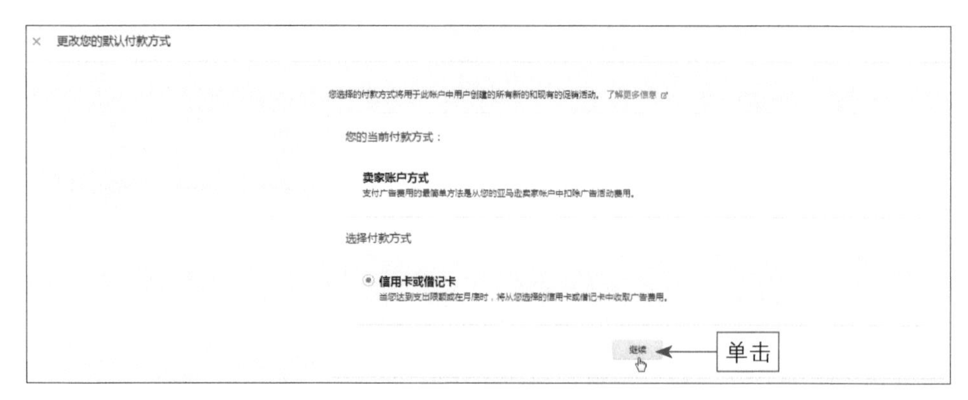

图 3-24　单击“继续”按钮

步骤 03 操作完成后，会出现信用卡和借记卡的相关信息。如果卖家想将其他信用卡设置为广告付费账户，可以单击页面下方的“添加信用卡”链接，如图3-25所示。

图 3-25　单击“添加信用卡”链接

步骤 04 操作完成后，页面中会出现添加银行卡信息的相关版块，卖家可以在该版块中输入卡号、银行卡上的姓名和银行卡的有效期，并单击“添加银行卡”按钮，如图3-26所示。

步骤 05 操作完成后，卖家即可添加广告付费账户。广告付费账户添加完成后，卖家只需在图3-25中选择将该账户设置为付费账户，便可完成店铺广告付费账户的设置。

图 3-26　单击“添加银行卡”按钮

3.1.6　关闭卖家账户的方法

如果卖家决定不再运营亚马逊店铺，可以选择关闭账户，停止提供服务。具体来说，卖家可以通过以下步骤关闭店铺账户。

步骤 01 进入“卖家账户信息”页面，单击“账户管理”版块中的“关闭账户”链接，如图3-27所示。

图 3-27　单击“关闭账户”链接

步骤 02 操作完成后，进入“联系我们”页面的“降级或关闭账户”版块，❶选中“请求关闭账户”单选按钮；❷单击“下一页”按钮，如图3-28所示。

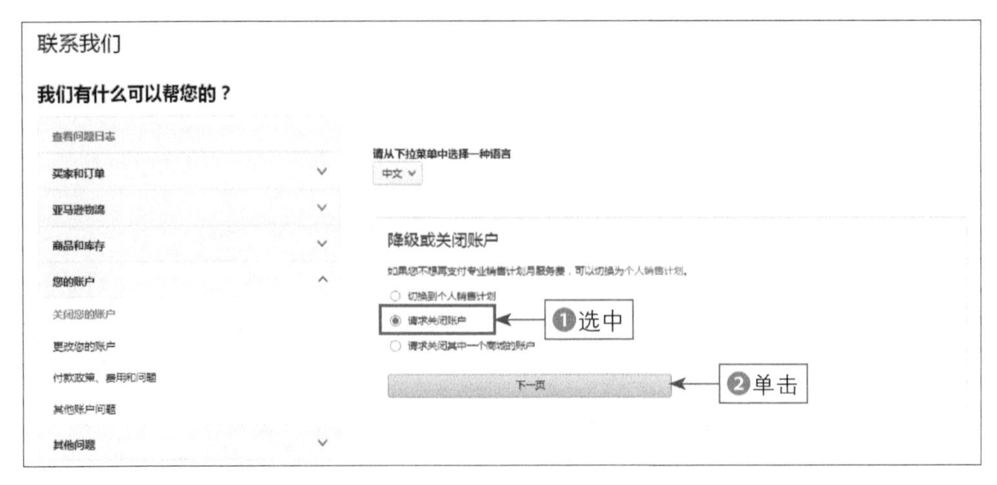

图 3-28 单击“下一页”按钮

步骤 03 操作完成后会弹出“您已选择永久关闭账户的选项。是否确定要继续？”提示框，单击“是”按钮，如图3-29所示。

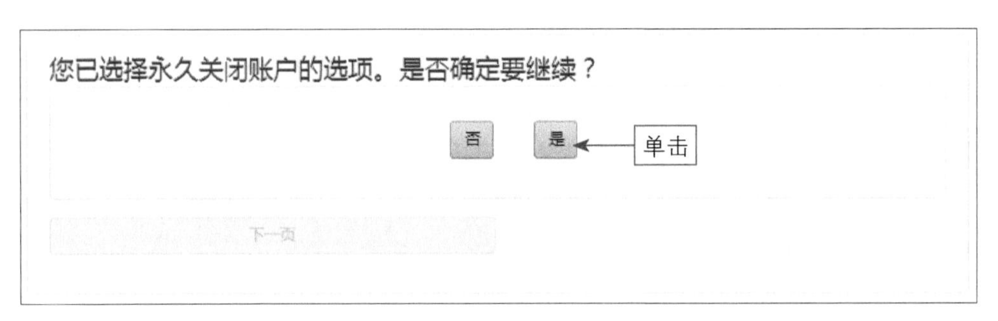

图 3-29 单击“是”按钮

步骤 04 操作完成后，便可关闭店铺账户。

除了自行关闭账户，卖家可能还会遇到一种状况，就是因为卖家操作不规范，被平台关闭了账户。通常来说，卖家被平台关闭账户主要有5个原因，下面分别进行解读。

1. 操控买家评论

很多卖家都是因为操控买家评论被关闭账户的。具体来说，如果亚马逊平台监测到大量存在不良购买记录和评论记录的买家购买了你的商品，那么亚马逊平台会认为卖家可能在操控买家评论，并因此关闭卖家的账户。

2. 账户关联原因

通常来说，因为账户关联被关闭账户主要可以分为两种情况，一是亚马逊平台发现卖家同时运营多个店铺账户，让卖家选择一个账户进行运营，并关闭其他账户，这种情况其实是可以通过账户合并来解决的；二是卖家同时运营多个店铺账户，并且其中一个账户被关闭了，此时因为这些账户之间具有联系，所以其他的账户可能也会被关闭。

3. 违反平台规则

亚马逊平台有自己的销售规则，卖家在销售商品时需要遵循这些规则。如果卖家在运营店铺中出现了严重违规的情况，那么卖家的账户可能会因此被关闭。

4. 账户绩效超标

账户绩效超标主要是指账户的订单缺陷率和商品政策合规率超标，当这两项内容超标时，亚马逊平台会认为账户中销售的商品在质量上存在问题，或者认为商品存在侵权的情况，并因此关闭账户。

5. 被他人恶意投诉

如果卖家收到竞争对手的恶意投诉，致使卖家收到大量退货和差评，那么卖家的账户也可能会被亚马逊平台关闭。

当卖家的账户被关闭，特别是被错误关闭时，卖家需要通过申诉来恢复账户的相关权限。需要特别注意的是，卖家在申诉之前需要先确定账户被关闭的原因，只有这样才能找到合适的解决方案，提高申诉的成功率。

另外，卖家通常只有两次申诉机会，因此要把握好每次机会，认真做好准备。如果因为准备不到位而没有申诉成功，那就太可惜了。

3.2 买家账户管理

除了卖家账户信息，还可以对买家账户的信息进行管理。本节将讲解买家账户管理的一些基本操作。

3.2.1 查看订单信息

如果大家在亚马逊平台上购买过商品，便可以查看自身的订单消息，具体操作步骤如下。

步骤 01 进入亚马逊官网，如亚马逊美国站官网（如果是国外的官网，最好将系统语言设置为简体中文，这样操作起来会更加方便），单击菜单栏中的“客户服务”按钮，如图3-30所示。

图 3-30　单击“客户服务”按钮

步骤 02 操作完成后，进入“客户服务”的相关页面，单击“我们今天能为您提供什么帮助”版块中的“我的订单”所在的位置，如图3-31所示。

步骤 03 操作完成后，进入“我的订单”页面，在其中可以查看过去3个月（即最近3个月）的订单（因为笔者是新注册的账户，还未在亚马逊平台上下过单，所以这里显示的是“0订单”），如图3-32所示。

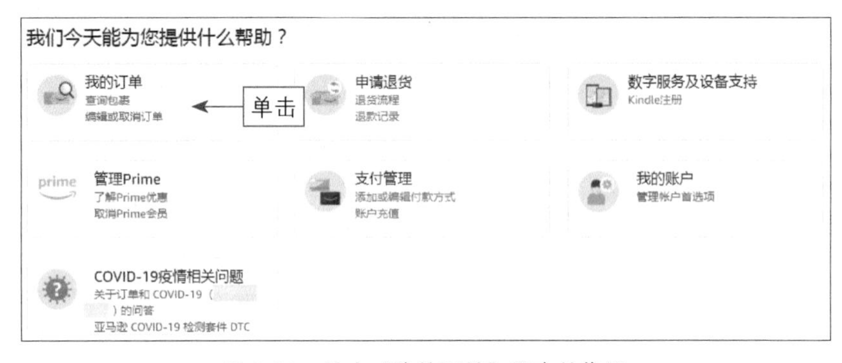

图 3-31　单击“我的订单”所在的位置

图 3-32　查看最近 3 个月的订单

步骤 04 除了最近3个月的订单，还可以查看最近30天或同年的订单。以查看2021年的订单为例，卖家只需单击“过去3个月”后面的∨图标，在打开的下拉列表框中选择“2021”选项即可，如图3-33所示。

图 3-33　选择“2021”选项

步骤 05 操作完成后，便可以在“我的订单”页面中查看2021年的订单信息，如图3-34所示。

图 3-34　查看 2021 年的订单信息

除了汇总的订单信息，还可以分别查看“电子订单”“本地商店订单”和“已取消的订单”信息。另外，大家还可以单击“我的订单”页面汇总的“再次购买”按钮，查看系统推荐再次购买的商品。

3.2.2　设置登录信息

和卖家账户一样，买家账户也可以设置登录信息。具体来说，可以通过以下步骤设置买家账户的登录信息。

步骤 01 进入“客户服务”的相关页面，单击“我们今天能为您提供什么帮助”版块中的“我的账户”所在的位置，如图3-35所示。

图 3-35　单击“我的账户”所在的位置

步骤 02 操作完成后，进入“我的账户”页面，单击“登录和安全”所在的位置，如图3-36所示。

图 3-36　单击“登录和安全”所在的位置

步骤 03 操作完成后，会弹出“登录”提示框。在提示框中❶输入账户密码；❷单击“登录”按钮，如图3-37所示。

步骤 04 操作完成后，会弹出“两步验证”列表框。在列表框中❶输入一次性密码；❷单击“登录”按钮，如图3-38所示。

步骤 05 进入“两步验证设置”页面，买家在该页面中执行相关设置操作即可。以设置两步验证的备用方式为例，买家可以单击“备用方式”下面的“新增手机或认证器应用程序”链接，如图3-39所示。

图 3-37　买家登录亚马逊账户

图 3-38　进行更为安全的“两步验证”流程

图 3-39　单击“新增手机或认证器应用程序”链接

步骤 06 进入“添加备用方式”页面，该页面中为用户提供了两种添加备用方式的方法，即手机电话号码和认证器应用程序。以电话号码添加备用方式为例，买家只需❶输入备用手机号；❷单击“继续”按钮即可，如图3-40所示。

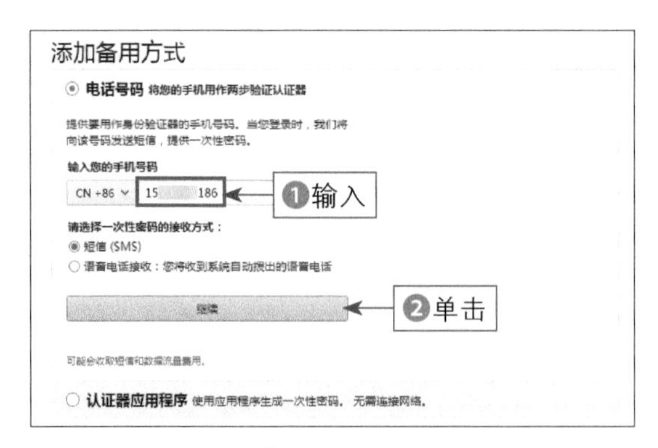

图 3-40　输入备用手机电话号码

步骤07 操作完成后，进入备用手机号验证页面，在页面中❶输入验证码；❷单击“继续”按钮，如图3-41所示。

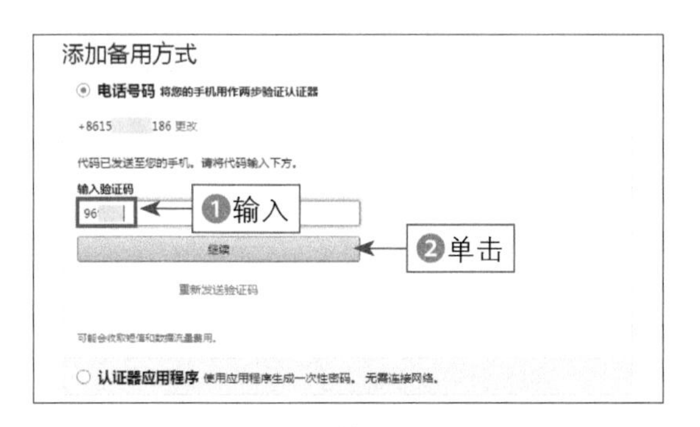

图 3-41　短信验证码验证

步骤08 操作完成后，返回“两步验证设置”页面。如果页面中“备用方式”的下方显示了手机号，就说明备用方式设置成功了，如图3-42所示。

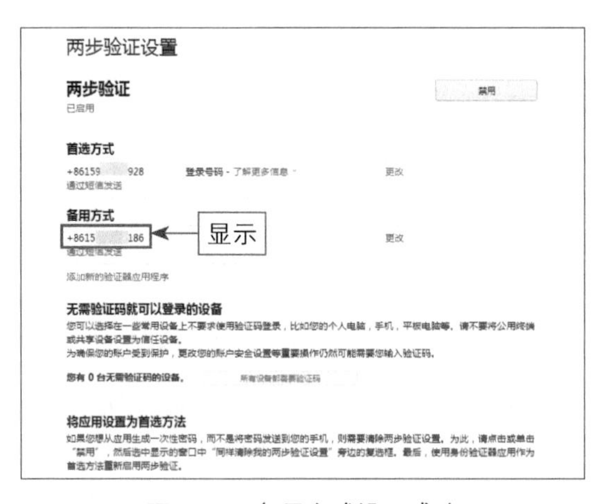

图 3-42　备用方式设置成功

3.2.3　设置支付方式

在亚马逊跨境电商平台中购物时，如果买家没有设置支付方式，那么下单时系统也会提醒买家添加付款方式。

具体来说，买家要购买某件商品，可以单击该商品详情页面右侧的“现在购买”按钮，如图3-43所示。

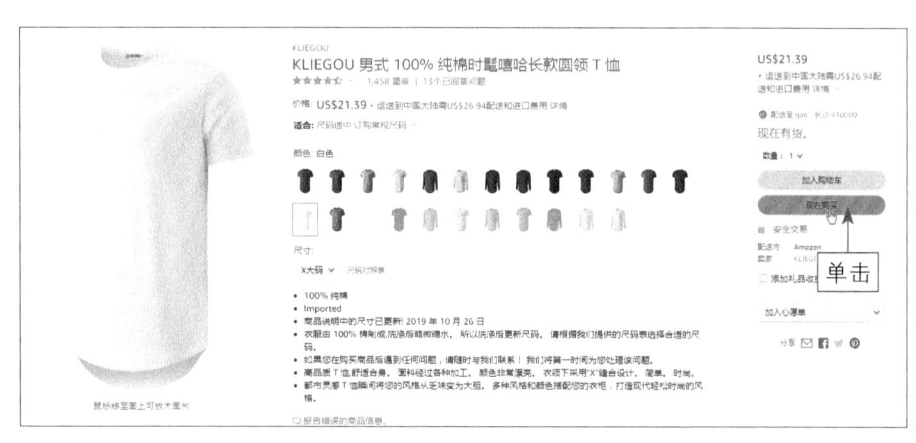

图 3-43　单击“现在购买”按钮

操作完成后，系统会要求买家输入账户密码和一次性密码。这两个密码填写完成后，便会进入“请选择配送地址”页面。买家可以单击该页面中的“配送到此地址”按钮，将默认地址设置为收货地址，如图3-44所示。也可以单击“编辑”按钮，设置新的收货地址。

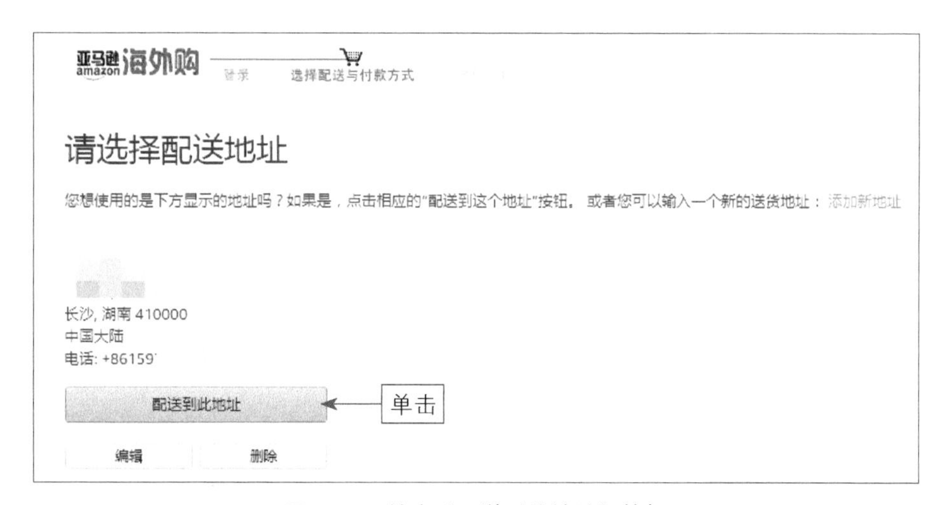

图 3-44　单击“配送到此地址”按钮

操作完成后，进入“请选择付款方式”页面，并在该页面中添加付款方式，如图3-45所示。也就是说，买家只有添加了付款方式，才可以完成下单，购买到自己需要的商品。

图 3-45　“请选择付款方式”页面

当然，除了在下单时添加付款方式，买家也可以直接通过买家账户管理设置支付方式。具体来说，买家可以通过以下步骤设置支付方式。

步骤 01 进入“我的账户”页面，单击页面中“支付方式”所在的位置，如图3-46所示。

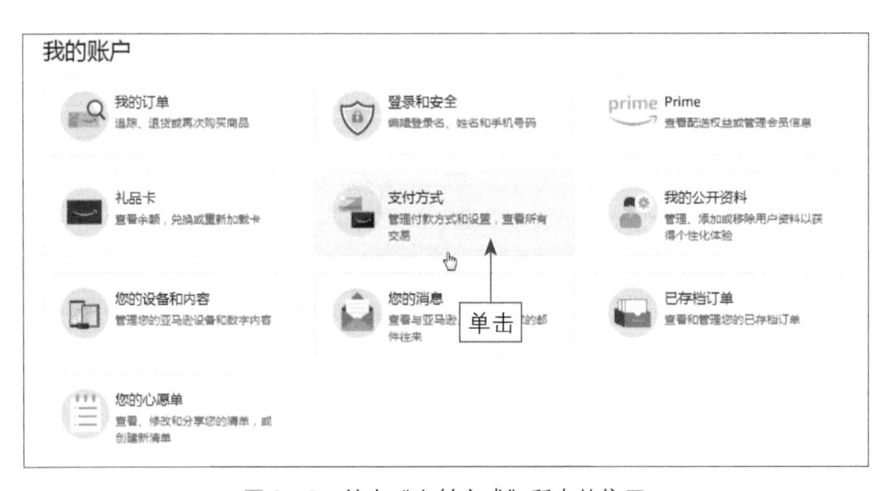

图 3-46　单击“支付方式”所在的位置

步骤 02 进入“钱包”页面，单击“添加信用卡”版块下方的“添加信用卡”按钮，如图3-47所示。

图 3-47　单击“添加信用卡”按钮

步骤 03 操作完成后，进入“添加信用卡”页面。在该页面中输入银行卡的相关信息，单击“添加银行卡”按钮，如图3-48所示。

图 3-48　单击“添加银行卡”按钮

步骤 04 操作完成后，买家便可以完成支付方式的设置。

3.2.4 查看账户信息

买家可以通过查看账户信息及时了解系统和卖家给自己发送的消息。具体来说，买家可以通过以下步骤查看账户信息。

步骤 01 进入“我的账户”页面，单击页面中“您的消息”所在的位置，如图3-49所示。

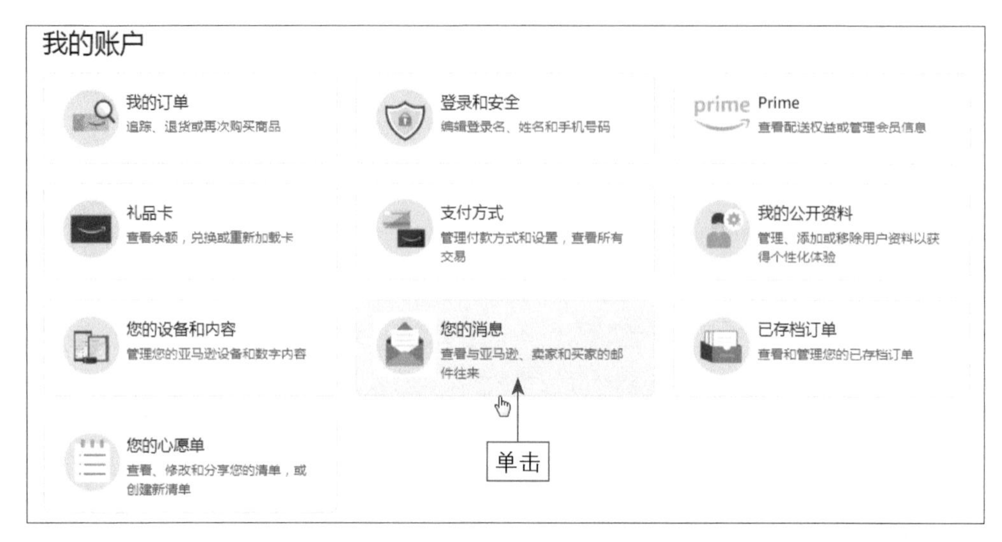

图 3-49 单击“您的消息”所在的位置

步骤 02 操作完成后，进入“消息中心”页面。买家可以在该页面的“所有信息”版块中查看来自系统和卖家的消息。如果买家要查看某条信息的具体内容，还可以单击该消息所在的位置。例如，买家可以单击页面中的第一个“更新语言设置”消息，如图3-50所示。

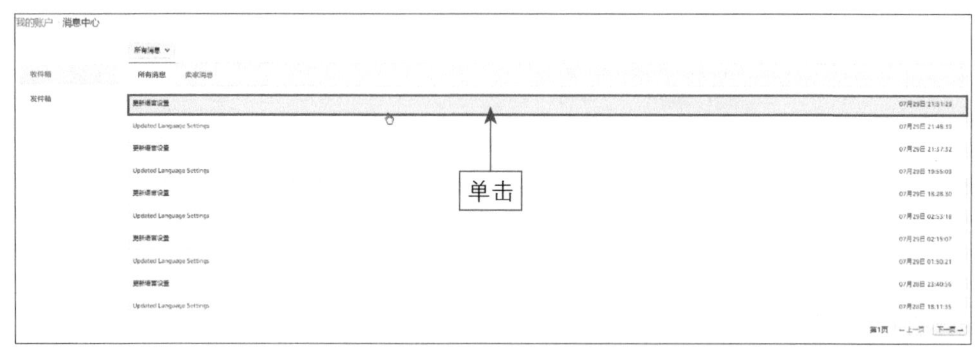

图 3-50 单击“更新语言设置”消息

步骤 03 操作完成后，便可查看“更新语言设置”消息的具体内容，如图3-51所示。

图 3-51　查看“更新语言设置”消息的具体内容

如果买家单击“消息中心”页面中的“卖家消息”按钮，则可进入“卖家消息”版块，查看来自卖家的消息，如图3-52所示（因为笔者还未在该账户进行过下单购物，所以页面中显示的是“暂无消息”）。

图 3-52　“卖家消息”版块

另外，有需要的买家还可以单击“消息中心”页面左侧的“发件箱”按钮，查看自己之前发送过的消息。

第 4 章 有序管理商品

在亚马逊跨境电商平台中，卖家是通过销售商品来获得收益的。为了增加商品的销售量，提高商品对买家的吸引力，卖家很有必要对商品进行有序管理。本章笔者就为大家介绍商品管理的相关技巧。

4.1 了解商品管理的相关知识

卖家要管理好店铺中的商品，就要先了解商品管理的相关知识。具体来说，添加商品时，需要对商品详情页的相关信息进行分析，因此卖家要了解商品详情页的组成要素和优化技巧，从而让自己编写的商品详情页信息对用户更有吸引力。另外，在添加商品时，卖家需要通过一些因素进行考量，判断该商品是否有上架的必要。

4.1.1 商品详情页的组成要素

在添加商品之前，卖家需要先了解商品详情页的组成要素。只有这样卖家才能在添加商品时，根据这些组成因素，更好地打造商品详情页面的信息，吸引用户下单购买商品。通常来说，商品详情页主要包括8个组成要素，具体如下。

1. 商品标题

商品标题位于商品详情页面中星级数的上方。通常来说，商品标题包含商品品牌、名称、特征和型号等信息。图4-1中方框内的内容就是某商品详情页面中的标题。

Hangovers Only Last a Day Memories are forever, hangover bags, amenity bags, Bachelorette Party Hangover Kit Bags Cotton Drawstring Wedding Party Welcome Favor Bags (10pcs)

Brand: Ideas from boston

166 ratings

Amazon's Choice in Party Favors by Ideas from boston

图 4-1　商品标题

需要注意的是，用户有购物需求时，通常都会通过关键词查找商品。因此，为了增加商品详情页面的点击率，卖家应该尽可能地在商品标题中添加用户搜索率高且与商品相关的关键词。

2. 商品要点

商品详情页中星级数的下方通常都有一个“About this item（可以翻译为：关

于这个商品）”版块，这个版块中会列出商品的一些相关要点。图4-2所示为某商品详情页面中的商品要点。

About this item

- MADE FOR FAMILIES: BPA Free, Phthalate Free, Latex Free. Soft silicone material. Flaps will not bite little hands reaching in and easy for baby to pull out snacks.
- SPILL PROOF: Shake, rattle and throw and the snacks still stay inside! Large holding handle with no slip grip technology.
- DURABILITY:100% Silicone will not break, unlike plastic parts on the majority of snack cups.
- PEACE OF MIND: Dust Proof Lid to keep unwanted "things" out. Tight and snug fit lid prevents any dust, dirt, sand, or grass from getting into baby's snack.
- CONVENIENT: Easy, quick, fun snacks on the go. Very simple to clean. Easily rinse product with warm soapy water or dishwasher.

› See more product details

图 4-2　商品要点

3. 商品描述

商品详情页面中有一个“Product description（可以翻译为：商品描述）”版块，该版块中会对商品的相关信息进行描述。在填写该版块的信息时，卖家可以选择重点呈现描述商品外观、特点的文字。图4-3所示为某商品详情页面中的商品描述。

Product description

Color:**01Yellow Duck+ Gray Pig**

The Toddler Silicone Plate is a must-have for babies and toddlers of all ages!

One-Piece Silicone Placemat. More Convenient for a fun meal
- Longer Using Life, 100% Food Grade Silicone, Safe and Reliable, Free PPA BPA.
-Upgraded Designed with Suction Cup, More Strong Suction To All Smooth Surfaces, Nearly Impossible To Turn It Over. Waterproof Non-Slip.
- Easy to clean with warm soapy water or in the dishwasher, Save Your Time.
- Perfect For Baby Weaning Age 4 Months+, A Great Gift For Mommy And Baby.
- Unique Cute Pig/Duck Design Placemat, Perfect for Highchair and Travel Feeding.
- Easily Grab Kid'S Interest And Bring Your Little Ones To The Table And Enjoy Mess-Free Dining With This Placemats.
- It Can Tolerate Temperature From -40 To 230 Degree Centigrade. The Product Is Microwave And Oven Safe.
- The Mini Placemat Is Lightweight And Compact. Size: 8*7*1inches. You Can Take It Anywhere And Serve Your Kid's Meals On Vacation Or In A Restaurant.

It's only safe to want the best for your child. Add the Baby Silicone Placemat to your basket today.

Notes:
★ Please Thoroughly Cleaned Before First Use, Preferably In A Ventilated Place For 2 Days.
★ Please Keep Away From Sharp Knife And Fire & Sharp Objects.

Package Included:
2 x Silicone Placemat
1 x Zipper Bag

图 4-3　商品描述

4. 商品图片

商品详情页面中的信息通常都是通过文字或图片的方式进行呈现的，因此为商品选择合适的图片也非常重要。通常来说，商品详情页面中有两个地方可能需要呈现商品图片：一是商品标题和要点左侧；二是商品描述中。

在亚马逊跨境电商平台的商品详情页面中，商品标题和要点左侧会为用户展示商品的外观图，而用户则会据此判断该商品的款式是否符合自身需求。图4-4所示为商品标题和要点左侧的图片。

图 4-4　商品标题和要点左侧的图片

虽然在“Product description”版块中可以直接用文字介绍商品的相关信息，但是部分卖家为了让介绍更有说服力，便配备了对应的图片。图4-5所示为商品描述中的图片，可以看到，该商品描述中就是通过简单的文字描述加上图片展示的形式，向用户介绍商品信息的。

图 4-5　商品描述中的图片

5. 商品信息

商品详情页面中的“Product information（可以翻译为：商品详细信息）”版块中会展示商品的一些基本信息，这些信息既包括商品自带的属性，也包括商品销售之后产生的信息。

图4-6所示为某商品详情页面中的商品信息，可以看到，其中便对Product Dimensions（商品尺寸）、Item Weight（商品的重量）、Manufacturer（制造商）、ASIN（亚马逊商品编码）、Item model number（商品型号）、Customer Reviews（用户评价）、Best Sellers Rank（销售排名情况）和Is Discontinued By Manufacturer（被制造商停止使用）等信息进行了展示。

Product information

Color:**Graphite**

Product Dimensions	5.1 x 10.61 x 15 inches
Item Weight	10.6 ounces
Department	Unisex-adult
Manufacturer	Fjallraven
ASIN	B002OWETK4
Item model number	F23510
Customer Reviews	2,273 ratings 4.6 out of 5 stars
Best Sellers Rank	#2,287 in Clothing, Shoes & Jewelry (See Top 100 in Clothing, Shoes & Jewelry) #16 in Casual Daypack Backpacks #570 in Men's Shops #1,445 in Women's Shops
Is Discontinued By Manufacturer	No

图 4-6　商品信息

6. 制造商信息

有的商品详情页面中会专门设置一个“From the manufacturer（可以翻译为：来自制造商）”版块，用来介绍制造商（或者说是品牌）的相关信息，以及制造商对商品的介绍。

图4-7所示为某商品详情页面的制造商信息版块。可以看到，该版块中对“GILDAN”这个品牌，以及该品牌旗下的相关信息进行了介绍。用户看到该版块的信息后，便能快速了解该品牌及其旗下商品的相关信息。

用户在购买商品时，容易受到品牌效应的影响。如果卖家销售的商品属于知名品牌，那么便可以通过制造商信息展示出来。这样，用户看到品牌信息后，会更愿意购买对应的商品。

图 4-7　制造商信息

7. 图文组合

文字和图片各有各的优势，文字能够将相关信息一一进行具体的解说，而图片则可以直观地呈现某一方面的信息。有时为了更加清楚地说明商品的相关信息，卖家在商品详情页面中会通过图文组合的形式对商品信息进行描述，如图4-8所示。

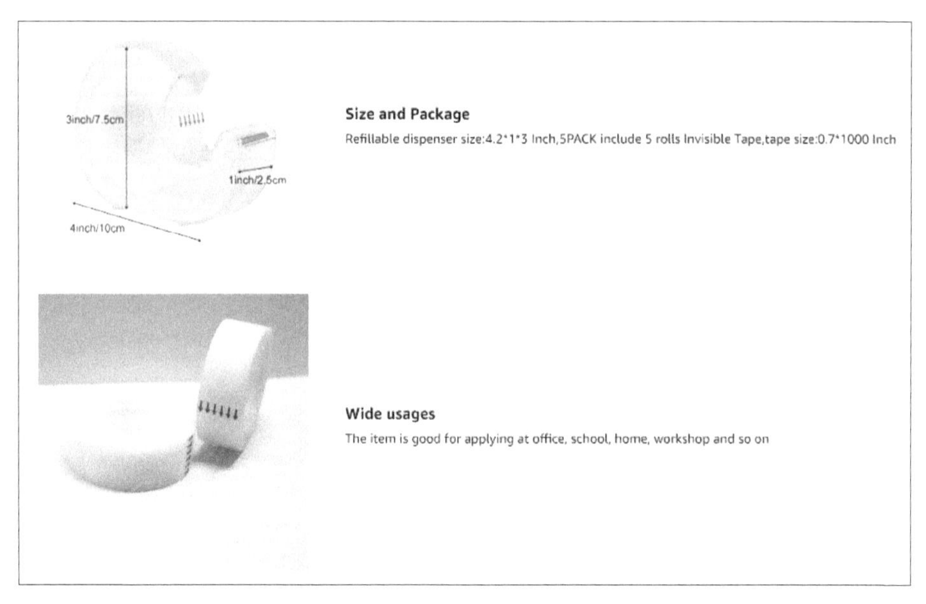

图 4-8　图文组合的描述

对于用户来说，商品的信息自然是越详细越好。如果能像电影一样用视频的形式把商品的信息展示出来，那当然是最好的；如果不能传视频，那么用图文组合的形式也能像一个个画面一样对商品信息进行呈现，这样比用单独的图片或文字呈现显然要好得多。

8. 分类节点

商品详情页面的上方会显示商品的分类节点（商品所属的小类别和大类别都会显示出来）。图4-9所示为某商品的详情页面，可以看到，页面左上方便显示了该商品的分类节点（红框内）。

图 4-9　分类节点

另外，用户购买商品时，可能也会先根据类别查看自己需要的商品。因此，在上传商品时，卖家需要为商品选择对应的类别，否则，部分潜在买家可能无法找到卖家上架的商品。

本节重点为大家介绍了卖家可以设置的商品详情页面要素。其实，除了这些要素，商品详情页面中还会显示问答、评论等信息，只是这些信息基本都是来自于买家的，卖家不能直接进行设置。因此，这里就不再展开说明了。

4.1.2　商品详情页的优化技巧

了解了商品详情页的组成要素之后，卖家就可以有针对性地进行内容的优化了。本书将介绍商品详情页面中常见内容的优化方法，帮助大家快速打造出更吸睛的商品详情页面信息。

1. 标题优化

商品标题是商品详情页面中非常关键的一项信息，用户在搜索关键词时，如果商品的标题中有对应的关键词，那么商品将出现在搜索结果中。而且用户在查看商品详情页面的信息时，第一眼看到的往往也是商品标题。因此，卖家很有必要对商品的标题进行优化。

那么，卖家应该如何对商品标题进行优化呢？笔者认为，卖家在编写商品标题时可以重点做好如下几点。

（1）标题中不要加没有用处的信息。

（2）如果标题内容是用英语编写的，那么不要将所有的单词都写成大写字母。这样做可能会收到亚马逊平台发来的标题不规范提醒。

（3）标题中不要出现明显的错误，如果是用英语进行表达，那么要避免拼写上的错误。

（4）标题可以稍微长一点，这样用户在搜索关键词时，商品标题中出现对应关键词的概率会增加，商品的曝光率也将随之提高。

（5）标题中应尽量多加用户比较关心的核心关键词，这样用户在看到这些词之后，会更愿意下单购买对应的商品。

图4-10所示为某商品的详情页面，该页面中的商品标题就很不错。具体来说，这个标题中既没有出现全部是大写、拼写有错误等问题，而且标题整体比较长，Portable Charger（便携式充电器）、Power Bank（移动电源）和External Battery（外部电池）等用户比较关心的核心关键词在标题中也有所体现。

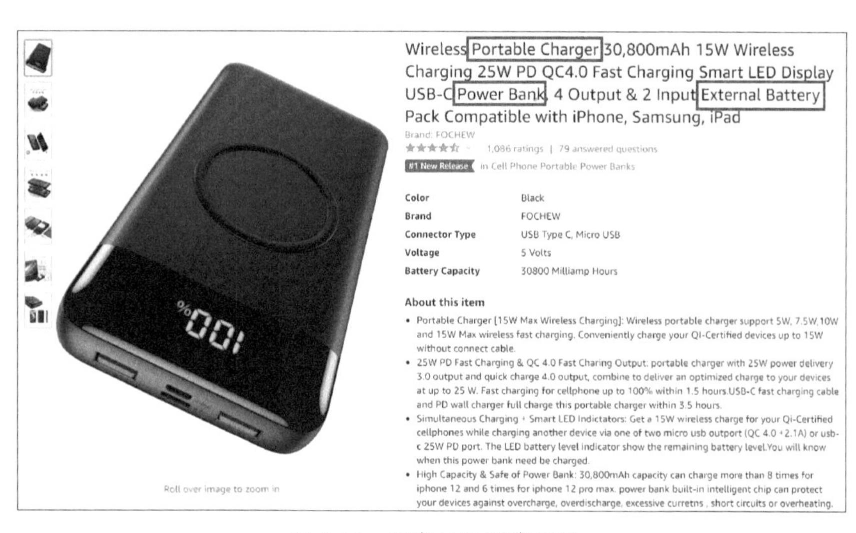

图 4-10　某商品的详情页面

2. 图片优化

部分卖家在选择商品图片，特别是主图时，会选择像素尽可能大的图片。这样选择的图片虽然比较清晰，但也有可能会出现一个问题，即用户放大图片时，商品详情页面中的其他信息可能会被覆盖。

图4-11所示为某商品的详情页面。当用户将鼠标停留在图片上时，选中的区域会在图片右侧进行放大展示，此时右侧原来的商品标题、要点等信息，便被放大展示图覆盖了，如图4-12所示。

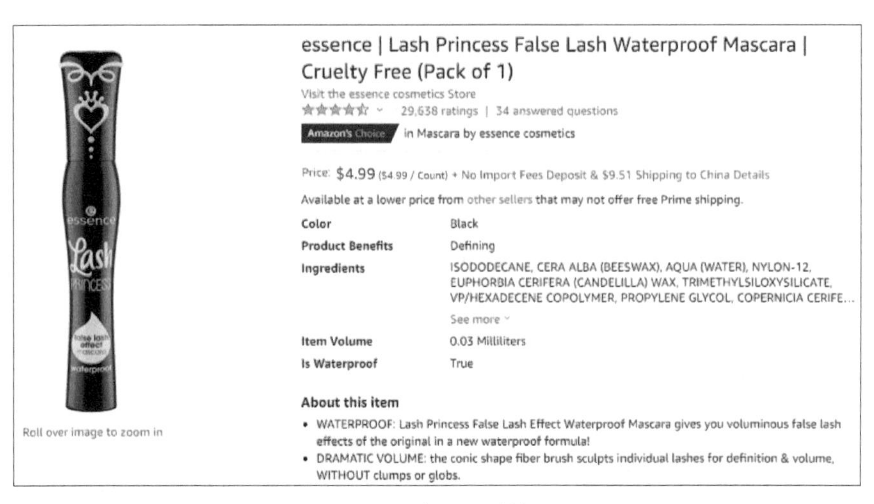

图 4-11　某商品的详情页面

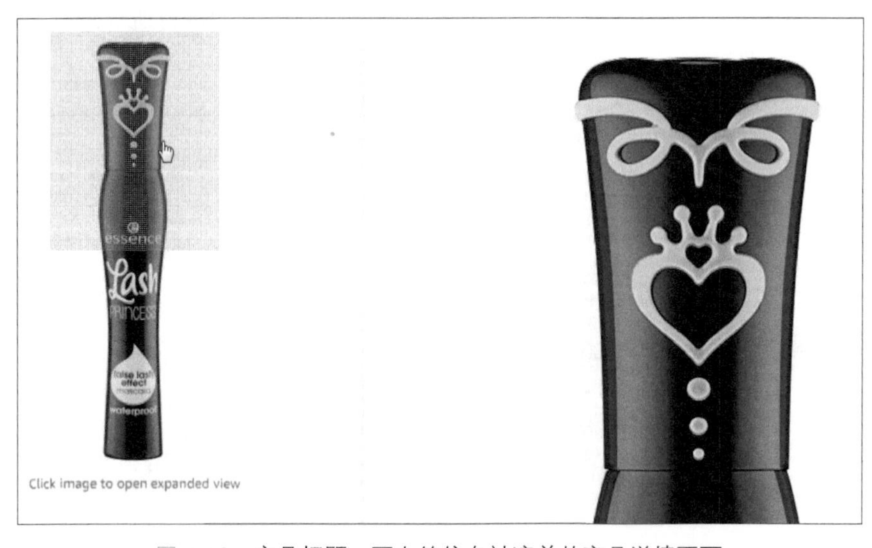

图 4-12　商品标题、要点等信息被遮盖的商品详情页面

对此，卖家可以选择500×500px分辨率的主图，这样便可以避免因放大图片而遮盖关键信息了。除此之外，卖家还可以通过以下几点进行图片的优化。

（1）图片要真实、准确地呈现商品信息。卖家不能为了让图片好看就通过后期进行修图。

（2）图片看上去要美观大气，那些没有美感、看不清的图片，最好不要选。

（3）图片要传达出商品的质感，让用户看到图片之后，觉得对应商品是值得购买的。

3. 价格优化

用户对于价格信息通常都是比较敏感的，他们会在心里盘算：以这个价格购买商品是否划算。对此，卖家可以通过呈现价格优惠力度、进行原价和现价的对比等方式，让用户觉得现在购买商品是划得来的。

图4-13所示为某商品的详情页面，可以看到，该页面中便是通过“List Price（可以翻译为：原价）”和“With Deal（可以翻译为：秒杀价）”的对比，来突显当前的价格优势。

图 4-13　某商品的详情页面

4. 描述优化

在这个快节奏的时代，很多人可能没有时间仔细地查看全部信息。对此，卖家在描述商品信息时，可以进行一些优化。例如，可以对关键信息进行加粗，或者用较大号的字体进行显示，让着急购买该商品的用户也能快速把握重点内容。

图4-14所示为某商品的功能细节展示页面，可以看到，该页面中在描述商品时，便用较大的字号显示了关键词。

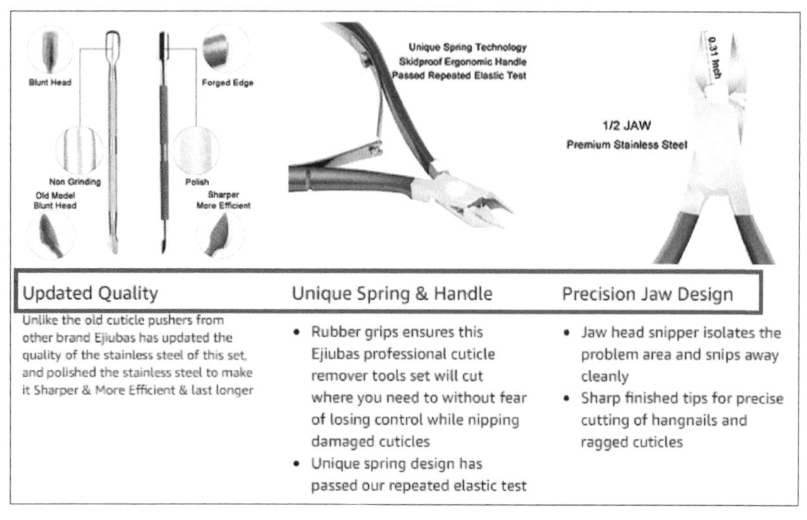

图 4-14　某商品的功能细节展示页面

5. 问答优化

“Customer questions & answers（可以翻译为：买家问题与答案）”版块主要是展示买家对于商品的一些问题，以及相关的回答，从而帮助其他有购买需求的用户消除相关的疑惑。图4-15所示为某商品详情页面中的买家问题与答案。

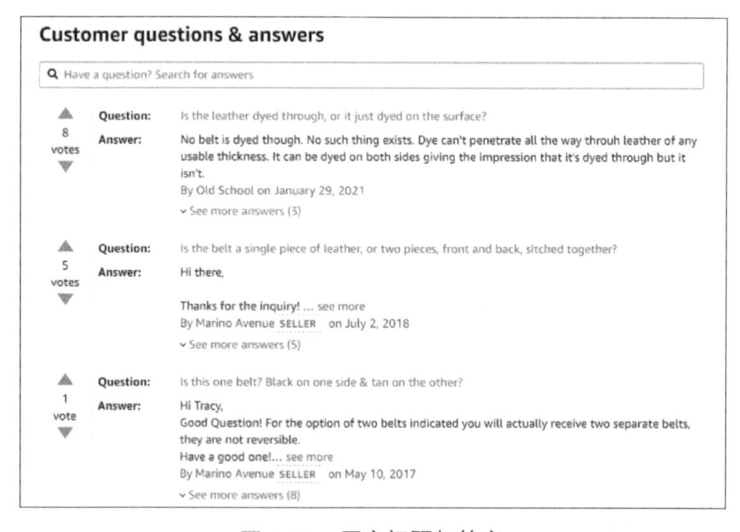

图 4-15　买家问题与答案

对于卖家来说，可以通过“Customer questions & answers”版块的信息优化，提高用户的购买意愿。例如，卖家可以通过该版块对用户可能关心的一些问题进行自问自答，并在回答问题时适时展示商品的优势。这样，用户看到问答之后，便能快速把握商品的优势，从而增强购买商品的意愿。

6. 评价优化

“Customer reviews（可以翻译为：用户评价）”版块中会展示用户对商品的整体评价（给出各个星级用户的占比），以及用户对商品的具体评价内容。其他用户可以判断用户的评价内容对自己是否有用，如果用户觉得评价内容对自己有用处，可以单击评论下方的“Helpful（有帮助的）”按钮，表示支持。而且该版块中还会根据用户支持数从多到少的顺序，对评论内容进行排序。

对此，为了让其他有购买需求的用户对商品留下好印象，卖家可以适当地引导买家的评论，及时处理差评。如果让差评置顶了，那么很多用户看到评论之后，购买意愿会大大降低。

图4-16所示为某商品详情页面中的用户评价。可以看到，其中置顶的评论是一条只给了1星的评论，并且这个评论还有14个用户表示支持。有购买需求的用户看到该评论之后，可能心里会想：这个差评有这么多人支持，那么这个商品可能不太靠谱。在这种情况下，大多数用户可能就不会购买这个商品了。

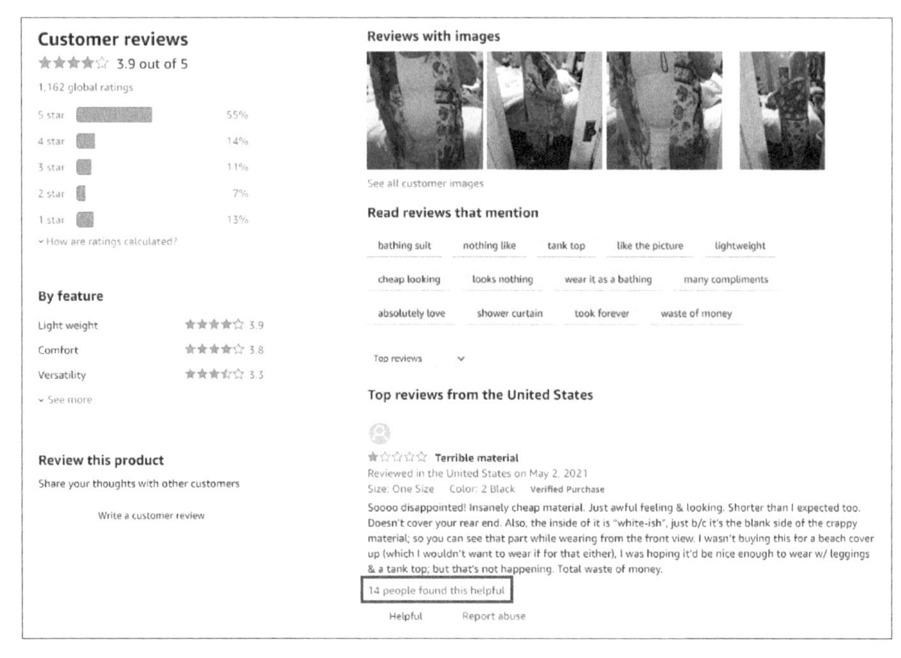

图 4-16　用户评价

4.1.3 添加商品的考量因素

对于商家来说，如果商品上架之后获得的流量非常有限，而且还没有人购买，那么这样的商品上架了也没有多大的意义。因此，在商品上架之前，卖家需要对一些因素进行考量，让自己上架的商品在亚马逊跨境电商平台中拥有一定的市场。

1. 搜索结果的数量

卖家可以在亚马逊跨境电商平台中直接搜索商品的小品类，如果搜索结果的数量大于50000个，那么卖家基本就可以考虑取消商品上架了。因为搜索结果过多，就说明市场的竞争力很大，即便卖家上架了商品，可能也难以获得销量。

2. 销售排行的星级数

亚马逊跨境电商平台会根据商品的销量制作销量排行榜，卖家可以查看要上架商品的小品类排行榜。如果该榜单中的商品都有很高的星级数，那么卖家也可以考虑取消商品上架了。因为在这种情况下，有该类商品购买需求的用户基本上都会购买排行榜中的商品。所以，即便卖家上架了自己的商品，可能也很少有用户光顾。

3. 买家评论中的差评

卖家可以重点查看同类商品中买家给出的差评，并将买家评论中提出的问题反馈给工厂，让工厂对商品进行改进。这样，卖家上架改进之后的商品，自然就会比同类商品更具竞争力。

4.2 掌握商品管理的实操技巧

卖家可以通过卖家后台对商品进行有序管理，从而确保店铺的正常运营。本节将讲解商品管理的实操技巧。

4.2.1 添加商品

卖家要想通过亚马逊店铺经营获得收益，很有必要在卖家后台中添加商品。那么，如何在卖家后台中添加商品呢？通常来说，可以根据亚马逊平台中是否有该商品来选择商品的添加方式。下面就来分情况进行具体讲解。

1. 添加平台中已有的商品

如果卖家要销售的商品是亚马逊平台中的在售商品，那么卖家便可以借助他人的商品信息模板来添加商品，具体操作步骤如下。

步骤 01 进入卖家后台的主页面，将鼠标停留在左侧菜单栏中的“目录”上，会打开一个子类目列表框，选择“添加商品”选项，如图4-17所示。

图 4-17　选择“添加商品”选项

步骤 02 进入“要开始添加商品”页面，在该页面中❶输入商品名称，如“white T-shirt（翻译为：白色T恤）”；❷单击 🔍 图标，如图4-18所示。

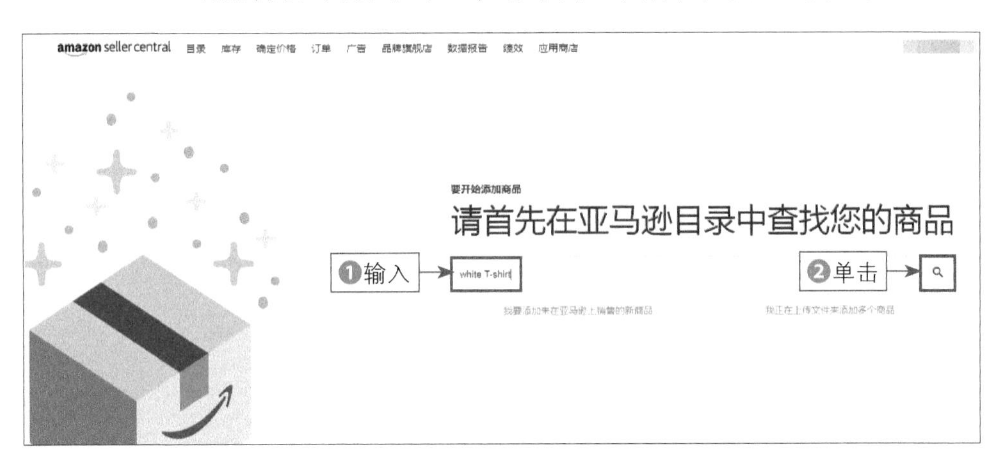

图 4-18　单击 🔍 图标

步骤 03 操作完成后，从搜索结果中找到需要添加的商品，单击该商品后面的“显示商品变体（具有关联性的一组商品，如同一款服装的不同颜色便属于变体）”按钮，如图4-19所示。

图 4-19　单击“显示商品变体”按钮

步骤 04 操作完成后，会出现该商品的几个变体，❶单击某个变体后面的“选择状况”按钮；❷在打开的下拉列表框中选择“全新”选项，如图4-20所示。

图 4-20　单击“全新”按钮

步骤 05 操作完成后，单击商品后面的“销售此商品”按钮，如图4-21所示。

图 4-21　单击“销售此商品”按钮

步骤 06 操作完成后，进入商品的“报价”页面。在该页面中填写卖家SKU

（Stock Keeping Unit的缩写，翻译为：库存量单位）、商品价格和商品数量等信息，单击“保存并完成”按钮，如图4-22所示。

图 4-22　单击“保存并完成”按钮

步骤 07 操作完成后，进入“库存”页面。如果页面中显示“您的更新已提交”，就说明商品添加信息提交成功了，如图4-23所示。

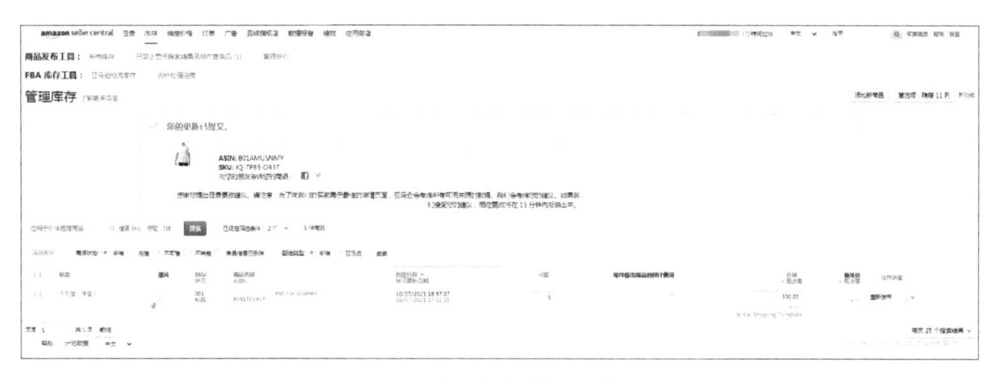

图 4-23　商品添加信息提交成功

步骤 08 等待一段时间后，刷新页面。如果刷新后的“库存”页面中出现了刚刚添加的商品，并且显示该商品“在售”，那么就说明商品添加成功了，如图4-24所示。

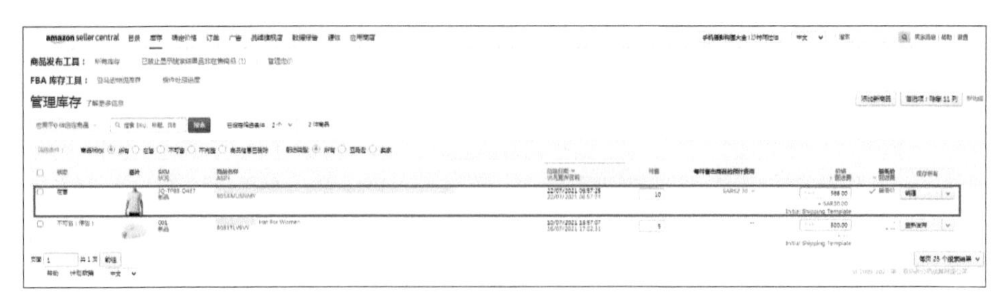

图 4-24 商品添加成功

2. 添加平台中没有的商品

如果卖家要销售的商品是亚马逊平台中没有的商品，那么卖家便可以自行添加新商品，具体操作步骤如下。

步骤 01 进入卖家后台的主页面，将鼠标停留在左侧菜单栏中的“库存”上，会打开一个子类目列表框，选择“添加新商品”选项，如图4-25所示。

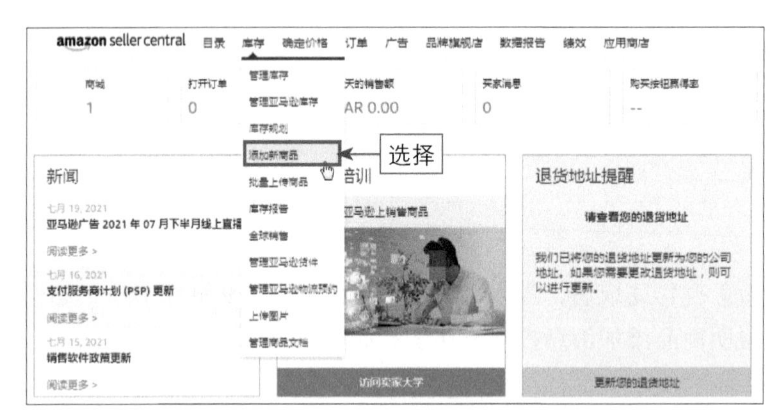

图 4-25 单击“添加新商品”按钮

步骤 02 进入“要开始添加商品”页面，单击“我要添加未在亚马逊上销售的新商品”链接，如图4-26所示。

图 4-26 单击“我要添加未在亚马逊上销售的新商品”链接

步骤 03 进入“选择商品类别”页面，卖家可以在该页面中通过搜索商品类别或者在“浏览”版块中选择某一类别来寻找要添加的商品类别，如图4-27所示。

选择商品类别
收藏夹
您尚未添加任何收藏类别。
搜索
什么是商品类型?
搜索类别
浏览
什么是商品类型?
选择类别
Electronics
Fashion
Grocery
Health

图 4-27　“选择商品类别”页面

步骤 04 以在“浏览”版块中选择类别为例，如果卖家要添加 Dresses（连衣裙），可以依次选择“Fashion（时尚）”→“Women（女士）”“Clothing（服装）”，并单击“Dresses”后面的“选择”按钮，如图 4-28 所示。

图 4-28　单击“选择”按钮

步骤 05 操作完成后，进入“重要信息”页面，打开“高级视图”功能。在该页面中填写“商品名称”“是否成人用品”“品牌”“面料”和“类别”等信息，如图4-29所示。

图 4-29 “重要信息”页面

步骤 06 单击“变体”按钮，进入“变体”页面，在该页面中填写“变体主题”等信息，如图4-30所示。

图 4-30 “变体”页面

步骤 07 单击“报价”按钮，进入“报价”页面，在该页面中填写“订单商品最大数量”“处理时间”“可否提供礼品信息”和“可否提供礼品包装”等信息，如图4-31所示。

图 4-31　“报价”页面

步骤08 单击“合规信息”按钮，进入“合规信息”页面，主要填写与电池相关的信息，由于T恤中不包含电池，所以这里可以直接略过不填，如图4-32所示。

图 4-32　“合规信息”页面

步骤09 单击“图片”按钮，进入“图片”页面，在该页面中上传商品的主图、侧面图和细节图等图片，如图4-33所示。

图 4-33 “图片”页面

步骤 10 单击“描述”按钮，进入“描述”页面，在该页面中填写商品描述和特性等信息，如图4-34所示。

图 4-34 “描述”页面

步骤 11 单击“关键词”按钮，进入“关键字”页面，在该页面中填写搜索关键词信息，如图4-35所示。

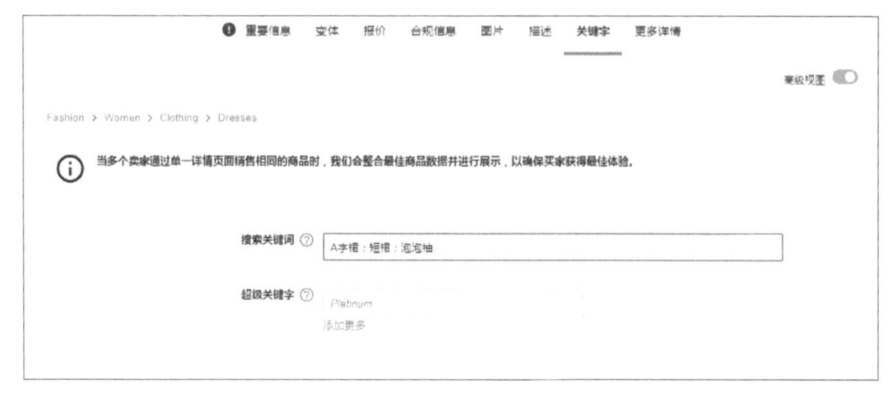

图 4-35　“关键字”页面

步骤 12 单击“更多详情”按钮，进入“更多详情”页面，在该页面中填写“型号”“里料”“物品数量”和“包装类物品数量”等信息，如图4-36所示。

步骤 13 全部信息填写完成后，单击“保存并完成”按钮，便可提交新商品的信息。

重要信息　变体　报价　合规信息　图片　描述　关键字　更多详情

高级视图

Fashion > Women > Clothing > Dresses

当多个卖家通过单一详情页面销售相同的商品时，我们会整合最佳商品数据并进行展示，以确保买家获得最佳体验。

GTIN 豁免原因　-选择-

制造商零件编号　SB-122

型号　AK3-AT1-GL-M-X MC700LL/A

里料　Cotton

物品数量

包装内物品数量

提交后，无法更改此字段

图 4-36　“更多详情”页面

上面讲到，卖家可以通过搜索商品类别或者在“浏览”版块中选择某一类别来寻找要添加的商品类别。需要注意的是，当卖家通过商品类别寻找要添加的商品类别时，最好使用英语进行搜索，因为有时用中文可能搜索不出来。

以添加“帽子”为例，如果卖家直接搜索“帽子”，会显示“未找到匹配的类别”，如图4-37所示。而当卖家搜索“帽子”对应的英语单词“hat”时，则显示了10个匹配的类别，如图4-38所示。

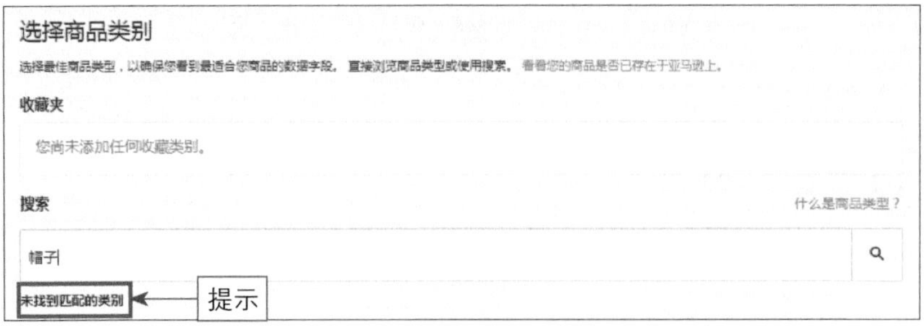

图 4-37　显示“未找到匹配的类别”

图 4-38　显示 10 个匹配的类别

另外，在填写商品信息的过程中，如果某个页面对应按钮的前方出现❶图标，说明该页面中有信息不符合要求。此时，卖家需要重新填写不符合要求的信息，否则商品将无法添加成功。

4.2.2　编辑信息

卖家可以在后台中编辑商品的相关信息，例如，可以将某个商品设置为包邮（即免运费），具体操作步骤如下。

步骤 01 进入“管理库存”页面，单击需要设置包邮的商品（可以看到，此时该商品的配送费为15 SAR）后面的“编辑”按钮，如图4-39所示。

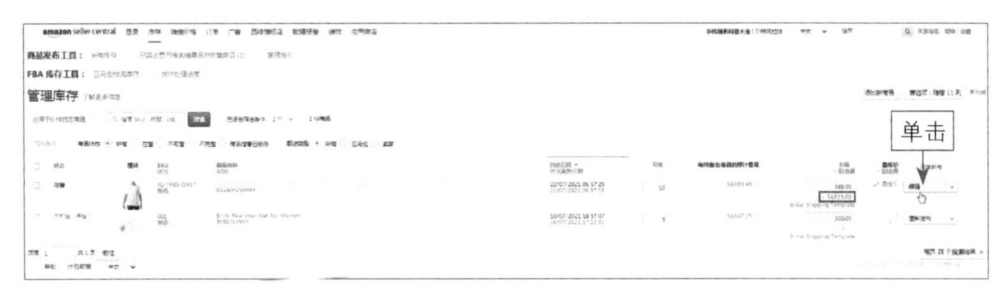

图 4-39　单击“编辑”按钮

步骤 02 进入商品的“报价”页面，❶单击配送模板后面的“Inital Shipping Template（译为：默认模板）”按钮，打开下拉列表框，❷选择“免费模板”选项，如图4-40所示。

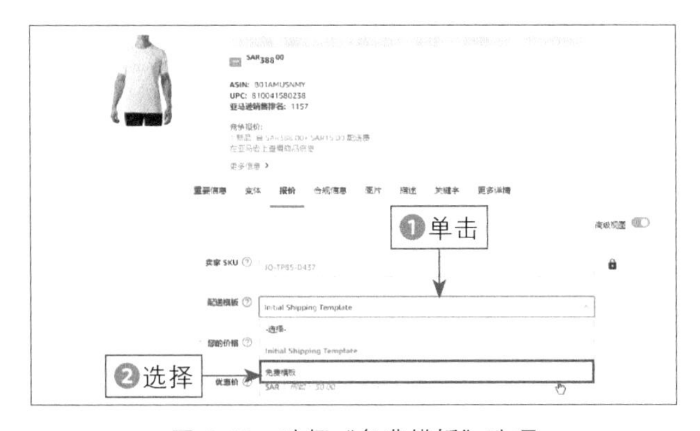

图 4-40　选择“免费模板”选项

步骤 03 单击“报价”页面中的“保存并完成”按钮，如图4-41所示。

图 4-41　单击“保存并完成”按钮

步骤 04 操作完成后，弹出“已提交更改”提示框。单击“完成”按钮，如图4-42所示。

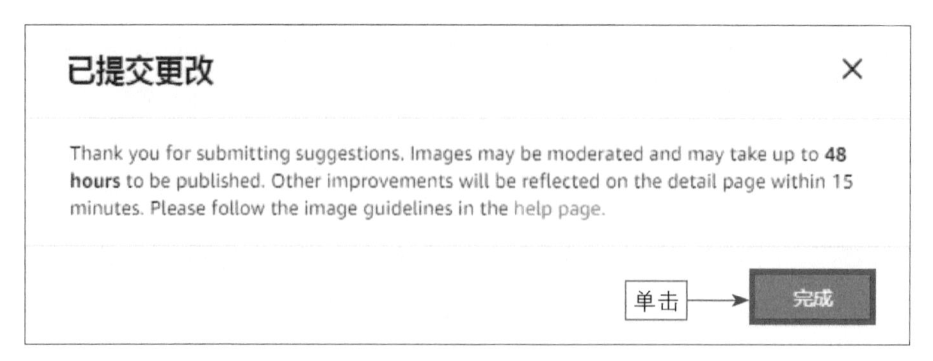

图 4-42　单击“完成”按钮

步骤 05 返回“管理库存”页面，如果此时显示“您的更新已提交”，就说明商品包邮信息设置提交成功了，如图4-43所示。

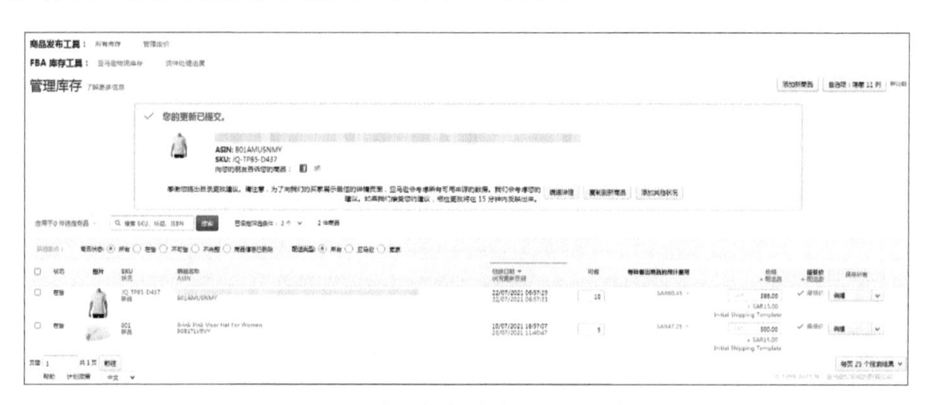

图 4-43　商品包邮信息设置提交成功

步骤 06 等待一会儿，刷新页面。如果刷新后的页面中，对应商品的配送费显示为0 SAR，就说明该商品包邮设置成功了，如图4-44所示。

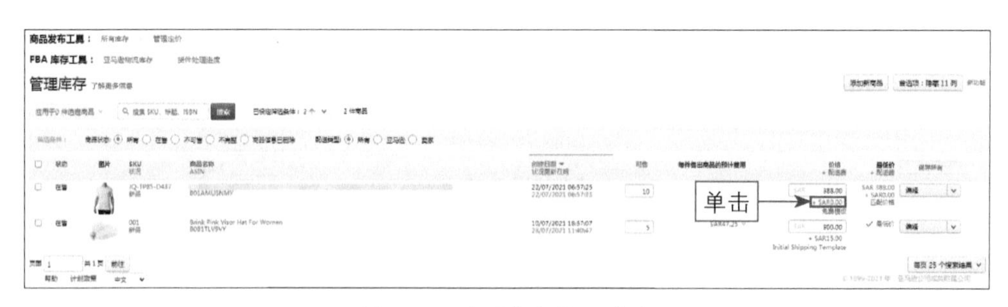

图 4-44　商品包邮设置成功

4.2.3　删除商品

当商品不适合销售，或者商品没有库存时，卖家可以在后台进行删除操作，具体操作步骤如下。

步骤 01 进入“管理库存”页面，单击需要删除的商品后面的 ⌄ 图标，如图4-45所示。

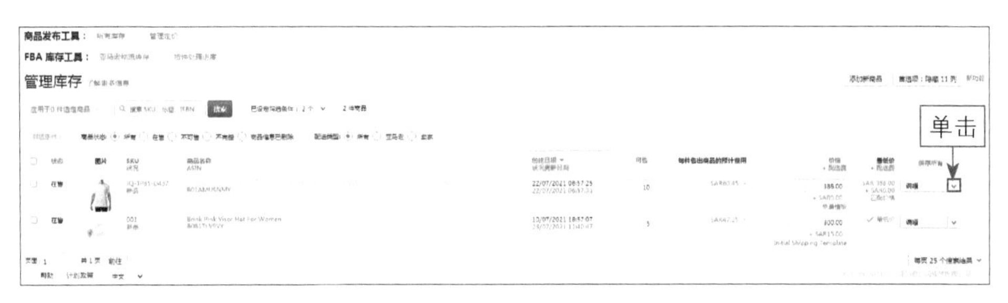

图 4-45　单击 ⌄ 图标

步骤 02 操作完成后，会打开一个下拉列表框，选择“删除商品和报价”选项，如图4-46所示。

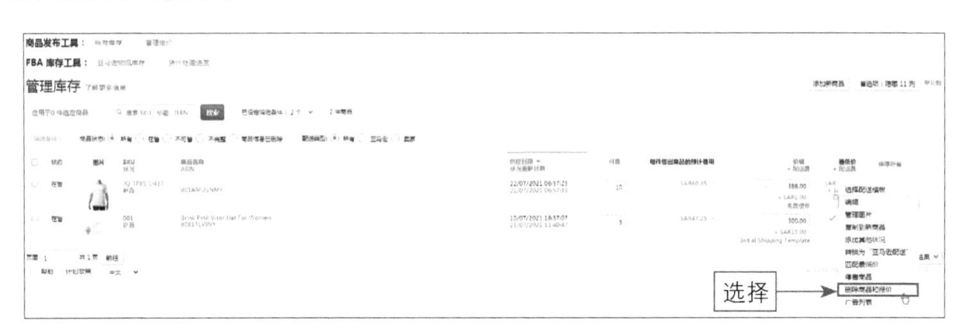

图 4-46　选择“删除商品和报价”选项

步骤 03 操作完成后，会弹出一个提示框，单击“确定”按钮，如图4-47所示。

图 4-47　单击“确定”按钮

步骤 04 操作完成后，返回“管理库存”页面，如果此时页面中显示“正在处理您的更改”，就说明删除商品的申请提交成功了，如图4-48所示。

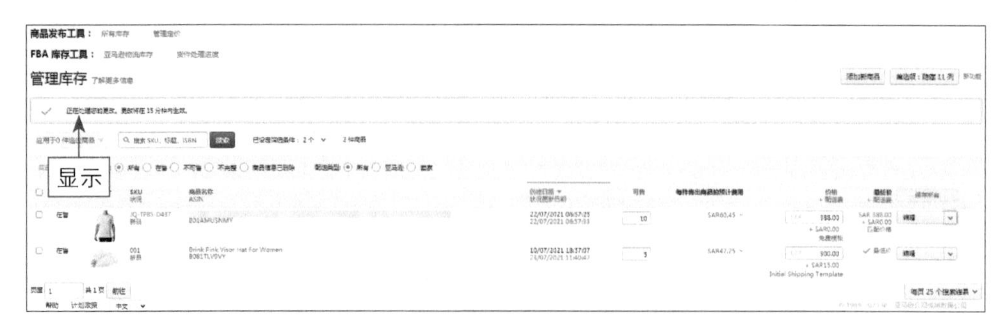

图 4-48　删除商品的申请提交成功

步骤 05 等待一段时间后，刷新“管理库存”页面。如果该页面中不再显示已进行了删除操作的商品，就说明商品删除成功了，如图4-49所示。

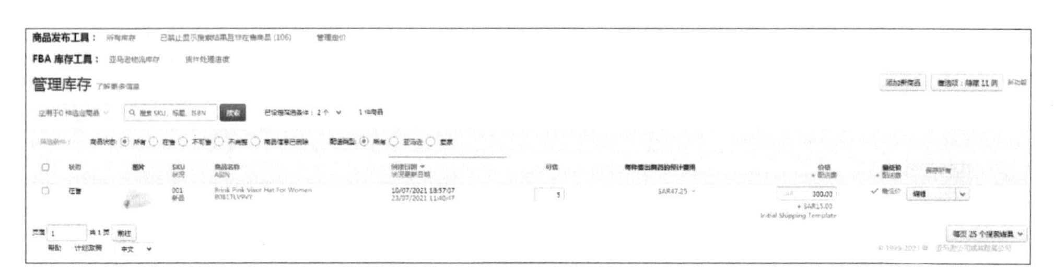

图 4-49　商品删除成功

第5章 学习运营课程

对于没有亚马逊跨境电商运营经验的运营者来说，快速掌握运营知识的一种有效方法就是学习运营课程。在亚马逊官网中为运营者提供了多个运营课程，运营者只需通过一定的操作就可以点击查看，并学习课程内容。

5.1 学习新手入门课程

新手入门课程，顾名思义，就是为亚马逊运营卖家准备的课程。如果大家刚入驻亚马逊平台，可以先学习一下新手入门课程，快速了解运营的基础知识。

5.1.1 新手入门课程的课程类型

在正式学习之前，大家可以通过以下步骤了解新手入门课程的课程类型。

步骤 01 进入亚马逊全球开店平台，将鼠标停留在“卖家大学”上会打开一个子类目列表框，选择“新手入门课程”选项，如图5-1所示。

图 5-1 选择“新手入门课程”选项

步骤 02 操作完成后，进入“课程主题”页面，该页面中向卖家展示了新手入门课程的课程类型，如图5-2所示。

图 5-2 “课程主题”页面

从图5-2中可以看出，亚马逊平台为运营新手提供了包括“拓展全球业务”“账户状况和卖家绩效”“创建上传商品”“亚马逊物流”“亚马逊自有品牌”和“亚马逊企业购”在内的多种课程。卖家可以从对应的课程类型中选择自身需要的课程进行学习。

5.1.2 如何查看新手入门课程

上一节中，向大家介绍了新手入门课程的课程类型，那么卖家如何在亚马逊平台中选择需要的课程并进行学习呢？下面，笔者就来为大家介绍查看新手入门课程的具体操作步骤。

步骤01 进入“课程主题”页面，从页面中选择要查看的课程类型。例如卖家要查看物流方面的新手入门课程，在“课程主题”页面左侧选择“亚马逊物流”选项。操作完成后，便可进入“亚马逊物流”版块查看其包含的课程，如图5-3所示。需要说明的是，如果某个课程中包含了多个小课程，那么该课程后面会显示＋图标。

图5-3 查看“亚马逊物流”版块中包含的课程

步骤02 单击课程后面的＋图标，会显示课程中包含的小课程。单击需要查看的小课程所在的链接，例如，卖家要了解跨境物流的概念，就可以单击“什么是跨境物流？”链接，如图5-4所示。

步骤03 操作完成后，即可进入对应课程的相关页面查看课程内容。例如，当卖家单击“什么是跨境物流？”链接时，便可查看“跨境物流基础知识扫盲指导手册”的相关文件，了解跨境物流的基本知识，如图5-5所示。

图 5-4　单击“什么是跨境物流？”链接

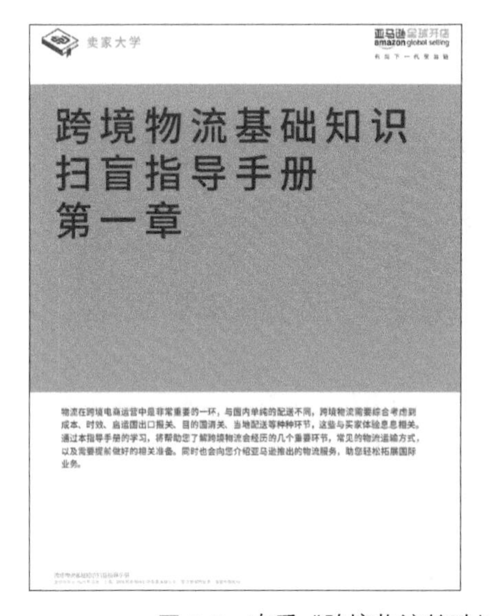

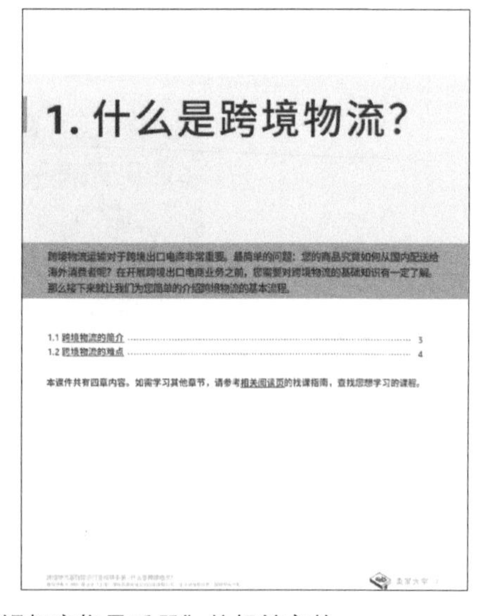

图 5-5　查看“跨境物流基础知识扫盲指导手册”的相关文件

5.2 学习付费精品课程

当卖家通过新手入门课程掌握了运营的基础知识后，便可以通过学习付费精品课程来进一步提高自身的运营水平。虽然这些付费精品课程需要支付一定的费用，但是卖家只要好好学习，就会发现这些课程物有所值。

5.2.1　付费精品课程的课程类型

在正式开始学习付费课程之前，卖家需要先了解一下主要有哪些付费课程。具体来说，亚马逊平台中为卖家提供的付费课程主要分为3类，即“入门必修课”“进阶必修课”和“亚马逊专题课”。

“入门必修课”主要为卖家提供了一些比较基础的运营课程，如“跨境电商0基础快速出单实操”“运营实操班”和“引流与转化”等课程，如图5-6所示。

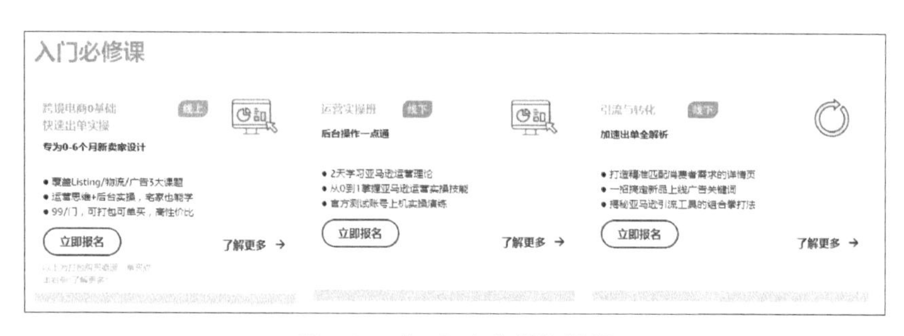

图 5-6　“入门必修课”课程

“进阶必修课”主要提供的是一些提高运营水平的课程，如“找全找准关键词：迈向爆单第一步”“广告ACOS优化：四大优化方向解析”“详情页优化：善用搜索词报告”“精细化选品”“商品推广广告”和“跨境品牌养成之路”等课程，如图5-7所示。

图 5-7　“进阶必修课”课程

★ 专家提醒 ★

ACOS是Advertising Cost of Sale的缩写，译为：广告成本销售比。ACOS值＝广告花费 ÷ 销售额 ×100%。

“亚马逊专题课”中主要是针对卖家比较关心的一些专题提供的课程，如“亚马逊合规与账户健康”“店铺绩效诊断和优化”和“账户健康”等课程，如图5-8所示。

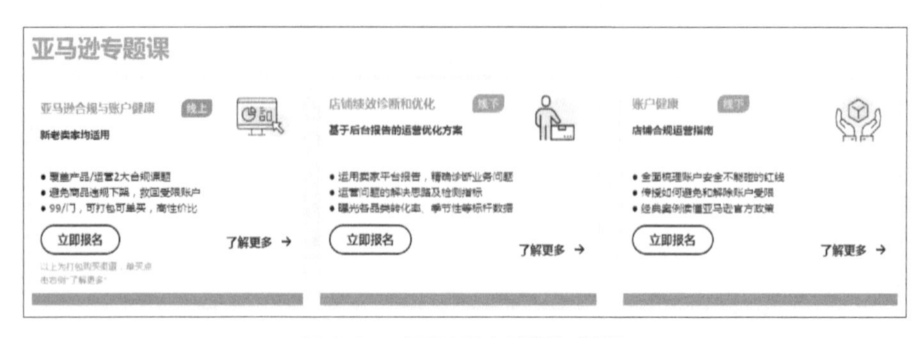

图 5-8 “亚马逊专题课”课程

5.2.2 通过自测选择合适的课程

如果卖家要学习付费精品课程，可以通过以下步骤进行自测并选择合适的课程。

步骤 01 在图5-1中选择“付费精品课程”选项，进入“付费精品课程”的相关页面，单击“自测：哪门课程适合我？”按钮，如图5-9所示。

图 5-9 单击“自测：哪门课程适合我？”按钮

步骤 02 进入“亚马逊官方讲堂-卖家业务运营自测表”页面，回答该页面中的问题。问题回答完毕后，单击下方的“提交”按钮，如图5-10所示。

图 5-10 单击“提交”按钮

步骤 03 操作完成后，会弹出“推荐课程”提示框。该提示框中为卖家推荐了一些比较合适的课程，如果卖家想学习某个课程，可以单击课程下面的“了解详情”按钮。例如，卖家想要学习运营实操技巧，可以单击“运营实操班”下面的“了解详情”按钮，如图5-11所示。

步骤 04 操作完成后，进入“运营实操班”课程的详情页面。卖家可以在该页面中查看课程的相关信息，如果对课程内容感兴趣，还可以单击“立即报名”按钮，报名学习课程，如图5-12所示。

图 5-11　单击“了解详情”按钮

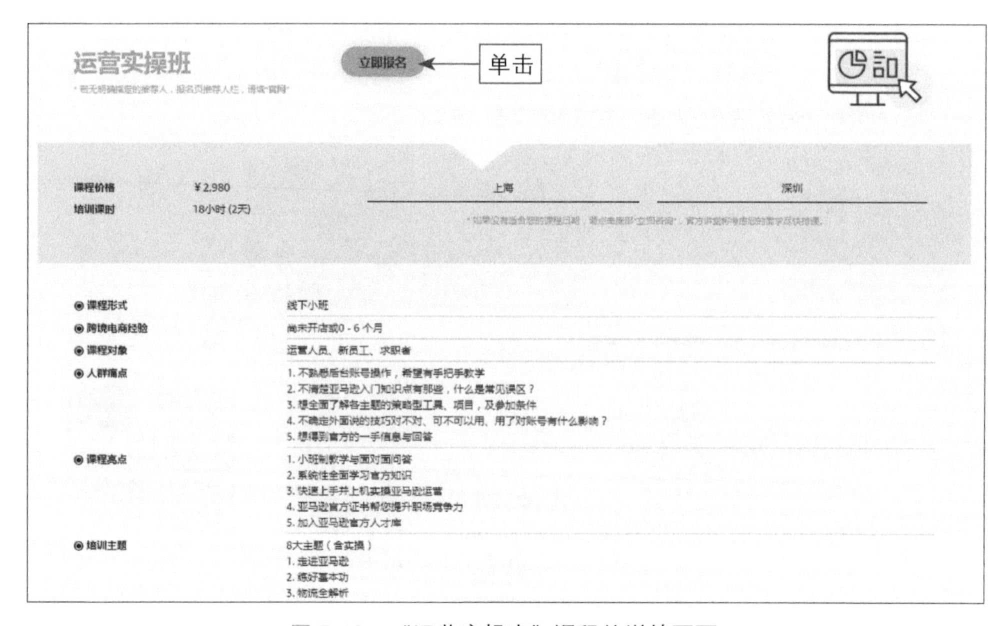

图 5-12　“运营实操班”课程的详情页面

5.2.3　付费精品课程的学习方法

卖家确定了要学习的付费精品课程后，便可以报名对应的课程进行学习了。具体来说，卖家可以通过以下步骤报名学习付费精品课程。

步骤 01 进入“付费精品课程”的相关页面，单击对应课程下方的“了解更多”按钮。例如，卖家要学习“跨境电商0基础快速出单实操”课程，可以单击该课程下方的“了解更多”按钮，如图5-13所示。

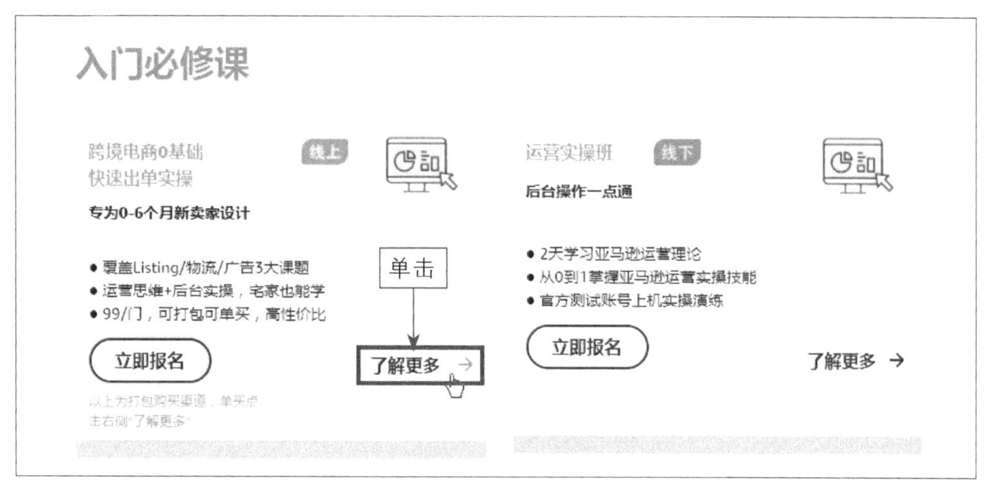

图 5-13　单击“了解更多”按钮

步骤 02 操作完成后，进入“跨境电商0基础快速出单实操”课程的相关页面。可以单击该页面上方的“总价297元，立即报名”按钮，直接购买整个课程，如图5-14所示；也可以向下滑动页面，单击“单买99元，立即报名”按钮，购买子课题，如图5-15所示。

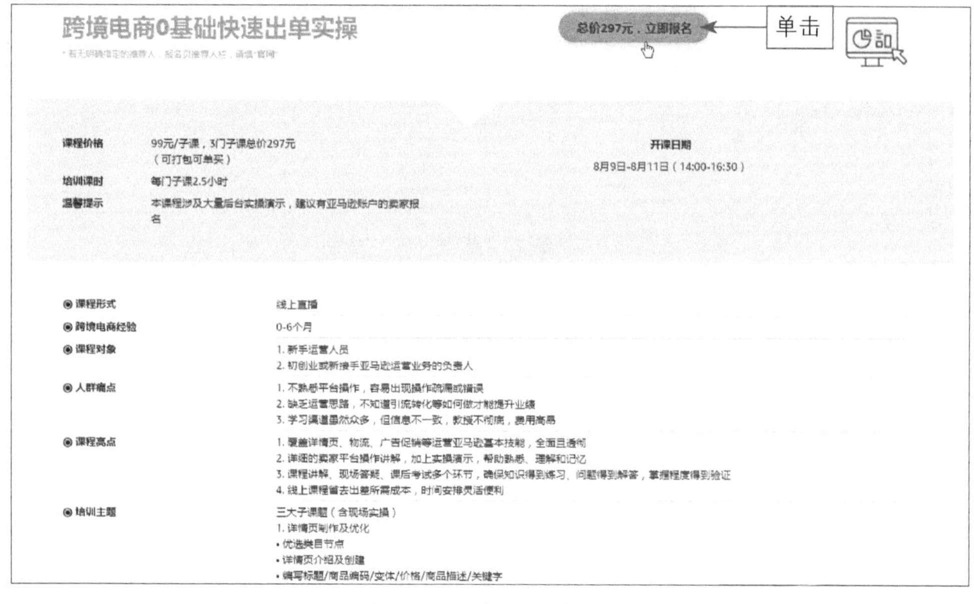

图 5-14　购买整个课程

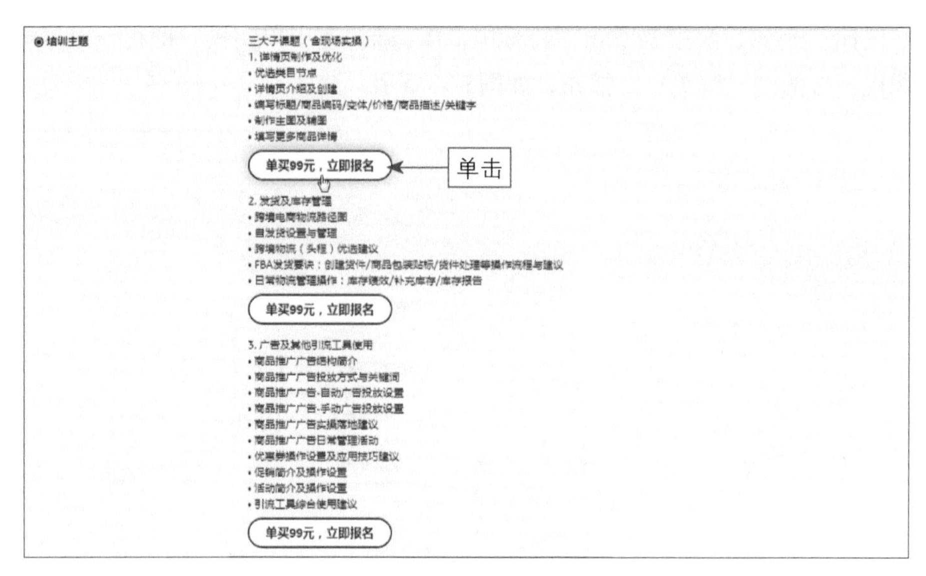

图 5-15　购买子课题

步骤 03 以单买子课题为例，卖家单击“单买99元，立即报名”按钮后，打开“亚马逊课程注册”页面。单击页面中课程名称后面的“点击报名”按钮，如图5-16所示。

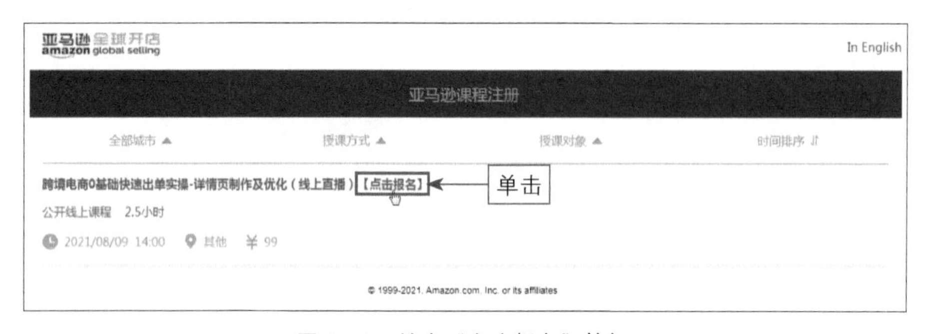

图 5-16　单击“点击报名”按钮

步骤 04 操作完成后，进入“课程详情/报名”页面。卖家可以在该页面中查看“课程名称”“课程起止时间”“注册截止时间”“授课地点”和“课程主题”等信息，如图5-17所示。

步骤 05 如果卖家确定要学习该课程，可以向下滑动页面，在“课程报名表”中填写相关信息，选择“我已阅读并同意以上条款及《一般条款》”复选框，单击“提交报名表”按钮，提交报名申请，如图5-18所示。

亚马逊全球开店
amazon global selling
In English

课程详情/报名

跨境电商0基础快速出单实操-详情页制作及优化（线上直播）【点击报名】

2021/08/09 14:00 - 16:30

2021/08/02 18:00

线上课程（确认付款后会通过邮件告知预约观看链接）

详情页制作及优化（含现场实操）
a. 优选类目节点
b. 详情页介绍及创建
c. 撰写标题/商品编码/变体/价格/商品描述/关键字
d. 制作主图及附图
e. 填写更多商品详情

图 5-17　“课程详情 / 报名”页面

课程报名表

公司名称或个人姓名（如需发票，请填写准确发票抬头，个人发票填写人名即可） *

您是否需要开具发票？ ○是 ◉否
注意：亚马逊将仅根据您所提供的信息进行发票的开具，请您务必确保相关信息的真实准确性。信息填写错误可能导致无法开具发票。
1. 若您以公司名义报名且后续需要开具发票（增值税普通发票、增值税专用发票），请务必确保所填写的公司名称与发票抬头一致
2. 若您以个人名义报名且后续需要开具增值税发票，亚马逊将为您提供发票抬头为“个人”或“个人姓名”的增值税普通发票.
3. 若您为港澳客户，亚马逊将为您开具形式发票

报名人数(最多1人) *

公司代表姓名或个人姓名(填写一人即可) *

亚马逊注册邮箱(若未注册，请填写联系邮箱) *

手机 *

（若有具体推荐人，请填具体推荐人，如经理或服务商；若是官方推荐，请填具体渠道，如微信或直播；若不知道，请填“无”） *

您的公司性质为 请选择　店铺在亚马逊目前的状态 请选择　从事亚马逊运营时间 请选择　主营站点 请选择

您的主营店铺账号（直接填写）MCID；若未开店，请填“无” *

☑ 我已阅读并同意以上条款及《一般条款》

提交报名表 ›

图 5-18　“课程报名表”的相关信息

5.3 学习直播互动课程

如果卖家觉得新手入门课程和付费精品课程的互动性不强，也可以选择能够在线沟通的直播互动课程。本节将讲解学习亚马逊直播互动课程的相关知识，让

大家更好地选择自身需要的课程并进行学习。

5.3.1 直播互动课程的课程类别

亚马逊官网中为卖家提供了4类直播互动课程，即“本周直播精选”“新手和进阶直播课”“官方系列直播课”和“往期精选（直播课）”。下面将对这些课程类别分别进行说明。

“本周直播精选”中主要为卖家提供了“本周”一些比较受欢迎的直播课程，如“‘流量家族’再袭欧日站点！一站式运营项目开启流量销量双通道”“亚马逊全球收款——亚马逊推出的跨境收款产品全解析”和“玩具、母婴产品合规卖家教育”等课程，如图5-19所示。

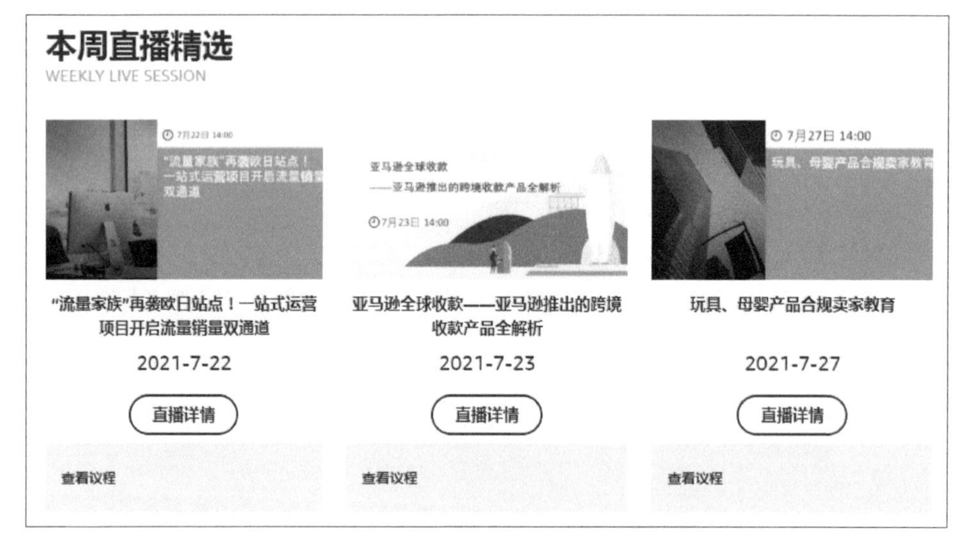

图 5-19 “本周直播精选”的相关页面

“新手和进阶直播课”中为卖家提供了“新手直播课”和“进阶直播课”等课程，卖家可以根据自身的需求从中选择合适的课程进行学习，如图5-20所示。

图 5-20 “新手和进阶直播课”的相关页面

“官方系列直播课”中为卖家提供了“2021 PrimeDay”“官方付费网课”“新卖家黄金90天指南”“即刻把握全球商机”“注册全指导”“Listing全攻略”“物流必修课”和“物流仓储进阶指南”等课程，如图5-21所示。

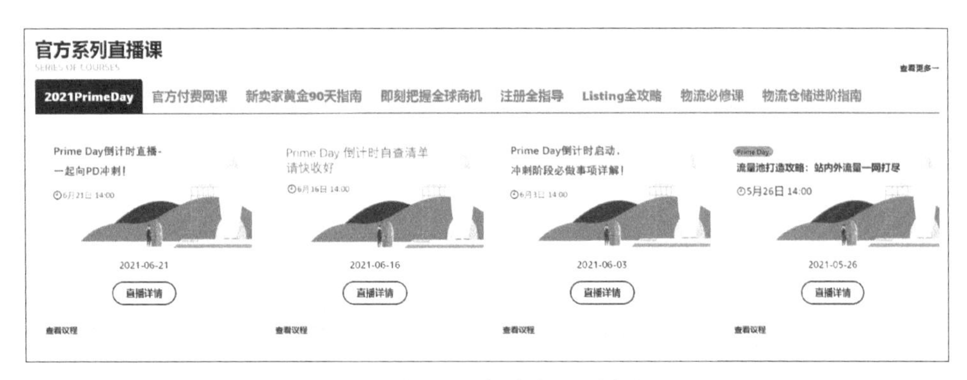

图 5-21 “官方系列直播课”的相关页面

“往期精选（直播课）”中为卖家提供了过往的精选直播课程，如“亚马逊物流（FBA）库存管理：Q3（第三季度）仓储政策及实操指南，官方唯一深度解析！”“2021亚马逊美欧日澳注册难题，一举击破”和“欧盟新要求下的发票合规方案”等课程。这些课程的质量都比较高，卖家可以从中选择需要的课程进行学习，如图5-22所示。

图 5-22 “往期精选（直播课）”的相关页面

5.3.2 查看直播课程的课程详情

如果卖家确定要学习直播互动课程，可以通过以下操作查看课程详情，甚至直接购买课程。

步骤 01 在图5-1中选择“直播互动课程”选项，进入“直播互动课程”的相关页面，单击对应课程下方的“直播详情”按钮。例如，卖家要学习“Prime Day

倒计时自查清单请快收好”课程，可以单击该课程下方的“直播详情”按钮，如图5-23所示。

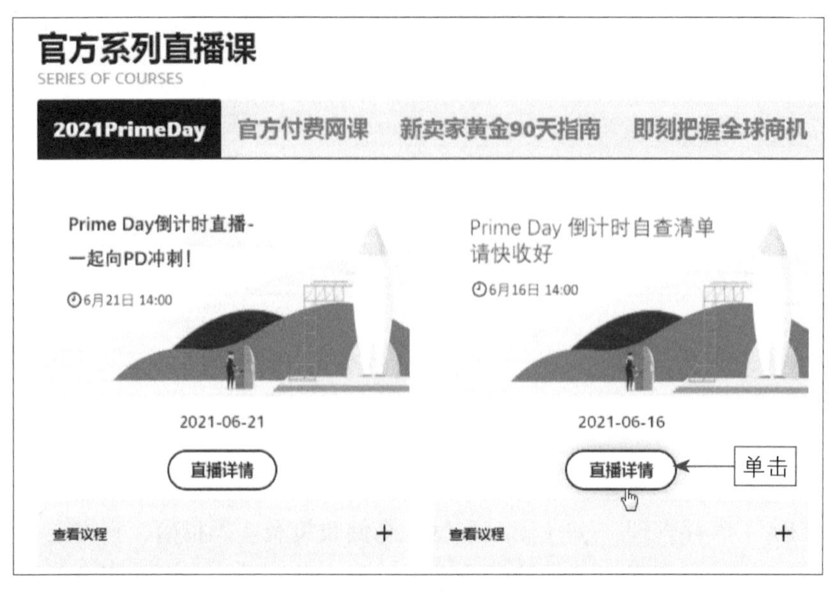

图 5-23　单击“直播详情”按钮

步骤 02 操作完成后，进入“Prime Day倒计时自查清单，这份清单请快收好！”页面，单击“观看回放”按钮，如图5-24所示。

图 5-24　单击“观看回放”按钮

步骤 03 操作完成后，即可进入对应直播课程的播放页面，如图5-25所示。如果卖家要查看直播内容，只需单击页面中的▶图标即可。

图 5-25　对应直播课程的播放页面

需要注意的是，卖家要查看直播课程回放，必须先登录账户（这个账户是独立于亚马逊平台账户和店铺账户的）。如果卖家没有对应的账户，需要先进行注册。具体来说，如果卖家还未注册对应的账户，那么单击图5-24中的“观看回放”按钮，便会提示“您还未登录，请登录后再操作”，如图5-26所示。

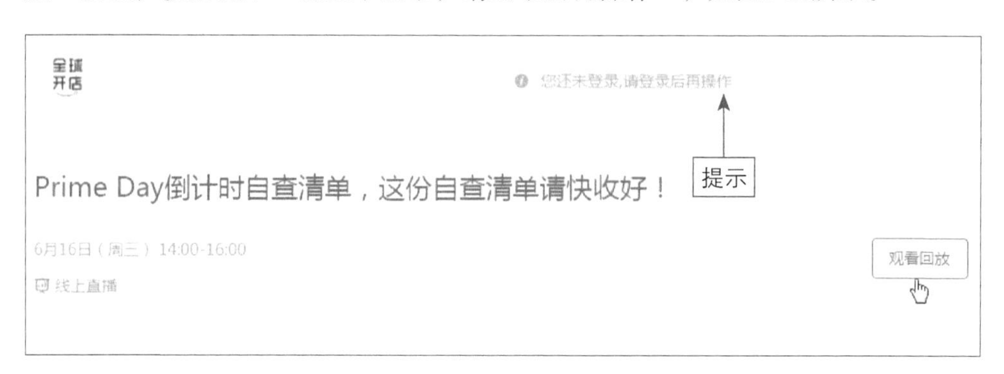

图 5-26　提示“您还未登录，请登录后再操作”

随后，会弹出“立即登录”提示框。单击“注册新账号”按钮，如图5-27所示。

图 5-27　单击“注册新账号”按钮

操作完成后，进入“立即注册”页面，如图5-28所示。卖家可以在该页面中输入账号的注册信息，并单击“提交”按钮。执行操作后，只要卖家填写的信息无误，便可完成账户的注册。

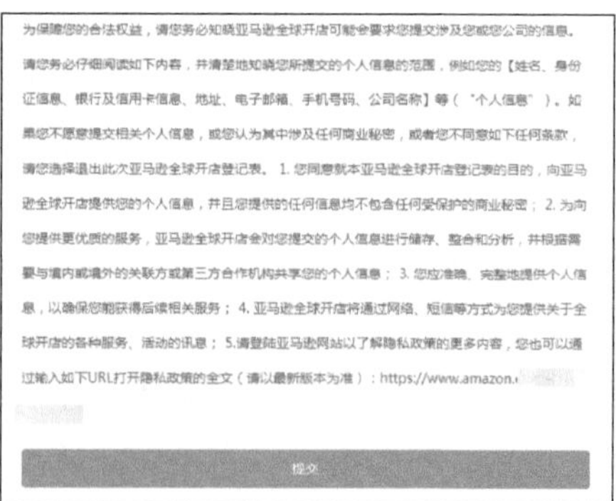

图 5-28　“立即注册”页面

5.3.3　筛选自身需要的直播课程

除了在“直播互动课程”的相关页面中直接单击课程链接查看课程详情外，卖家还可以通过以下步骤筛选自身需要的直播课程。

步骤 01　进入“直播互动课程”的相关页面，单击“更多官方直播课”按钮，如图5-29所示。

步骤 02　进入直播课程筛选页面，卖家可以通过“活动分类”“活动形式”和“活动状态”对直播课程进行筛选，如图5-30所示。

图 5-29　单击“更多官方直播课”按钮

图 5-30　直播课程筛选页面

步骤 03 例如，当卖家将“活动分类”选择为“官方直播”“活动形式”选择为“线上”“活动状态”选择为“未开始”，并单击页面中的“筛选”按钮时，便可以查看对应的筛选结果，如图5-31所示。

图 5-31 直播课程筛选结果

步骤 04 卖家只需单击图5-31中的课程链接，便可进入对应直播课程的详情页面。图5-32所示为“亲妈级教程来了！手把手教你提高IPI，玩‘赚’Q4销售旺季”直播课程的详情页面。如果卖家要学习该课程，可以单击页面中的“立即报名”按钮。

图 5-32 直播课程的详情页面

步骤 05 操作完成后，如果页面中显示“报名成功”，并且“报名”按钮变成了“已报名”按钮，便说明卖家成功报名了直播课程，如图5-33所示。

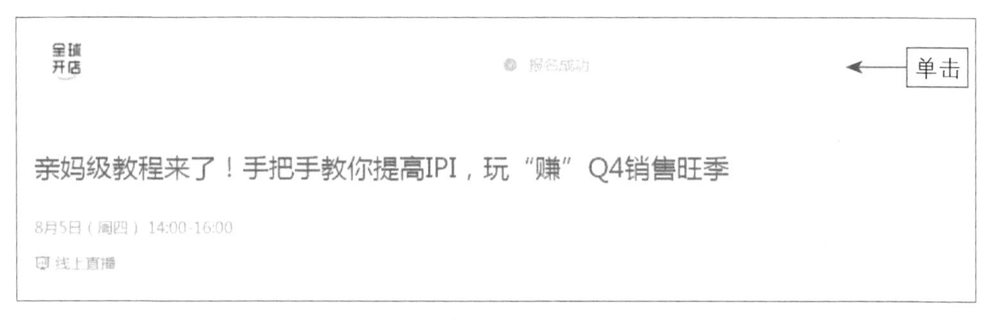

图 5-33 卖家成功报名了课程

步骤 06 报名成功后，卖家只需要在对应的时间段上线，便可以查看直播课程的相关内容了。

★ 专家提醒 ★

IPI是Inventory Performance Index的缩写，译为：库存绩效指标。该指标的数值范围为0～1000，亚马逊会根据该数值评估卖家的库存管理水平。2020年1月1日起，亚马逊将IPI数值的门槛提高至400，如果卖家的IPI数值没有达到该数值，那么卖家的FBA库存数量将会受到限制。

第 6 章 制作精美图片

在商品详情页面设计中，图片内容是除了文字之外的另一个重要的信息传递途径，也是网络销售需要重点设计的一个元素。商品图片不但是商品详情页面中的一个重要组成部分，而且它比文字的表现力更直接、更快捷、更形象、更有效，可以让商品的信息传递更简洁。本章主要介绍图片制作的各种技巧，帮助读者轻松打造出精美的图片。

6.1 照片拍摄方法

从目前来看，商品详情页面仍然是商品主要的展示形式。因此对于卖家来说，在上架商品之前，首先要拍一些好看的照片，照片既要漂亮，更要真实，必须能够引起消费者的兴趣。本章主要介绍商品照片的拍摄技巧，包括布光、构图、产品用光与拍摄技法等，帮助大家轻松拍出爆款照片。

6.1.1 布光方法

要拍出好看的商品照片，布光非常重要，合适的布光可以让画面更清晰，同时还能突出商品主体。本节主要介绍一些实用的布光技巧，帮助卖家快速拍出专业的图片效果。

1. 拍摄吸光体商品

衣服、食品、水果和木制品等商品大都是吸光体，其特点是表面粗糙不光滑，颜色非常稳定、统一，视觉层次感比较强。因此，在拍摄这类型商品时，使用较硬的直射光能够更好地体现出商品原本的色彩和层次感，如图6-1所示。

图6-1　采用直射光拍摄毛衣，可以增强商品的质感

2. 拍摄反光体商品

反光体商品与吸光体刚好相反，它们的表面通常都比较光滑，因此具有非常

强的反光能力，如金属材质的产品、没有花纹的瓷器、塑料制品及玻璃产品等，如图6-2所示。

图 6-2 反光体商品

在拍摄反光体商品时，卖家需要注意商品上的光斑或黑斑，可以利用反光板照明，或者采用大面积的灯箱光源照射，尽可能地让商品表面的光线更加均匀，保持色彩渐变的统一性，使其看上去更加真实，如图6-3所示。

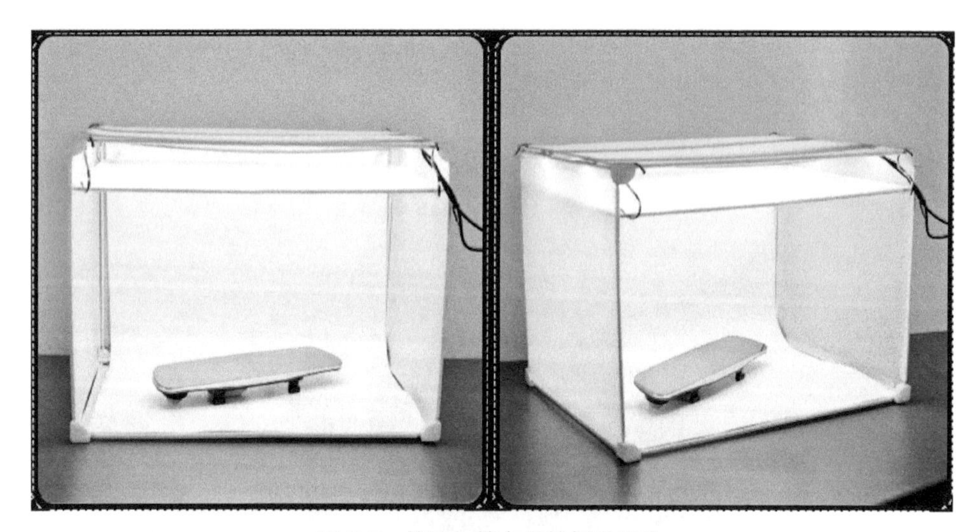

图 6-3 使用灯箱布光拍摄反光体

3. 拍摄透明体商品

透明的玻璃和塑料等材质的商品都是透明体商品。在拍摄这类商品时，卖家可以采用高调或者低调的布光方法。

（1）高调：使用白色的拍摄背景，同时使用背光拍摄，这样商品的表面看上去会显得更加简洁、干净，如图6-4所示。

图 6-4　高调布光

（2）低调：使用黑色的拍摄背景，用柔光箱从商品两侧或者顶部打光，同时在两侧安放反光板，勾勒出商品的线条美感，如图6-5所示。

图 6-5　低调布光

6.1.2　构图技巧

卖家拍摄商品时，需要将主体摆放在恰当的位置，让画面看上去更有冲击力和美感，这就是构图。构图起初是绘画中的专有术语，后来被广泛应用于摄影和平面设计等视觉艺术领域。一个成功的摄影作品大多拥有严谨的构图，构图能够使作品重点突出，有条有理，富有美感，赏心悦目。

因此，在拍摄商品的过程中，卖家也需要对摄影主体进行适当构图，遵循构图原则，才能让拍摄的图片更加富有艺术感和美感，更加吸引买家的眼球。下面将为大家介绍几种实用的构图法。

1. 黄金分割构图法

所谓黄金分割，就是指由古希腊数学家毕达哥拉斯发现的黄金分割定律。毕达哥拉斯认为，任何一条线段上都存在着这样一点，可以使较大部分与整体的比值，等于较小部分与较大部分的比值，即较长/全长=较短/较长，其比值约为0.618，也就是黄金比例，如图6-6所示。黄金比例被誉为完美比例，按照这个比例设计的事物能引起人对于美的感受。而在商品拍摄中用到的黄金分割构图，也来自于毕达哥拉斯著名的黄金分割定律。

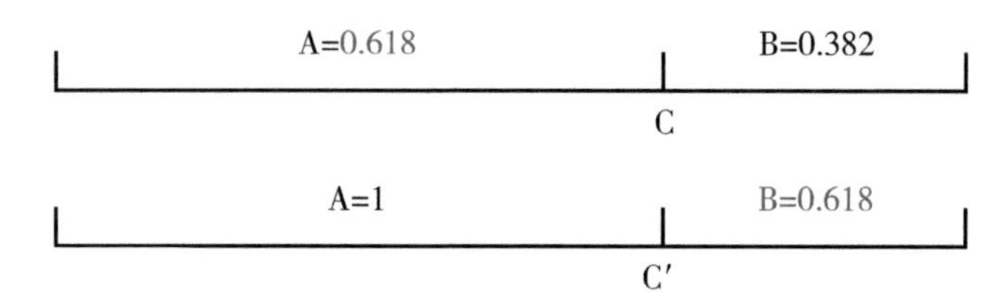

图 6-6　黄金分割的两种比例

在拍摄商品时，用线段就可以来表现视频画幅的黄金比例，垂直线与对角线交叉的点，即垂足，就是黄金分割点，如图6-7所示。

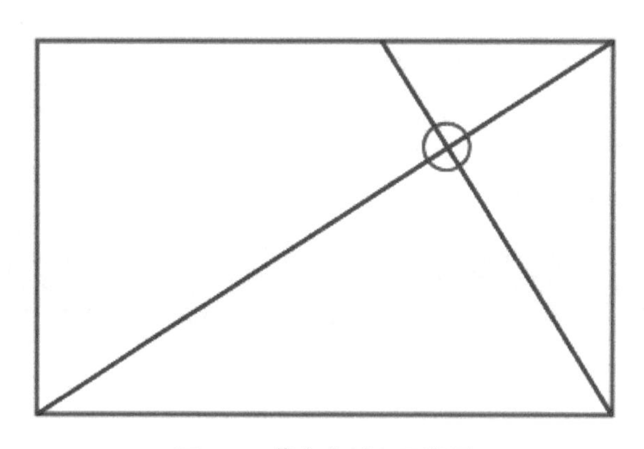

图 6-7　黄金分割点示意图

黄金分割除了是某条垂直线上的点之外，它还是以每个正方形的边长为半径所延伸出来的一个具有黄金数字比例的螺旋线，如图6-8所示。

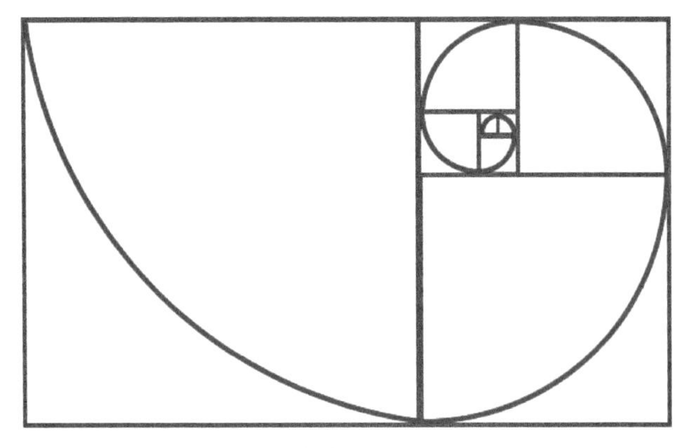

图 6-8　黄金分割线示意图

黄金分割构图在突出拍摄主体商品的同时，还能使消费者的视觉感受十分舒适，从而产生美的享受。

2. 三分构图法

三分构图法，顾名思义，就是将图片从横向或纵向分为3部分。在拍摄商品时，将对象或焦点放在三分线的某一位置上进行构图取景，会让对象更加突出，让画面更加美观。三分构图法属于比较经典又十分简单易学的构图技巧，在商品拍摄中的例子数不胜数。

采用三分构图法拍摄商品最大的优点是，将拍摄主体放在偏离画面中心1/3处，既能使画面不至于太枯燥与呆板，还能突出拍摄主体，使画面紧凑有力，如图6-9所示。

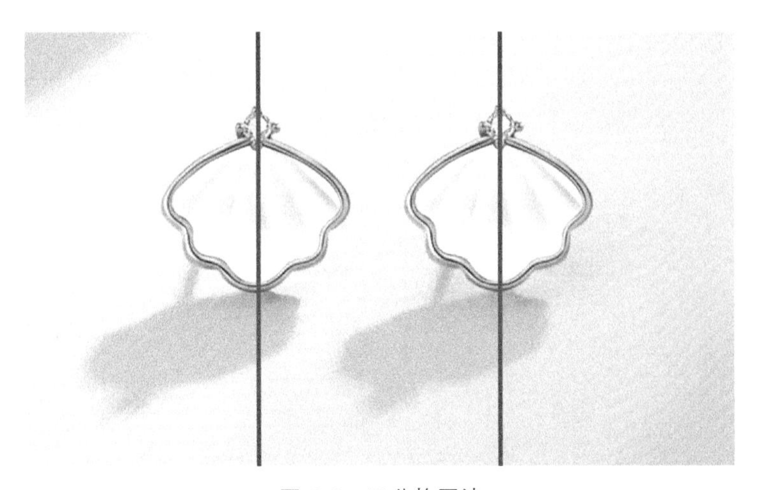

图 6-9　三分构图法

3. 均分构图法

均分构图法就是将商品主体放置在画面中心进行拍摄，将画面的垂直或者水平画幅进行均分，这种构图方法能够很好地突出商品主体，让买家很容易就能看见图片上的重点，从而将目光锁定在对象上，了解其想要传递的信息。均分构图法最大的优点在于主体突出、明确，而且画面容易达到左右平衡的效果，构图简练，如图6-10所示。

图 6-10　均分构图法

4. 疏密相间构图法

疏密相间构图法是指，当照片中包括多个商品对象时，在构图取景时最好让它们错落有致，疏密有度，疏中存密，密中见疏，二者互相间隔，彼此相得益彰。图6-11所示为运用不同的颜色和疏密相间的商品摆放方法，并且将商品适当地相连和交错摆放，主次分明，画面显得非常紧凑。

图 6-11　疏密相间构图法

5. 远近结合构图法

远近结合构图法是指运用远处与近处的对象，进行距离上或大小上的对比，来布局画面元素。在实际拍摄时，需要摄影师匠心独具，找到远近可以进行对比的物体对象，然后从某一个角度切入，进行拍摄，可以产生更强的空间感和透视感。图6-12所示为利用远近结合构图法从不同的角度和距离展示商品，同时利用大光圈将远处的商品虚化，可以让画面层次感更强，主体特征更加明显。

图 6-12　远近结合构图法

6. 明暗相间构图法

明暗相间构图法，顾名思义，就是通过明与暗的对比来取景构图，布局画面，从色彩的角度让商品画面具有不一样的美感。图6-13所示为将直射光源照射在主体商品上，背景为一片暗部，以此来烘托明亮的主体。

图 6-13　明暗相间构图法

与其他构图方法相比，明暗相间构图法的优势在于可以通过明暗的对比，让买家快速将目光集中在商品上，就像是直接将聚光灯打在商品上一样，让商品在图片中显得更加醒目。

6.1.3 常见的拍摄技巧

要拍出清晰的照片，首先必须找到一个适合拍摄的环境，再根据环境准备摄影设施。在拍摄过程中，可以运用三脚架或一些支撑相机的支撑点，防止拍摄过程中发生抖动，避免拍出来的照片模糊。同时，还需要掌握一定的产品摆放与拍摄技法，才能拍出好的商品照片。

1. 摆放要合理

拍摄商品时，其摆放位置是一种非常重要的陈列艺术，不同的造型和摆放方式可以带来不同的视觉效果。下面将为大家介绍商品的一些摆放技巧。

（1）商品的摆放角度。

在观看商品时，人们通常习惯从上往下看，因此商品的摆放角度要尽可能低一些，让买家看着更加轻松、舒适，如图6-14所示。

图 6-14　低角度摆放

在拍摄较长的商品时，可以斜着摆放，这样不仅可以减少画面的视觉压迫感，同时还可以更好地展现商品主体，如图6-15所示。

（2）商品的造型设计。

在摆放较为柔软的商品时，可以对其外形进行二次设计，增加画面的美感。例如，将皮带卷起来摆放，不但可以兼顾皮带的头尾，而且还可以使皮带显得更加大方利落，如图6-16所示。

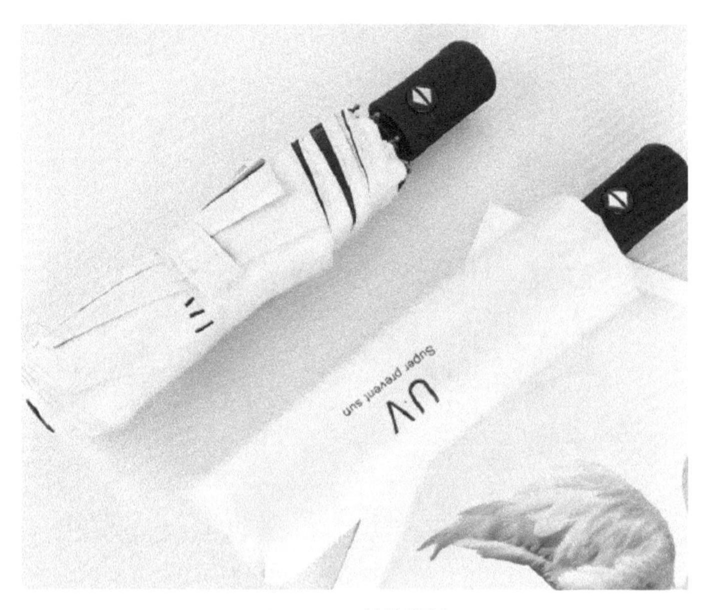

图 6-15　斜着摆放

图 6-16　皮带造型的二次设计

（3）商品的环境搭配。

正所谓“红花还需绿叶配”，在摆放商品时，还需要对环境进行一些适当设计，为商品添加一些装饰物来进行搭配，可以让商品显得更加精致。搭配物既可以是其他颜色的同类产品，也可以是一些比较养眼的植物盆栽等，如图6-17所示。

图 6-17　商品的环境搭配

（4）商品的组合摆放。

在拍摄不同颜色的商品组合时，需要注意摆放规则，不能胡乱摆放，影响画面的美观度，此时消费者会难以看出商品特色。在摆放组合商品时，要符合商品的造型美感，让画面显得有秩序，可以采用疏密相间、堆叠、斜线、V形、S形或者交叉等摆放方式，让画面看上去更加丰富、饱满，同时还可以展现出一定的韵律感。

在拍摄美食时，采用堆叠的摆放方式，形成一个三角形造型，可以让不同颜色的美食看上去更加诱人，比摆放单个产品更有表现力，如图6-18所示。

图 6-18　商品的组合摆放

（5）摆放要突出主题

主题就是卖家在照片中要体现的商品主体和要表达的商品信息。要在照片中更好地突出主题，需要掌握一定的陈列摆放技巧，不要期待让买家自己去发现你的主题。图6-19所示的画面中只有一个闹钟商品，因此买家可以一眼看到你想要表达的东西，主题非常突出。

图 6-19　主题突出的商品

图6-20所示的画面中摆放了5个颜色不同的闹钟，但拍摄者运用了非常巧妙的摆放位置，将前景的主体突出，而后面的商品则进行适当虚化，体现出一种丝丝入扣的画面效果和韵味。

图 6-20　虚实对比突出主题

2. 多拍细节图

每个商品都有它自己独特的质感和表面细节，在拍摄的照片上成功地表现出这种质感细节，可以大大增强照片的吸引力。

可以换位思考一下，将自己比作买家，在买一件心仪的物品时，肯定会在商品详情页面反复浏览，查看商品的细节，与同类型的商品进行对比。因此，商品细节图是决定买家下单的重要驱动，因此必须将商品的每一个细节部位都拍摄清楚，打消买家的疑虑。

当然，不排除也有很多马虎的消费者，他们也许不会去仔细看商品的细节特点，只是简单地看一下价格和基本功能，觉得合适就马上下单。对于这些买家，可以将产品最重要的特点拍摄下来，在详情页面展现出来，让他们快速看到商品的优势，进而促进成交，如图6-21所示。

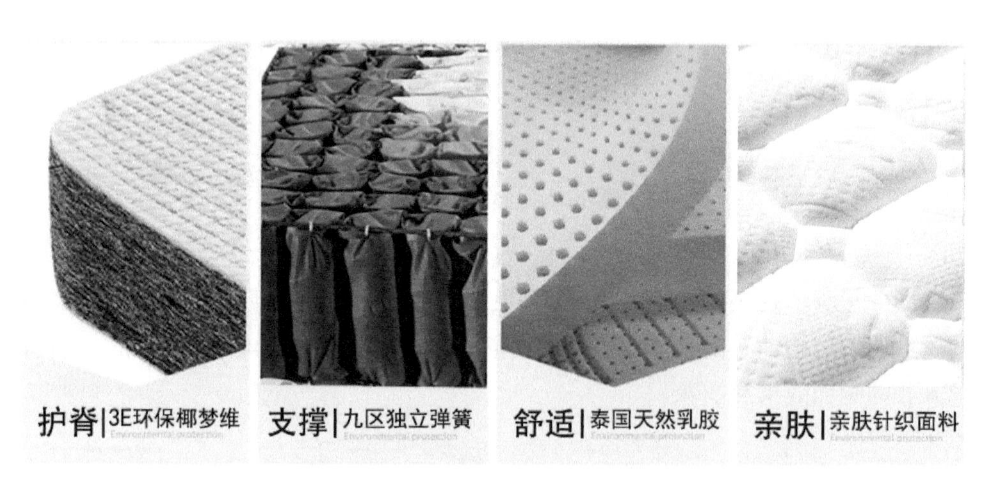

图 6-21　拍摄产品的细节功能

3. 真实感要强

商品的照片一定要真实，很多买家都是“身经百战”的购物达人，什么是真的，什么是假的，他们一眼就能分辨出来。而且这些人往往都是长期的消费群体，卖家一定要把握住这群人。

首先，商品照片必须符合买家的视觉习惯，因此拍摄前一定要做相关的消费人群调研，消费者喜欢什么样的风格，就拍摄什么风格的照片，或者进行相关的后期处理。

例如，购买手机微距镜头的人肯定是喜欢拍微距题材的摄影爱好者，此时可以拍摄一些微距效果图，同时将商品合成在一起，在展现产品效果的同时，又突出了主题。

如果是服装类和鞋类商品，最好使用模特进行拍摄，这样更有真实感，可以给买家一个良好的购物体验，如图6-22所示。

图 6-22　使用模特试穿商品，拍出真实感

6.2 图片美化技巧

在商品详情页面内容设计中，图片是除了文字之外的另一个重要的传递信息途径，也是网络销售中最需要重点设计的一个设计元素。店铺中的商品图片不但是其装修画面中的一个重要组成部分，而且它比文字的表现力更直接、更快捷、更形象、更有效，可以让商品的信息传递更简洁。本节主要介绍图片美化的各种技巧，帮助卖家通过美工设计轻松打造出爆款产品。

6.2.1 图片美化的基本操作

Photoshop是一款比较优质的平面设计软件，它被广泛用于广告设计、图像处理、图形制作、影像编辑及图像的输入、输出等领域，用Photoshop修饰亚马逊图像非常方便。在使用Photoshop功能美化商品或人像图片时，要注意图片主体与拍摄环境之间的关系。下面将为大家介绍一些图片美化的基本操作。

1. 基本处理

在处理商品图片时，由于拍摄时构图不合理，经常需要调整商品在画面中的布局，使商品主体更加突出，此时可以通过裁剪工具来实现。

在Photoshop软件中，利用裁剪工具可以对商品图像进行裁剪，重新定义画布的大小，具体操作步骤如下。

步骤 01 打开Photoshop软件，按【Ctrl＋O】组合键，打开一幅素材图像，如图6-23所示。

图 6-23　打开素材图像

步骤 02 选取工具箱中的裁剪工具，此时图像边缘会显示一个裁剪控制框，如图6-24所示。

图 6-24　裁剪控制框

步骤 03 向图像右上方移动鼠标，当鼠标呈↗形状时拖曳鼠标，即可调整裁剪区域大小，如图6-25所示。

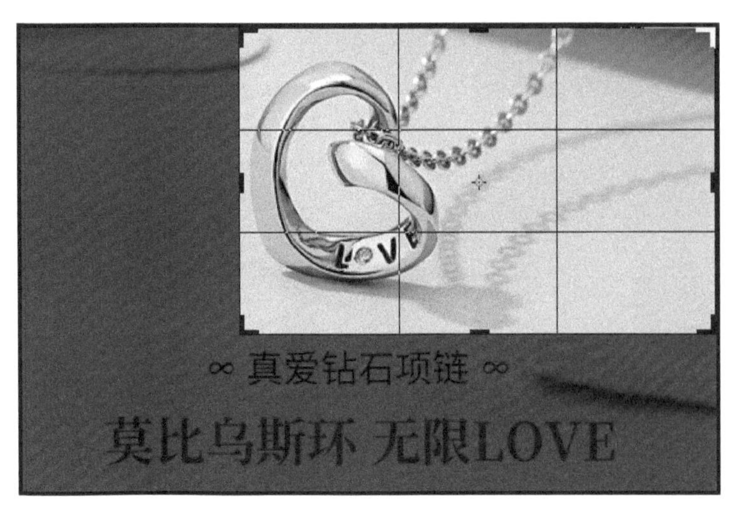

图 6-25　调整裁剪区域大小

步骤 04 将鼠标移动至裁剪控制框内，单击并拖曳鼠标，确认剪裁区域，按【Enter】键确认，即可完成图像的裁剪操作，如图6-26所示。

图 6-26　完成图像的裁剪操作

2. 抠图处理

卖家除了需要自己耐心学习摄影、不断地尝试拍照外，还必须学会抠图。如果遇到拍摄的商品背景不理想的情况，或者希望将商品应用于更多的场合，需要通过Photoshop进行抠图处理。具体来说，卖家可以通过以下步骤进行抠图处理。

步骤 01 打开Photoshop软件，按【Ctrl + O】组合键，打开一幅素材图像，如图6-27所示。

步骤02 选取工具箱中的魔棒工具，如图6-28所示。

图 6-27　打开素材图像

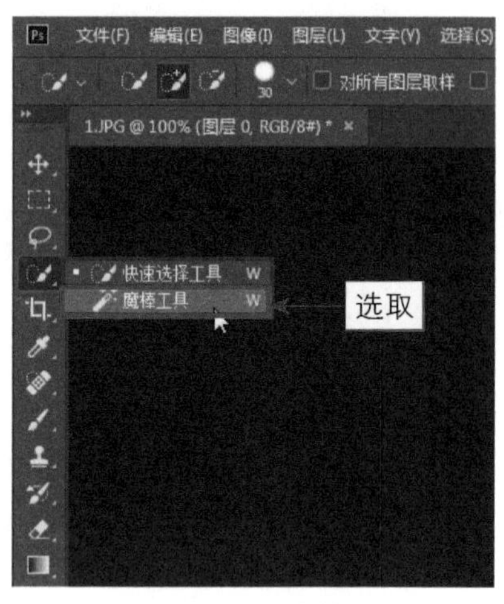

图 6-28　选取魔棒工具

步骤03 在工具属性栏中设置“容差”为32，在白色背景位置单击，即可创建选区，如图6-29所示。

步骤04 按【Shift + Ctrl + I】组合键反选选区，按【Ctrl + J】组合键，复制一个新图层，并且隐藏“背景”图层，效果如图6-30所示。

图 6-29　创建选区

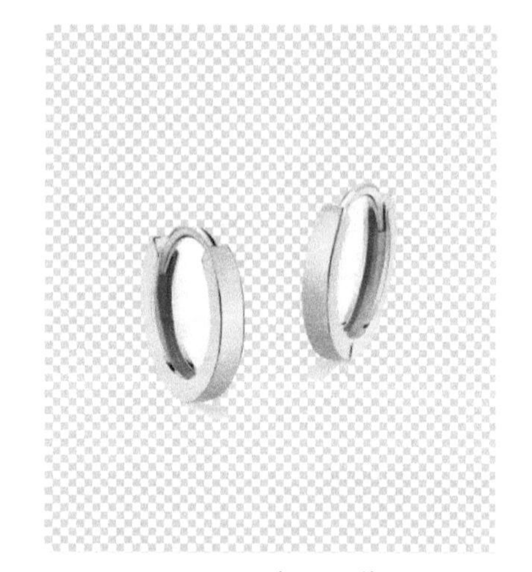

图 6-30　抠取图像

3. 调色处理

在商品拍摄过程中，由于受光线、技术及拍摄设备等影响，拍摄出来的商品图片往往会有一些不足。为了把商品最好的一面展现给消费者，卖家通常还需要熟练掌握Photoshop中的各种调色方法，从而调出更加真实和丰富的图像色彩效果。具体来说，卖家可以通过以下步骤进行调色处理。

步骤 01 打开Photoshop软件，按【Ctrl + O】组合键，打开一幅素材图像，如图6-31所示。

图 6-31　打开素材图像

步骤 02 在菜单栏中选择“图像”→“调整”→“自然饱和度”命令，弹出“自然饱和度”对话框，❶ 设置“自然饱和度”和“饱和度”等参数；❷ 设置完成后，单击“确定”按钮，如图 6-32 所示。

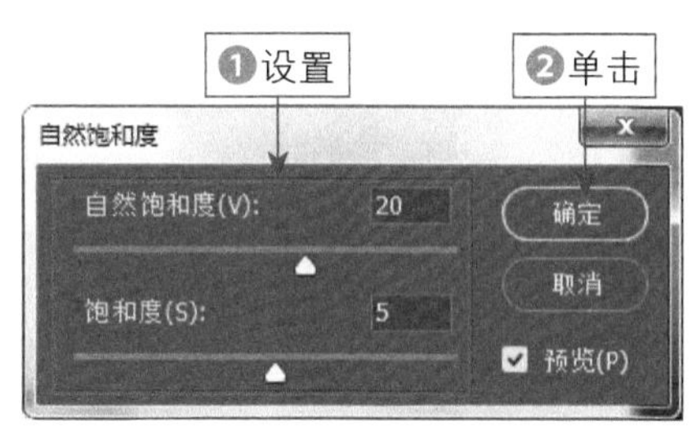

图 6-32　单击“确定”按钮

步骤 03 单击“确定”按钮，即可调整图像的饱和度，效果如图6-33所示。

图 6-33　调整色彩饱和度效果

步骤04 在菜单栏中选择“图像”→“调整”→“亮度/对比度”命令，弹出“亮度/对比度”对话框。在对话框中❶设置“亮度”和“对比度”参数；❷单击“确定”按钮，如图6-34所示。

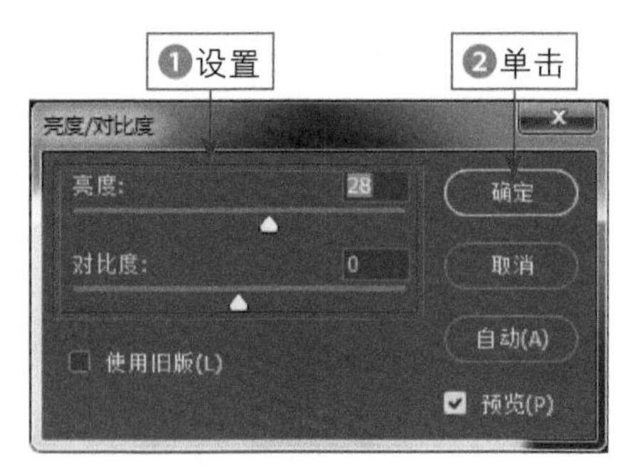

图6-34 单击“确定”按钮

步骤05 操作完成后，即可增强照片的层次感，效果如图6-35所示。

图6-35 最终效果

6.2.2 图片美工的必备技巧

网购已经成为人们生活中的主要购物方式之一，跨境电商的竞争日益激烈，美工也成为电商行业中关键的一环，能否留住客户，往往取决于店铺的美工设计带给买家的心理感觉。下面将为卖家介绍图片内容的美工处理技巧，帮助卖家增加商品图片的点击率。

1. 把模糊图片变清晰

很多人在使用单反相机或者智能手机拍摄商品照片时，经常会碰到被摄主体十分模糊而背景却很清晰的情况，这主要是由于对焦不准确造成的，可以在后期通过Photoshop进行处理，把模糊图片变清晰，具体操作步骤如下。

步骤01 打开Photoshop软件，按【Ctrl＋O】组合键，打开一幅素材图像，如图6-36所示。

步骤 02 在菜单栏中选择“滤镜”→“锐化”→“USM 锐化”命令,弹出“USM 锐化”对话框,❶ 设置“数量”“半径”和“阈值”等参数;❷ 单击“确定”按钮,如图 6-37 所示。

图 6-36　打开素材图像

图 6-37　单击“确定”按钮

步骤 03 即可锐化图像，效果如图6-38所示。

图 6-38　锐化图像

步骤 04 在菜单栏中选择“编辑”→“渐隐 USM 锐化”命令，弹出“渐隐”对话框，❶ 设置“模式”为“明度”选项;❷ 单击“确定”按钮，如图 6-39 所示。

图 6-39　单击“确定”按钮

步骤 05 操作完成后，即可避免对照片

中的颜色进行锐化，具体效果如图6-40所示。

图 6-40　图像效果

2. 色彩设计绚丽夺目

色彩一词在造型艺术语言中是丰富、活跃、敏感的，同时也富有极强的表现力和视觉上的冲击。把店铺图片设计好，让自己的店铺更好看、更漂亮一点，这样就会在视觉上吸引买家，给店铺带来更多的额生意。对于进入店铺的买家来说，他们首先会被店铺中的图片色彩所吸引，然后再根据色彩的走向对画面的主次内容进行逐一了解。

3. 把握好视觉的光线

有些照片因为曝光过度而导致图像偏白，或因为曝光不足而导致图像偏暗，此时卖家可以使用“曝光度”命令调整图像的曝光度，具体操作步骤如下。

步骤 01 打开Photoshop软件，按【Ctrl + O】组合键，打开一幅素材图像，如图6-41所示。

图 6-41　打开素材图像

步骤 02 在菜单栏中选择“图像”→“调整”→“曝光度”命令，弹出“曝光度”对话框，❶ 设置相应的参数值；❷ 单击“确定”按钮，如图 6-42 所示。

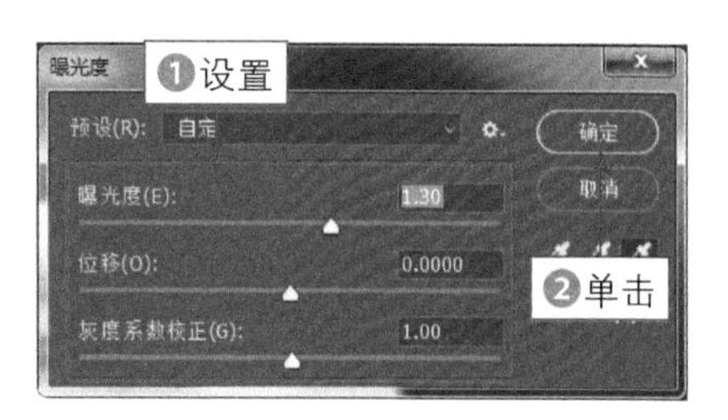

图 6-42　单击“确定”按钮

步骤 03 操作完成后，即可提高照片亮度，恢复正常的曝光显示，并且保留了图像的细节，如图6-43所示。

图 6-43　图像效果

6.2.3　商品主图的设计思路

商品的主图设计非常重要，好的主图可以引起买家的注意力，同时还能吸引他们快速下单，甚至让他们对你的品牌产生认可。因此，卖家一定要掌握商品主图的设计要点，了解高点击产品主图的设计思路。下面将为大家介绍商品主图设计的几个要点。

1. 颜色和字体要协调

由于主图的区域不大，因此在其中添加文字和图片元素时，一定要注意颜色和字体的协调，不可滥用过多的颜色和字体，以免使买家产生视觉疲劳。

例如，很多卖家会采用非常艳丽的颜色来吸引买家的眼球，这种设计看上去很有视觉冲击力，其实很难提升转化率。建议文字的颜色应根据商品颜色来定位，可以采用同色系或者补色。

2. 重点内容要突出

主图对于商品销售来说非常重要，内容不全面、抓不到重点的主图，是很难吸引消费者关注的。因此，在设计商品主图内容时，一定要突出重点信息，同时要尽可能地将内容进行全面呈现，将产品的卖点充分展现出来，并且加以修饰和润色。同时，要及时删除无关紧要的内容，不要影响主图的表达。

如图6-44所示，这个家居小型客厅鱼缸商品的主图就是一个采用了中央构图方式的场景图片，主题非常明确。

图 6-44　主图要突出重点

3. 主次内容要分明

在设计主图时，文案内容要控制好，不能让其他因素抢占了商品的风头，一定要做到主次分明。通常，建议主图中的产品图片比例为2/3左右，其他内容为1/3左右。当然，制作比较特殊的主图效果时，也可以适当采用满版型的设计方法。

4. 信息展示要重视

在制作商品主图时，大家容易进入一个误区，即太过重视视觉化的设计，而忽略了商品信息的展示。例如，很多店铺主图看起来非常华丽、高雅，但买家并不知道图片想要表达什么信息，此时可能就会与商品失之交臂。

因此，在重视产品视觉化设计的同时，还需要适当地添加一些产品介绍，告诉买家“买我的产品，你能得到什么”，这样才能更好地促进商品转化。

第7章 编写吸睛文案

在文案内容运营中，文字的表现与图片展示同等重要，它可以对商品、活动及服务等信息进行及时的说明和指引，并且通过合理的设计和编排，还能让信息的传递更加准确。本章主要介绍文案的策划、方案的设计、视觉营销和图文布局方式，帮助大家从多个角度全面认识文案，通过案例进行详细分析，帮助卖家利用文案来抓住买家的痛点，提升商品的销量。

7.1 文案策划的基本技巧

亚马逊电商文案并不单单是指文字意义上的文案，在表现形式上，电商文案其实是图片与文案相结合的一种内容表现形式，只有当两者相互呼应、相互融合时，电商文案才能够成为优秀文案。

7.1.1 了解优秀文案的表述方法

亚马逊电商文案主要是指以文字进行广告信息内容表现的形式，从大众的角度而言，主要分为两种形式，相关分析如图7-1所示。

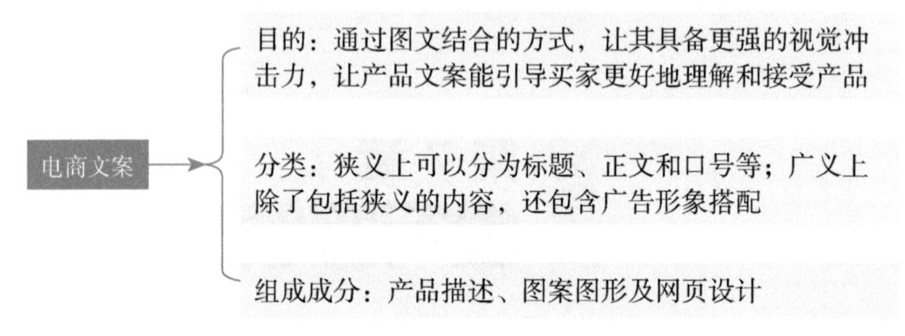

图 7-1 电商文案的目的和分类

在电商企业里，一个优秀的文案可以起到多方面的作用。

（1）提升单品转化率。

（2）增加产品连带销售。

（3）提升受众品牌印象。

（4）成为店铺的超级导购员。

（5）宣传店铺的手段。

（6）灌输品牌理念形象。

（7）提高静默转化率（买家没有咨询，就直接下单购买）。

（8）减少客服查单压力。

（9）降低单品跳失率。

（10）给产品增加附加值。

7.1.2 优秀文案的主要评判指标

可以从3个基本指标来判断网店的运营情况和文案成功与否，即跳失率、转化率和访问深度。

1. 跳失率

跳失率指标用来反映页面内容受欢迎的程度，跳失率越大，代表页面内容需要调整，文案自身不够优秀。

跳失率是衡量被访问页面的一个重要因素，在形成跳失率之前，买家已经通过某种方式对页面进行了访问，而跳失的原因无非是因为买家感觉搜索点击看到的页面与预期不相符合，从而不想再关注页面，产生跳失率。

2. 转化率

转化率是广告的核心指标，是判断营销效果的指标，也是判断电商文案是否优秀的指标。在电商中一般需要注意5种转化率，如注册转化率、客服转化率、收藏转化率、添加转化率及成交转化率。通过全面分析转化率给企业带来的益处来进行相关文案调整。

转化率是指在一个统计周期内，完成转化行为的次数占推广信息总点击次数的比率。需要注意的是，在电商中网站转化率越高，网站盈利能力越强，单位来访者产生的买家就越多。卖家在实际分析中，既要看过程转化率，也要看结果转化率，这样才能全面分析转化率，了解电商文案是否运用得当。

★ 专家提醒 ★

提高店铺和商品转化率，主要目的是在无法增加流量的情况下尽可能地扩大平台的盈利，也从侧面说明文案是符合受众需求和欣赏水平的，所以具体的转化率是电商平台至关重要的指标。

3. 访问深度

访问深度是指用户在一次浏览网站的过程中，浏览的网站页数。具体而言，就是用户浏览网站的过程中总共浏览的网站页数。从文案和电商平台本身出发，增强访问深度主要从4个方面入手，相关内容分析如图7-2所示。

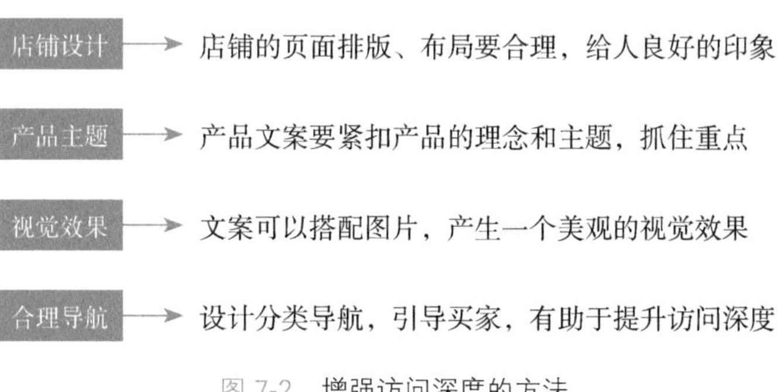

图 7-2 增强访问深度的方法

★ 专家提醒 ★

如果买家一次性浏览的店铺页数越多，那么就可以证明该店铺能够吸引买家的眼球。一般用户访问深度越大，则表明用户体验度好，网站黏性也越高，电商文案的设计越合理。

7.1.3 将文案和关联销售相结合

提到绑缚营销，估计卖家们都应该比较熟悉，这种营销方式不但可以将进店的流量价值最大化，增加买家的访问深度，提高商品的曝光率，还可以提升转化，提高客单价。

绑缚营销有时也称关联销售，即在一个亚马逊的商品页面中，同时在详情页的顶部或者底部放置其他的同类商品，或者也可以是同品牌的其他单品，还可以直接将流量导入分类中，从而增加店铺的整体销量。

绑缚营销可以用同类型商品来抓住买家最初的购买欲望，但需要注意以下两个方面。

（1）价格：上下波动不宜过大。

（2）类型：功能、样式、属性相似。

在结合文案和关联销售的营销方式后，如果点击率过低，必须想办法解决，否则绑缚营销就会失效。绑缚营销的改进方案如下。

（1）互补型爆款：适合竞争小的类目。

（2）近似型爆款：适合竞争大的大类目。

（3）差异型爆款：适合毛利低、产品多的类目。

（4）综合型爆款：适合选择性强的细分类目。例如，买家在选购车载充电器时，可以添加一些与汽车用品相关的产品，也许这些正是买家所需要的。

7.2 文案的设计和视觉营销

电商文案对于网络产品销售的重要性十分明显，尤其是对于新创的店铺而言，一定要掌握好电商文案设计与视觉营销方法，在潜移默化中吸引买家下单。

7.2.1 店铺商品文字的输入与编辑

在进行文案设计的过程中，卖家可以使用Photoshop的横排文字工具或者直排文字工具快速为画面添加所需的文字信息，并通过“字符”面板对文字的字体、字号、字间距和文字颜色等进行设置，具体操作步骤如下。

步骤 01 打开Photoshop软件，按【Ctrl + O】组合键，打开一幅素材图像，如图7-3所示。

图 7-3　打开素材图像

步骤 02 在工具箱中选取横排文字工具，将鼠标移至图像编辑窗口中，单击确定文字的插入点，如图7-4所示。

图 7-4　确定文字的插入点

步骤 03 在工具属性栏中设置“字体”“字体大小”和“文本颜色”等属性，单击工具属性栏右侧的“提交所有当前编辑”按钮✔，即可结束当前文字输入，如图7-5所示。

步骤 04 选取工具箱中的移动工具，将文字移动至合适位置，最终效果如图7-6所示。

图 7-5　输入文字

图 7-6　最终效果

★ 专家提醒 ★

卖家不仅可以在工具属性栏中设置文字的字体、字号、文字颜色及文字样式等属性，还可以在“字符”面板中设置文字的各种属性。

7.2.2　各类商品文字特效的制作

在设计亚马逊商品文案效果时，可以将文字转换为路径、形状、图像或者矢量智能对象后，进行调整文字形状、添加描边、使用滤镜、叠加颜色或图案等操作，让文案更加吸睛。

在处理商品图片时，经常在商品图片上添加文字描述，这时可使用变形文字使画面显得更美观，以便引起买家的注意。同时，卖家若觉得商品描述文字效果不突出，可以制作文字描边效果，提升文字的视觉冲击力，下面介绍具体的操作方法。

步骤 01 打开Photoshop软件，按【Ctrl＋O】组合键，打开一幅素材图像，如图7-7所示。

图 7-7　打开素材图像

步骤 02 参照7.2.1节中的方法，在图片中输入文字信息。展开“图层”面板，选择文字所在的图层，如图7-8所示。

图 7-8　选择文字所在的图层

步骤 03 在菜单栏中选择“图层”→“图层样式”→“描边”命令，弹出“图层样式”对话框，在对话框中❶设置“大小”“位置”“不透明度”和“填充类型”等参数；❷单击“确定”按钮，如图7-9所示。

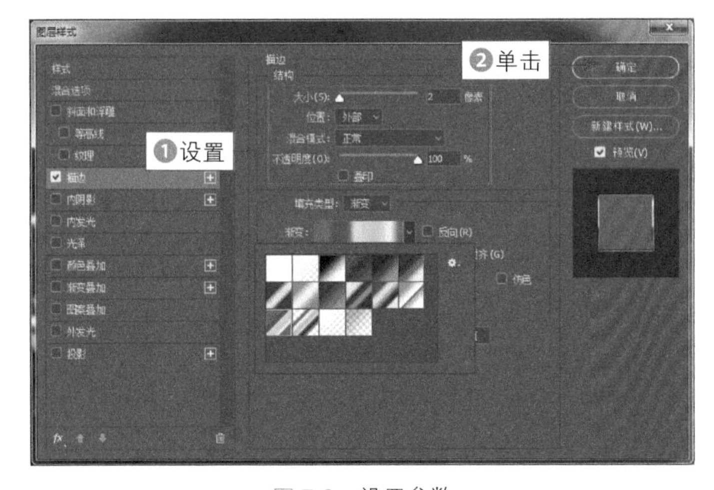

图 7-9　设置参数

步骤04 操作完成后，即可制作文字描边效果，如图7-10所示。

图 7-10　最终效果

7.2.3　卖点＋痛点＋促销＋活动＋产品

在文案中，电商视觉营销较为常见，主要通过在买家的视觉感官上下工夫，引起买家的共鸣，从而达到营销的目的。

在电商行业中，比较常见的文案形式是卖点营销文案、痛点营销文案、促销营销文案、活动营销文案及产品营销文案。这5种营销文案增强访问深度的方法如图7-11所示。

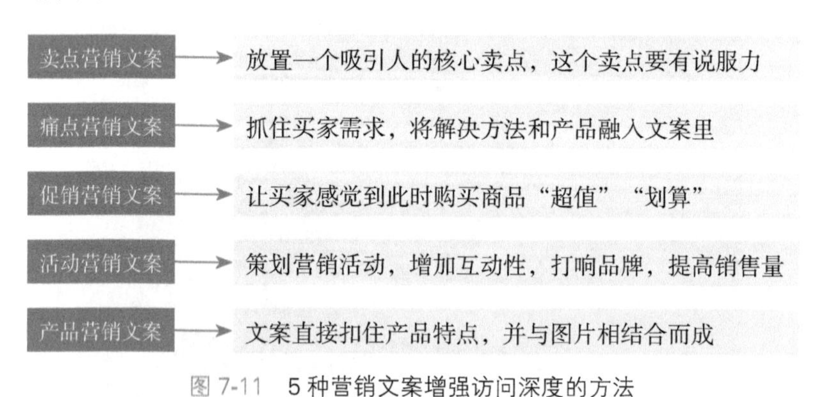

图 7-11　5 种营销文案增强访问深度的方法

需要注意的是，产品营销文案一般并不限定字数，但要想突出内容最好保持在30个字以内，这样可以避免买家失去耐心。

7.2.4　一句话、一幅图直达营销核心

对于如今火热的电商时代来说，长篇大论的文案已经没有什么益处了，如今是“简洁”当道，哪个电商企业能用简短的一句话拨动买家的心房，就是营销方面的胜者。在现实生活中，很多朗朗上口的广告文案几乎都是一句话或者不超过3句话的广告文案，如王老吉凉茶的广告语，如图7-12所示。

图 7-12　经典的广告文案

这些文案讲究语句的结构、语法的正确性，并且依据产品特点和买家需求等因素进行创作，并不是用华丽的辞藻胡乱堆积的，也不是一味讲求诗一般的意境。只要是在买家需求上制造出的创意文案，都能打动买家。

卖家也可以通过一句话文案的特点，结合产品本身的特色、功能等因素，来进行文案的创作。一句话文案并不是一个独立的个体，它是由很多种方法循序渐进地进行选择、衍变而来的。一句话文案并不是随意地想到一句比较符合产品主题的话，就是一个好的一句话文案，也不是一句诗情画意优美的句子。

要想打造一款成功的一句话文案，要从文字和素材本身出发，可以从以下4个方面进行把握，如图7-13所示。

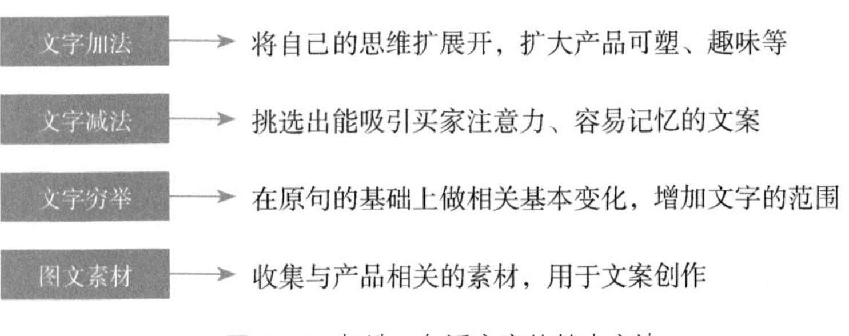

图 7-13　打造一句话文案的基本方法

在图文素材方面，具体内容包括同类产品的图片、相关网站、时尚杂志甚至是诗句短文等，都可以收集在一起并分类放置。除了以上 4 个方面，还有一个是整体文案的构思方法——奇思妙想，利用这个方法打造出的文案往往能够更吸引人。

奇思妙想主要就是分析和了解产品的戏剧性，然后将这种效果发挥到极致，但是想法的本身不能脱离产品的主题，必须是针对买家心理所进行的想象。

优秀的电商文案是由文字与图片相结合而形成的，所以单单只有“一句话”是不够的，还必须有一张能配合“一句话”并能展现出产品特性，或活动主题的“一幅图”，才能形成优秀的电商文案。

从电商文案本身出发，图片要想引起买家的注意，需要从5个方面入手，包括构图、轮廓、造型、色彩和质感。在具体的构图上，一幅图需要有一个符合产品主题的轮廓，同时精致地凸显相关产品水平，产生整体的可读性。除了凸显主题，文案的排版和图片的摆放位置也属于图片需要注意的范畴。

对于文案而言，“一幅图”不单单是产品图片或者是一张富有画面感的海报图或广告图，它是一种需要利用促销信息引起买家兴趣的图片，不过促销信息不能太多，有一个产品的主题即可。

卖家在创作“一幅图”的文案和主题之前，还需要确定一个风格。以风格为基础，进行文案的文字装饰及图片主题的选定，这种风格可以根据产品的特性进行，如古典风、高贵风、童话风、明星风或者科技风等。图7-14所示为科技风格的鼠标广告。

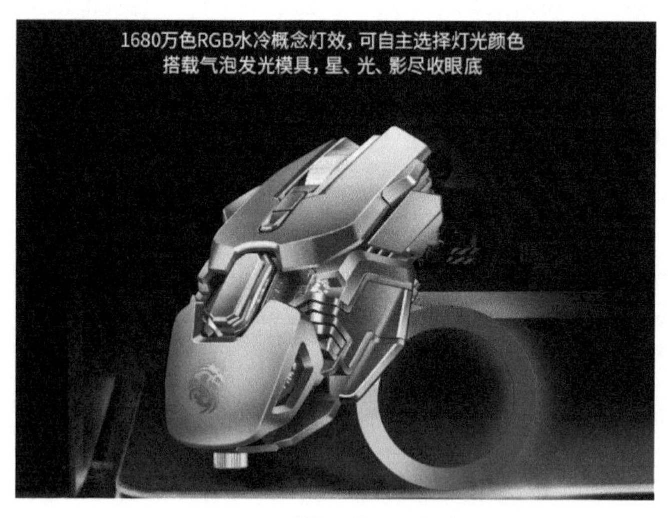

图 7-14　科技风格的鼠标广告

7.2.5　新品文案要学会抓对和打造卖点

在运营店铺的过程中，任何新产品的问世都是一场无声的宣战，如何在未来的市场中逐渐成为主角，最需要关注的就是卖点。关于卖点，卖家需要重点做好两个方面的工作，即抓对卖点和打造卖点。

1. 抓对卖点

无论是否是新品上市，卖点都是产品销售经营的关键要素，只有卖点能把产品变成商品，实现获得利润的根本目标。尤其是对于新品而言，卖点更是直接决定了产品未来市场的生死。从产品本身而言，卖点的来源主要有两个方面，都是文案写手需要在文案中进行深入分析的，相关内容分析如图7-15所示。

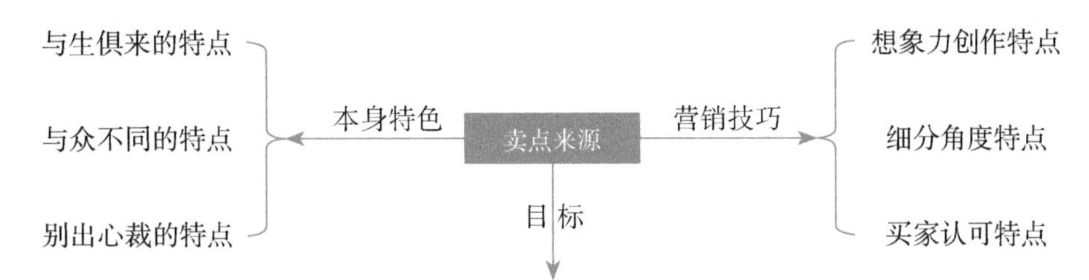

图 7-15　卖点来源相关内容分析

从新品销售的角度出发，抓住卖点的相关文案需要从多个方面入手，其中主要的内容包括以下几个方面。

（1）需求说明文案：在文案创作之前，首先要了解需求说明文案的对象，也就是受众群体。此外，还需要对产品方向和最终产品用户有一个较为准确的定义。

（2）产品说明文案：主要是以文字的方式对某产品进行相对应的详细表述，使人能够更好地认识和了解某产品的相关信息。一般情况下，作为新品的产品说明文案，其直接的阅读者就是销售人员、运营商和最终的产品受众。

（3）服务说明文案：往往与产品说明文案共同使用，主要是服务行业为了向相关用户介绍自己所提供服务的性质、对象、收费情况及申请或使用这种服务的办法、条件等，而使用的说明书。

（4）使用说明文案：也可以称为使用手册或用户使用指南，是常见的便捷式产品信息集合体。

2. 打造卖点

在这个追求创新的时代里，打造卖点甚至比抓住卖点更为重要，但从层次上而言，打造卖点是以抓住卖点为基础和前提的。

大众喜欢独特的东西，这种大众消费心理是文案写手必须要了解的，因为其在市场营销中也同样存在。如果产品相关的文案与大多数的产品一样，那么就不会受到关注，买的人就不会多，肯定也就卖不出好价钱。

对于新品而言，打造卖点并不是一朝一夕的事情，需要从多个角度共同推进，包括痛点、痒点和尖叫点3种类型。即使是产品有着独一无二的价值，也不能缺少文案的帮助。

（1）痛点：是指买家的核心需求，是我们必须为用户解决的问题。用户在做某件事时觉得非常不方便，甚至感到非常难办，做起来很痛苦，这就是用户的痛点。例如，下雨天白色的鞋子容易被雨水弄脏是很多人的一个痛点，因此在鞋套的销售文案中就可以突出这个痛点。

（2）痒点：是指买家的心理满足感及潜在需求。痒点可以促使用户心中产生一种“想要”的想法，当他看到或者听说某个感兴趣的产品或功能时，就会心里痒痒的。

如果说痛点是解决用户的问题，那么痒点就是要激发用户的欲望，在情感或心理上为用户带来更好的满足感。例如，两个枕头都是用于解决用户睡觉的痛点，但其中一个枕头还有按摩的功效，那么这个枕头就为用户带来了痒点，也会因此而被更多人选择。

（3）尖叫点：是指超出买家预期的惊喜，打动人心。例如，买家原本只打算买一个电磁炉，结果卖家还送了他一整套厨具。

7.3 掌握视觉文案的布局方式

在文案的内容设计中，文字和图片都是非常重要的传递信息途径，也是网络销售中需要重点设计的元素。本节主要介绍店铺文案的视觉设计方法，以及店铺图文布局的方式，帮助卖家更好地利用图文内容来引流。

7.3.1 运用多种字体打造文案

当登录一个店铺首页时，是否会有意或者无意地留意到属于这个店铺的特定字体设计，从而直接影响自己对这个店铺最直观的感受，如精致、优雅、科幻、古典，或者是粗糙难看。

字体风格形式多变，如何利用文字进行有效的设计与运用，是把握字体最为关键的问题。当对文字的风格与表现手法有了详尽的了解后，有助于进行字体设计。

在店铺的文案设计中，常见的字体风格有线型、手写型、规整型和书法型等，不同的字体可以表现出不同的风格。

1. 线型文字

线型字体是指文字笔画每个部分的宽窄都相当，表现出一种简洁明快的感觉，这种字体在文案设计中较为常用。“黑体”就是常用的线型字体之一。

2. 手写型字体

手写型字体即用硬笔或者软笔纯手工写出的字体。用这种字体书写的文字，在大小和形态上存在一定的差异，很难通过简单的版面布局获得错落有致的效果。手写型字体的形式因人而异，带有较为强烈的个人风格。

使用手写型字体可以表现出一种不可模仿的随意和不受局限的自由性，有时为了迎合画面整体的设计风格，适当地使用手写型字体，可以让店铺的风格表现得更加淋漓尽致。随意的手写型字体可以表现出画面原汁原味的自然风情。

3. 规整型文字

标准、整齐的字体能够准确、直观地传递出商品或者店铺的信息，同时也可以给人一种规整的感觉。在店铺的版面构成中，利用规整字体间的排列间隔，结合不同长短的文字，可以很好地表现出画面的节奏感，给人以大气端正的印象。

如图7-16所示，在商品的详情页面中，使用工整的文字对细节进行说明，让画面信息传递更加准确、及时，同时也让画面显得更加饱满。

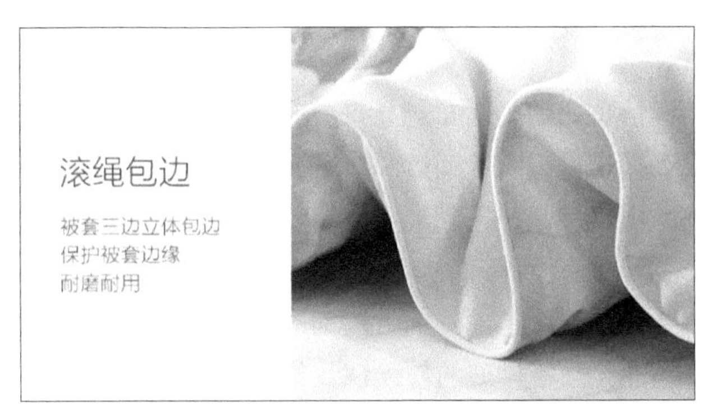

图 7-16　规整型文字

4. 书法字体

所谓书法字体，就是书法风格的分类。书法字体从传统上讲，共有行书字体、草书字体、隶书字体、燕书字体、篆书字体和楷书字体6种。在每一大类中又细分为若干小的门类，如篆书又有大篆、小篆之分，楷书又有魏碑、唐楷之分，草书又有章草、今草、狂草之分。

书法字体是中国独有的一种传统艺术，字体外形自由、流畅，且富有变化，笔画间会显示出洒脱和力道，是一种传神的精神境界。在文案内容设计的过程中，为了迎合活动的主题或者是配合商品的风格，很多时候使用书法字体可以增强画面中文字的外形设计感，表现出独特的韵味，如图7-17所示。

图 7-17　书法字体

7.3.2　掌握文字的编排准则

为了让商品详情页面的画面布局显得更有调理，同时也为了提高整体内容的表述力，从而吸引买家进行有效阅读并接受其主题信息，在文案内容设计中还需要考虑整体编排的规整型，并适当加入带有装饰性的设计元素，用来提升画面美感，让文字编排更加具有设计感。

要做到上述要求，就必须深入了解店铺的文字编排规则，即文字描述必须符合版面主题的准确性、段落排列的易读性及整齐布局的审美性。

1. 准确性

在文案内容设计中，文字编排不但要达到主题内容的要求，其整体排列风格还必须要符合设计对象的形象，才能保证版面文字能够准确无误地传达出信息。

如图7-18所示，在商品详情页面中，使用简洁的词组对商品的功能特点进行介绍，让词组与图片产生关联性，同时利用文字的准确描述来提高买家对商品的认识。

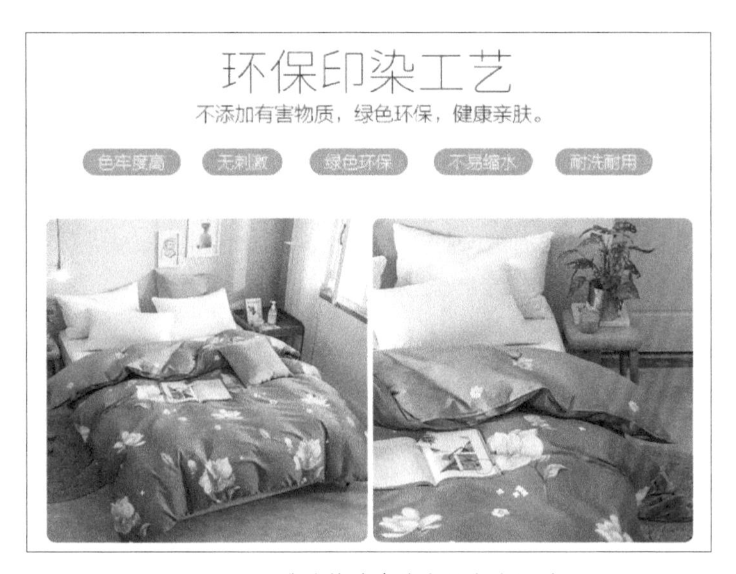

图 7-18　准确传达出信息的文案设计

★ 专家提醒 ★

考虑到整体编排的规整性，卖家在加入适当的装饰性元素时，要注意整体的排版样式，不能太突兀。要以提升画面美感为选择元素的指标，减少累赘，让文字编排更加具有设计感。

2. 易读性

在文案内容设计中，易读性是指通过特定的排列方式使文字能带给买家更好的阅读体验，让他们阅读起来更加流畅。卖家可以通过宽松的文字间隔、设置大号字体及利用多种不同字体进行对比阅读等方式，让段落文字之间产生一定的差异，使得文字信息主次清晰，增强文字的易读性，让买家更快地抓住商品的重点信息。

在图7-19所示的商品图片中，设计者将版面中的部分文字设定为大号字体，并配以适当的间距，同时使用修饰元素对文字的信息进行分割，使得文案内容的阅读性得到有效提高，也让买家更便于掌握重要信息。

图 7-19　将图片中的文字设置为大号字体

3. 审美性

对卖家来说，页面的美感是所有设计工作中必不可少的重要因素。整齐布局的审美性是指通过事物的美感来吸引买家，使其对店铺画面中的信息和商品产生兴趣。在字体编排方面，设计者可以对字体本身添加一些带有艺术性的设计元素，从结构上增添它的美感。

7.3.3　了解文字的分割方式

在文案的内容设计中，运用合理的文字分割方式，可以对图文进行合理的规划，并使它们之间的关系得到有效协调，从而把握好商品或者模特图片与文字的搭配效果。根据切割走向的不同，可以将文字的编排手法划分为水平分割和垂直分割两种。

1. 水平分割

水平分割主要包括上文下图和上图下文两种类型，下面进行简单介绍。

（1）上文下图。

在文字编排中，通过水平切割将画面划分成上下两个部分，同时将文字与图片分别排列在视图的上部和下部，从而构成上文下图的排列方式，可以使视觉形象变得更为沉稳，给人带来一种上升感，以增强版面整体的表现力，如图7-20所示。设计者利用上文下图的编排方式，以加强标题文字和商品介绍在视觉上的表现力，并使买家能够自然地从上到下进行阅读，提高文字的重要性。

图 7-20　上文下图方式

（2）上图下文。

上图下文是指将画面进行水平分割，分别将图片和文字置于画面的上端与下端，从而构成上图下文的编排方式，可以从形式上增强它们之间的关联性，同时借助特殊的排列位置，还能增强文字整体给人带来的安稳、可靠的感受，从而增强买家对版面信息的信赖度。图7-21所示的商品使用了上图下文的方式进行编排，以突出图片信息在视觉上的表达。

图 7-21　上图下文

2. 垂直分割

垂直分割主要包括左图右文和左文右图两种类型，下面进行简单介绍。

（1）左图右文。

通过垂直切割将版面分列成左右两部分，把商品或者模特图片与文字分别排列在版面的左边与右边，从而形成左图右文的排列形式。使版面产生由左至右的视觉流程，符合人们的阅读习惯，在结构上可以给买家带来顺遂、流畅的感觉。

如图7-22所示，采用左图右文的形式排列在画面中，依次形成由左至右的阅读顺序，该排列方式不仅迎合了买家的阅读习惯，同时也增强了商品图片和文字在版面上的共存性。

图 7-22　左图右文

（2）左文右图。

该分割方式与左图右文相反，而是将文字放在画面的左侧，把商品或者模特图片放在右侧。左文右图的分割方式可以借助图片的吸引力，使画面产生由右至左的视觉效果，与人们的阅读喜好恰好相反，可以在视觉上给买家带来一种新奇的感觉。

如图7-23所示，以左图右文的排列方式打破人们常规的阅读习惯，从而在视觉上形成奇特的布局样式，给买家带来了深刻印象。

图 7-23　左文右图

7.3.4　了解页面版式的设计原则

在一个完整的店铺内容布局中，通常包括店招、促销栏（公告、推荐）、产品分类导航、签名、产品描述、计数器、挂件、欢迎欢送图片、卖家在线时间及联系方式等元素，这些元素的布局没有固定的章法可循，主要依靠设计师的灵活运用与搭配。

只有在大量的设计实践中熟练运用，才能真正理解版式布局设计的形式原则并善于运用，从而创作出优秀的店铺装修作品。下面将为大家介绍页面版式设计的几个原则。

1. 对称与均衡

简单来说，对称是在统一中寻求变化，而平衡则是在变化中体现统一。对称与均衡是统一的，都是让买家在浏览店铺信息的过程中产生心理上的稳定感。

对称的图形看上去单纯、简洁，能给人带来安定感，对称可以给人稳定、端庄、大方等感觉。

均衡的设计让人在视觉与心理上产生和谐、宁静的感觉。画面的均衡主要表现在画面上下、左右和色彩等方面的平衡。

通常来说，对称追求的是统一感，过分对称会显得有些呆板；而均衡追求的是生动活泼，但是如果变化太多又会出现失衡。因此，卖家在做亚马逊文案设计时，要将对称和均衡结合起来。

图7-24所示的商品详情页面中，使用左右对称的形式进行设计，画面中的布局在基本元素的安排上赋予了固定的变化，对称均衡更灵活、更生动，是设计中

较为常用的表现手段，具有现代感的特征，也让画面中的商品细节与文字搭配更自然和谐。

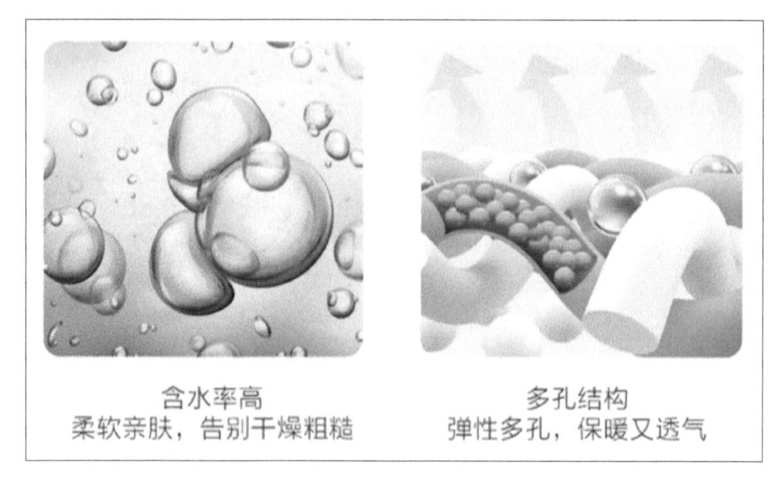

图 7-24　左右对称形式设计

常用的图文内容版式布局的对齐方式有左对齐、右对齐、居中对齐和组合对齐，具体特点如下。

（1）左对齐：左对齐的排列方式有松有紧，有虚有实，具有节奏感。图7-25所示的文字与设计元素都使用了左对齐的方式，让版面整体具有很强的节奏感。

图 7-25　左对齐文字排版

（2）右对齐：右对齐的排列方式与左对齐刚好相反，具有很强的视觉性，适合表现一些特殊的画面效果。图7-26所示的图片采用的就是右对齐文字排版。

图 7-26　右对齐文字排版

（3）居中对齐：是指让设计元素以中心轴线对齐的方式呈现，可以让买家视线更加集中、突出，具有庄重、优雅的感觉。图7-27所示的图片采用的就是居中对齐文字排版。

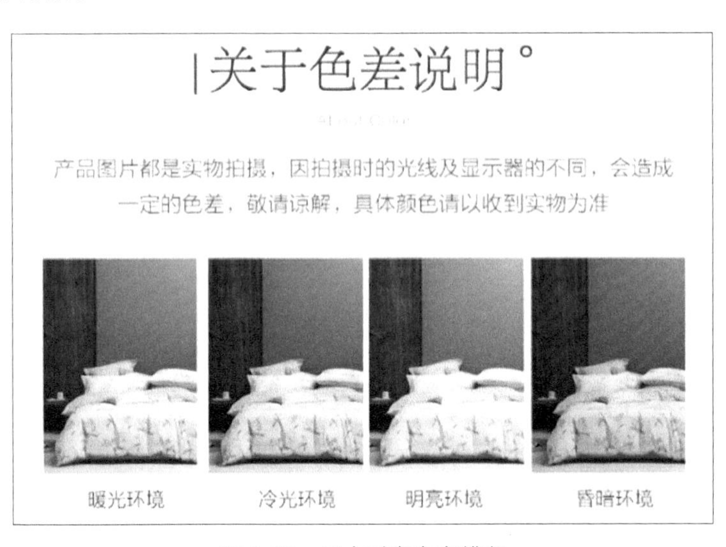

图 7-27　居中对齐文字排版

★ 专家提醒 ★

文案内容设计的整体思路如下。

（1）设计目标：做一个买家喜欢、值得信赖的商品详情页面。

（2）指导思想：从买家的角度来设计图文内容。

（3）实现方法：从布局、色调、图片和文案等任何一个细节，处处体现专业化和人性化。

2. 对比与调和

从文字内容分析，对比与调和是一对充满矛盾的综合体，但它们实质上却又是相辅相成的统一体。在店铺的内容设计中，画面中的各种设计元素都存在着相互对比的关系，但为了找到视觉和心理上的平衡，设计师往往会在不断的对比中寻求能够相互协调的因素，让画面同时具备变化与和谐的审美情趣。

（1）对比。

对比就是将相近的要素进行比较，从而更好地显示差异性。常见的对比主要有大小对比、明暗对比、高低对比、远近对比、动静对比、粗细对比、轻重对比和黑白对比等。

图7-28所示为某行李箱的文案。可以看到，该文案通过文字的大小对比来突出重点内容。

12KM负重行走低磨损
TPE大轴万向轮

大轴距万向轮，创新垂直支撑，外层TPE材质
耐磨减震轻音，长久行走,依然灵活顺滑

* 此款轮子外观设计有所不同，产品性能相同，随机发货

图 7-28　文字的大小对比

（2）调和。

调和是指将具有共性的要素进行组合，从而产生舒适、安定之感。在亚马逊文案的设计中，调和与对比是相辅相成的，通常来说，整体版面的设计要以调和为主，而局部版面则应该适当体现对比。

卖家可以在画面的下面用两张较小的图片整齐排列，大小一致，虽然与上方较大的图片在色彩与外形上采用了同样的表现形式，但是整体画面却既对立又和谐地组合在一起，如图7-29所示。

图 7-29　调和适当的图文设计

3. 虚实与留白

虚实与留白是版面设计中重要的视觉传达手段。任何形体都具有一定的实体空间，而在形体之外或形体背后呈现的细弱或朦胧的文字、图形和色彩就是虚的空间。虚实与留白都是采用对比与衬托的方式烘托版面中的主体部分，使版面结构主次更加清晰，同时也能使版面更具层次感。

例如，卖家可以将商品文字以Z字形的方式进行排列，在画面中表现出明显的指向性，让买家的注意力被下方的信息所吸引，给人留下深刻的印象，如图7-30所示。

图 7-30　有空间感的图文设计

第 8 章
投放站内广告

对于卖家来说，通过广告投放增加商品的曝光率是一种比较有效的推广策略。亚马逊跨境电商平台中为卖家提供了站内广告投放功能，卖家只需支付一定的费用，就可达到增加商品曝光的目的。本章笔者就为大家讲解广告投放的相关知识，让大家快速掌握广告推广的策略。

8.1 站内广告投放须知

亚马逊跨境电商平台站内的广告，主要是PPC（Pay Per Click的缩写，译为：按点击付费）广告。也就是说，通过该广告形式推广商品时，只有用户点击广告推广信息查看商品，卖家才需要付费。如果用户看到商品推广广告之后，没有点击查看商品信息，那么商品便相当于获得了免费的曝光。

本节将重点讲解站内广告的相关知识，让大家更好地利用PPC广告进行商品的推广引流。

8.1.1 投放广告的主要意义

对于卖家来说，投放站内PPC广告的主要意义就是通过增加商品的曝光率，让更多用户看到商品，甚至是购买商品。

具体来说，当用户搜索商品时，投放了站内PPC广告的商品图片下方会显示“Sponsored（推广）”，而且这些商品的曝光率会比一般商品要高。图8-1所示为投放了站内PPC广告的部分商品。

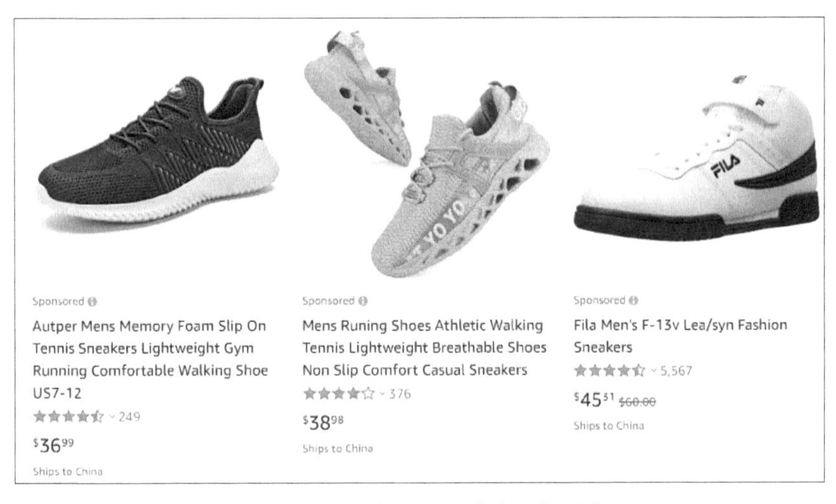

图 8-1　投放了站内 PPC 广告的部分商品

8.1.2 投放广告的考虑因素

虽然站内广告可以起到推广引流的作用，但是并不是任何商品、任何情况下都适合进行站内广告投放。为了保证PPC广告的投放效果，卖家在投放广告之前要重点考虑以下几个方面。

1. 最好选择新添加的商品

在第4章中，已经介绍了添加商品的两种方法，一种是添加平台中已有的商品，一种是添加平台中没有的商品（即添加新商品）。对于卖家来说，在选择PPC广告的推广商品时，最好选择新添加的商品。

如果卖家推广的是平台中已有的商品，那么有的用户看到其他店铺也在销售该商品，可能会涌入其他店铺，这相当于为他人做了嫁衣。而选择新添加的商品进行推广则不会出现这种情况，因为此时推广的商品具有唯一性，平台中没有同款商品可供用户选择。

2. 投放之前先做好商品详情页优化

在对商品进行PPC广告推广之前，卖家需要先对商品的商品详情页信息进行优化。因为用户看到PPC广告中推广的商品之后，会通过该商品的商品详情页查看相关信息。因此，为了提高用户的购买意愿，对商品的商品详情页信息进行优化很有必要。

3. 商品详情页中必须要有购物车

卖家选择的商品的详情页中必须要有购物车，也就是说该商品可以被用户添加到购物车中。这是PPC广告中商品推广的必要条件之一，不满足该条件的商品是无法进行PPC广告推广的。

8.1.3 站内广告的展示位置

卖家投放站内PPC广告之后，亚马逊跨境电商的两个位置中将为用户展示商品信息，一是商品搜索结果中，二是商品详情页面中。下面进行详细说明。

1. 商品搜索结果中

商品搜索结果页面是站内PPC广告的常见展示位置，当用户在亚马逊跨境电商平台中通过关键词搜索商品时，与关键词匹配且投放了站内PPC广告的商品将获得优先展示。图8-2所示为搜索“化妆品”的部分结果。可以看到，该图中展示的这些化妆品便都投放了站内PPC广告。

图8-3所示为搜索“牛仔裤”的部分结果。可以看到，搜索结果的第一栏中，便显示了“Sponsored”这个词，也就是说，这是一条站内PPC广告。

如果此时用户单击搜索结果中的“Shop WULFUL”按钮，便会进入“WULFUL”页面，该页面中会显示WULFUL这个品牌旗下的相关商品，如图8-4所示。也就是说，搜索“牛仔裤”时，搜索结果第一栏中展示的就是该品牌的广告。

图 8-2　搜索“化妆品”的部分结果

图 8-3　搜索“牛仔裤”的部分结果

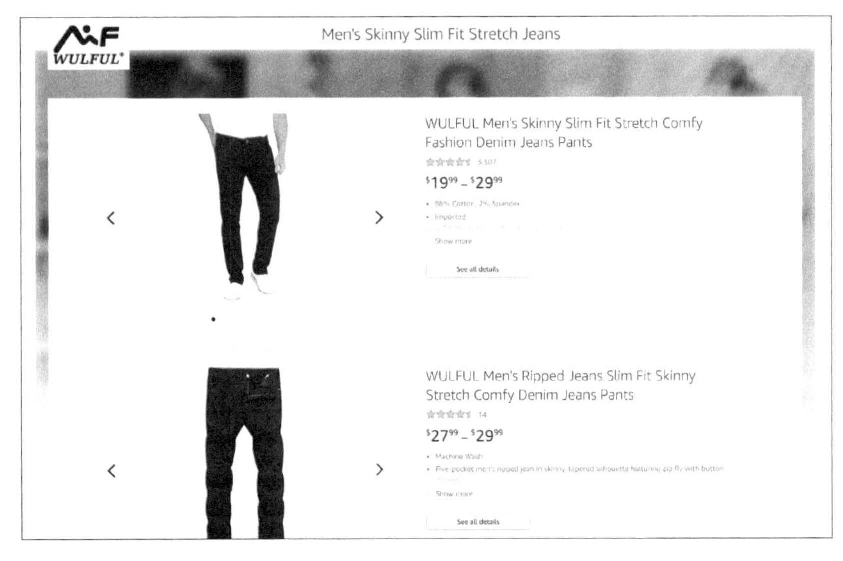

图 8-4　WULFUL 页面

2. 商品详情页中

如果大家观察仔细的话，便会发现有的商品详情页面中也会为用户展示站内PPC广告。具体来说，在商品详情页面中有3个地方会展示站内PPC广告。一是商品标题和要点的右侧；二是“Products related to this item（译为：与此产品相关的产品）”版块中；三是“Customer reviews（译为：用户评价）”版块中。

图8-5所示，为某商品详情页的部分信息。可以看到，商品标题和要点右侧便出现了一个带有“Sponsored”的商品推广。

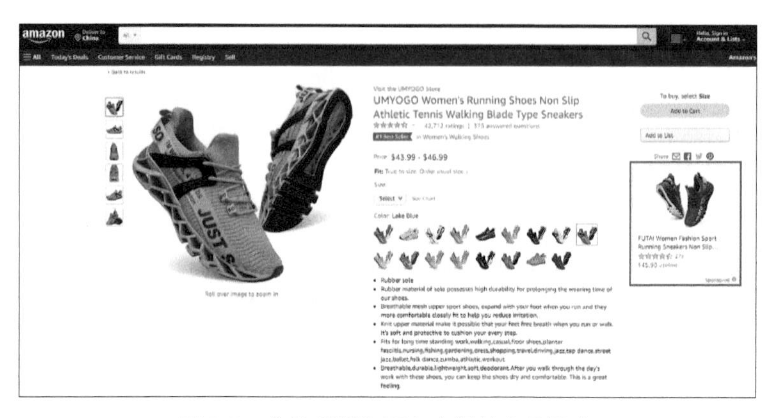

图 8-5　商品标题和要点右侧的商品推广

图8-6所示为某商品详情页中的“Products related to this item”版块。可以看到，该版块中显示了“Sponsored”这个词，也就是说该版块中的商品都投放了站内PPC广告。

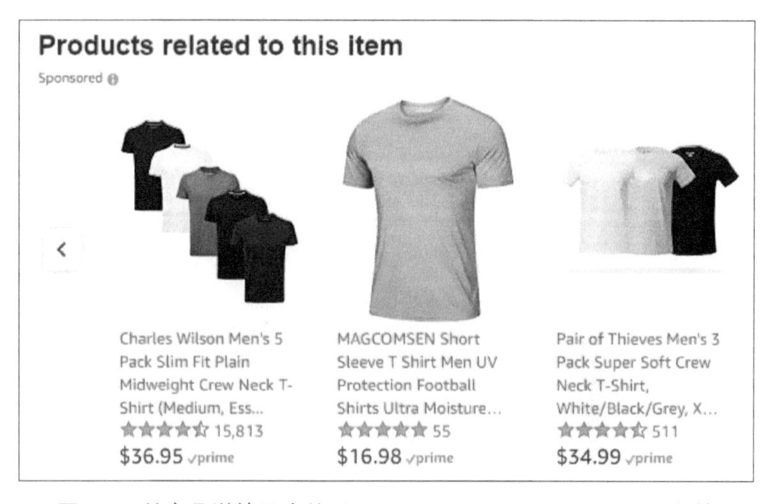

图 8-6　某商品详情页中的“Products related to this item”版块

“Customer reviews（译为：用户评价）”版块中有时也会为用户展示站内PPC广告。图8-7所示为某商品详情页中“Customer reviews”版块的部分内容。可以看到，用户具体评论的左侧展示了一个站内PPC广告。

图 8-7 某商品详情页中“Customer reviews”版块

8.1.4 站内广告的优化策略

卖家可以通过优化站内PPC广告来提高广告的效果。具体来说，卖家可以从以下几个方面对站内PPC广告进行优化。

1. 提高商品价格竞争力

看到搜索结果中的商品站内PPC广告后，用户如果对商品感兴趣，可能就会查看商品的相关信息。其中，很多用户都比较在意商品的价格，如果商品的价格相对较低，那么商品便更具竞争力。因此，为了让站内PPC广告获得更好的效果，卖家有必要通过降低商品的价格来提升商品的竞争力。

2. 提高商品用户评论量

部分用户通过PPC站内广告进入商品详情页面后，会重点查看用户的评论。如果商品的用户评论量过少，那么即便商品的平均评价星级比较高，用户可能也不会选择购买该商品。因此，提高商品用户评论量也是优化站内PPC广告必须要做的一件事。

3. 打造吸睛的商品详情页

除了价格和用户评论量，用户还会关注商品详情页中的一些其他信息，如商品的功能、外观和材质等。如果卖家打造的商品详情页足够吸睛，那么用户通过站内PPC广告进入商品详情页后，会更愿意购买对应的商品。这样一来，站内PPC广告获得的效果自然会更好。

8.1.5 站内广告的竞价机制

在投放站内广告时，卖家需要根据广告预算确定竞价。部分卖家可能会认为，在投放站内PPC广告时出的竞价越高，PPC广告在搜索结果页面中的排名就越靠前。其实，这种想法是错误的。搜索结果中商品的排名受到多个因素的影响，竞价只是其中的一个重要因素。

具体来说，除了竞价，商品的点击率、销量和转化率等因素也将直接影响商品的搜索排名。因此，为了让更多用户在搜索结果中看到你的商品，卖家需要做好引流、促销等工作，提高商品的受欢迎程度。

8.1.6 查看亚马逊广告解决方案

亚马逊官网中为用户提供了广告解决方案，卖家可以通过解决方案增强对广告推广的了解。具体来说，卖家可以通过以下步骤查看亚马逊广告的解决方案。

步骤 01 进入“亚马逊全球开店”平台，将鼠标停留在菜单栏中的“资源与服务”上，会打开一个子类目列表框，选择“营销推广工具”选项，如图8-8所示。

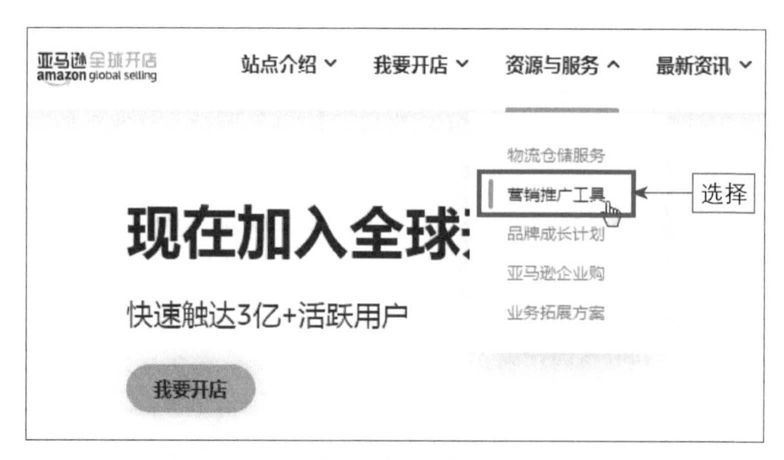

图 8-8 选择“营销推广工具”选项

步骤 02 操作完成后，卖家即可看到“营销推广工具”页面的“营销推广”版块。单击该版块中“通过广告打造您的品牌”右下方的“了解详情”按钮，如图8-9所示。

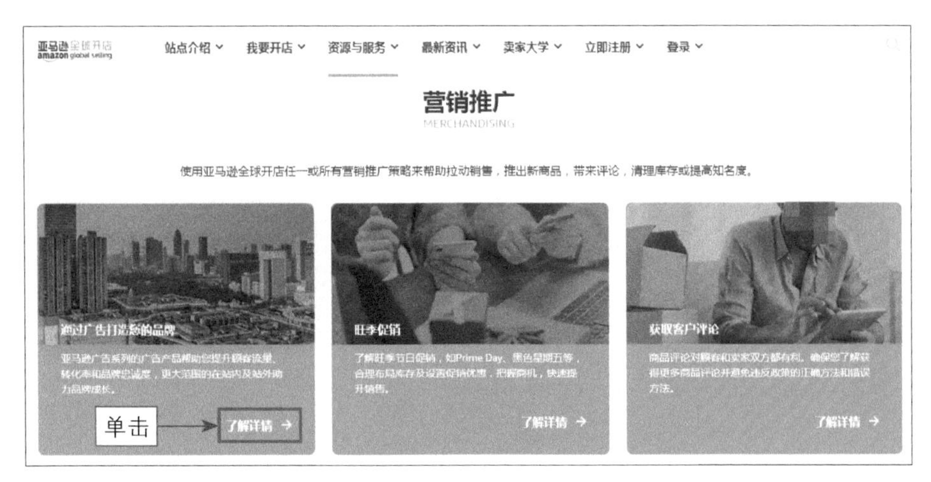

图 8-9　单击“了解详情”按钮

步骤 03 操作完成后，进入“亚马逊广告”页面。单击左侧菜单栏中的“亚马逊广告解决方案”链接，如图8-10所示。

图 8-10　单击“亚马逊广告解决方案”链接

步骤 04 操作完成后，即可看到“亚马逊广告解决方案”版块的相关内容。该版块中为卖家展示了5类广告解决方案的信息，卖家可以选择具体的解决方案进行查看。例如，卖家要查看“商品推广”的广告解决方案，可以单击“商品推广”链接，如图8-11所示。

步骤 05 操作完成后，进入“亚马逊商品推广”页面，如图8-12所示。卖家可以在该页面中查看“商品推广”广告解决方案的相关信息。

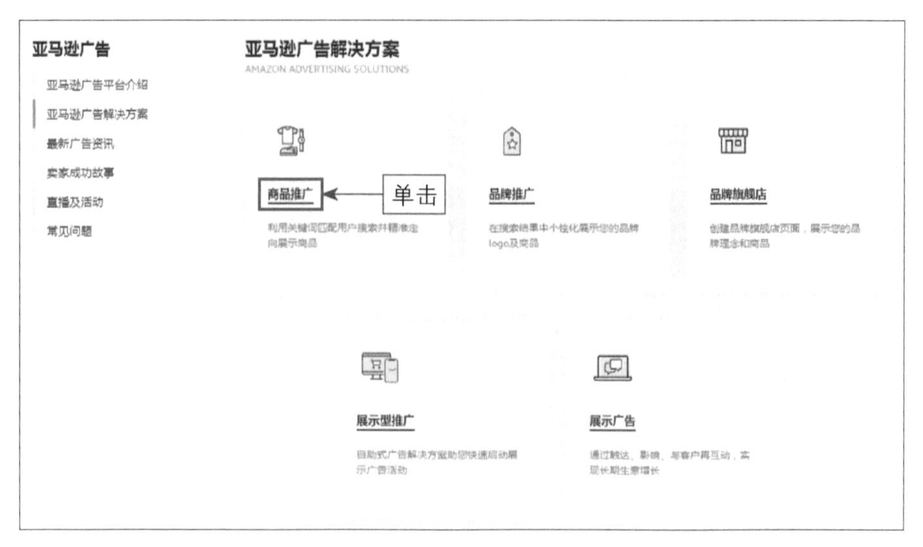

图 8-11　单击“商品推广”链接

图 8-12　“亚马逊商品推广”页面

8.1.7　了解亚马逊的广告资讯

亚马逊官网中有一个展示广告资讯的特定版块，卖家可以通过以下步骤查看具体的广告资讯内容。

步骤 01 进入“亚马逊广告”页面，单击左侧菜单栏中的“最新广告资讯”链接，进入“最新广告资讯”版块。单击该版块中对应资讯的链接，如“开启商品矩阵-你的推广ASIN（Amazon standard identification number的缩写，译为：亚马逊标准识别码）都选对了吗？”链接，如图8-13所示。

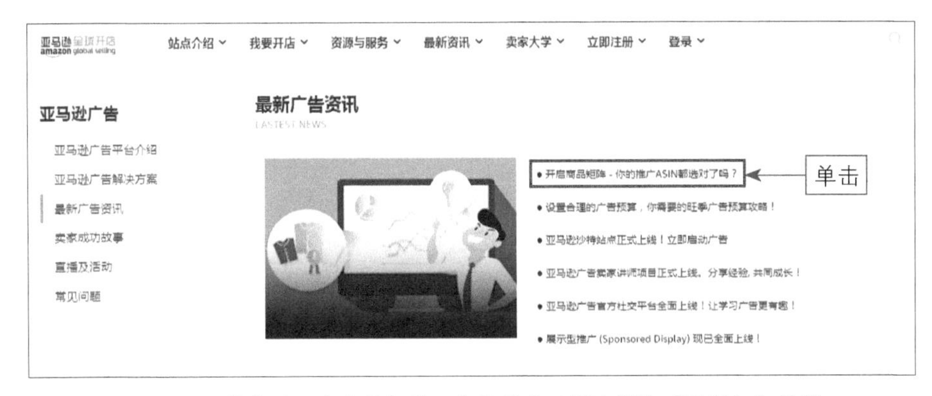

图 8-13　单击“开启商品矩阵 - 你的推广 ASIN 都选对了吗？”链接

步骤 02 操作完成后，即可进入“亚马逊ASIN选品思路及推广策略”页面，查看对应的咨询内容，如图8-14所示。

图 8-14　“亚马逊 ASIN 选品思路及推广策略”页面

8.1.8　查看广告投放问题的答案

在投放站内广告时，卖家可能会遇到一些问题。对此，卖家可以从亚马逊官网的广告常见问题中寻找相关问题的答案。具体来说，卖家可以通过以下步骤查看站内广告投放问题的答案。

步骤 01 进入“亚马逊广告”页面，单击左侧菜单栏中的“常见问题”链接，进入“常见问题”版块。卖家可以在该版块中看到一些广告投放的常见问题，如图8-15所示。

图 8-15　“常见问题”版块中的问题

步骤 02 如果卖家单击问题后面的+图标，便可查看对应问题的答案，如图8-16所示。

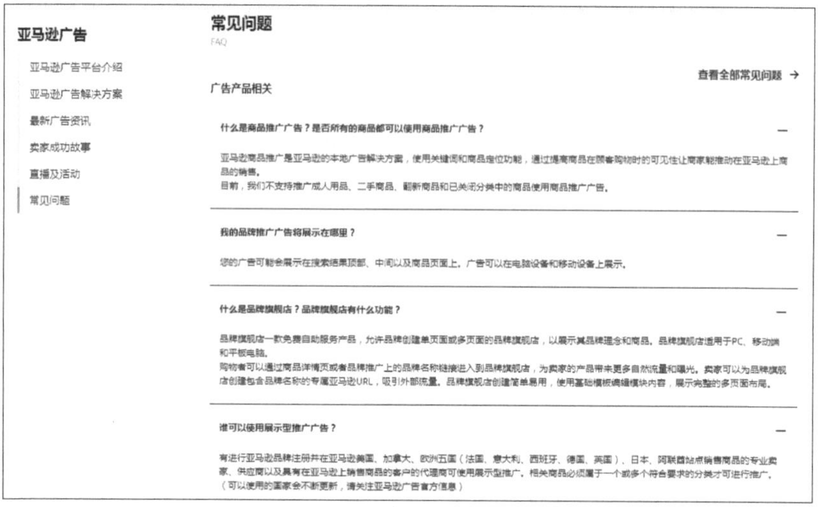

亚马逊广告
亚马逊广告平台介绍
亚马逊广告解决方案
最新广告资讯
卖家成功故事
直播及活动
常见问题

常见问题
FAQ
查看全部常见问题 →
广告产品相关

什么是商品推广广告？是否所有的商品都可以使用商品推广广告？
亚马逊商品推广是亚马逊的本地广告解决方案，使用关键词和商品定位功能，通过提高商品在顾客购物时的可见性让商家能推动在亚马逊上商品的销售。
目前，我们不支持推广成人用品、二手商品、翻新商品和已关闭分类中的商品使用商品推广广告。

我的品牌推广广告将展示在哪里？
您的广告可能会展示在搜索结果顶部、中间以及商品页面上。广告可以在电脑设备和移动设备上展示。

什么是品牌旗舰店？品牌旗舰店有什么功能？
品牌旗舰店一款免费自助服务产品，允许品牌创建单页面或多页面的品牌旗舰店，以展示其品牌理念和商品。品牌旗舰店适用于PC、移动端和平板电脑。
购物者可以通过商品详情页或者品牌推广上的品牌名称链接进入到品牌旗舰店，为卖家的产品带来更多自然流量和曝光。卖家可以为品牌旗舰店创建包含品牌名称的专属亚马逊URL，吸引外部流量。品牌旗舰店创建简单易用，使用基础模板编辑模块内容，展示完整的多页面布局。

谁可以使用展示型推广广告？
有进行亚马逊品牌注册并在亚马逊美国、加拿大、欧洲五国（法国、意大利、西班牙、德国、英国）、日本、阿联酋站点销售商品的专业卖家、供应商以及具有在亚马逊上销售商品的客户的代理商可使用展示型推广。相关商品必须属于一个或多个符合要求的分类才可进行推广。（可以使用的国家会不断更新，请关注亚马逊广告官方信息）

图 8-16　查看对应问题的答案

除此之外，还可以通过另一种方法查看站内广告投放问题的答案。具体操作步骤如下。

步骤 01 进入“亚马逊广告”页面的“常见问题”版块，单击该版块中的“查看全部常见问题”链接，如图8-17所示。

图 8-17　单击“查看全部常见问题”链接

步骤 02 进入“亚马逊广告常见问题”页面，该页面中为卖家列出了多类常见问题，如图8-18所示。

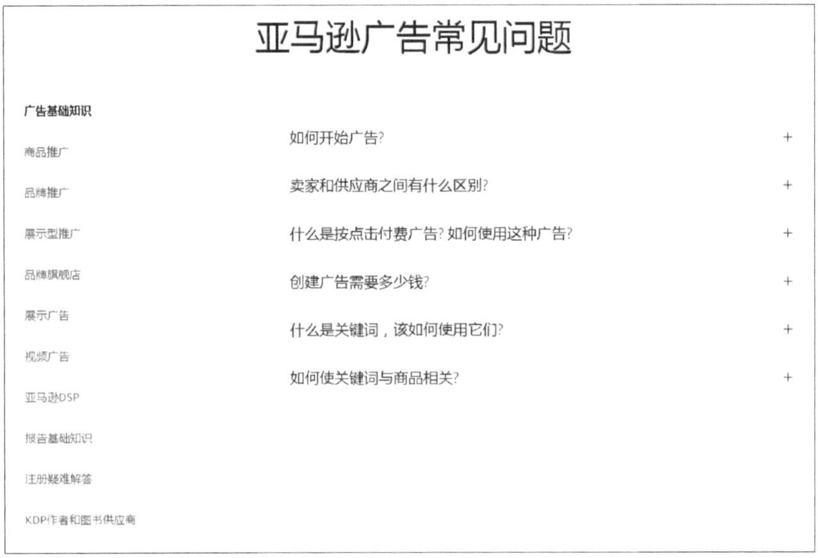

亚马逊广告常见问题

广告基础知识
商品推广
品牌推广
展示型推广
品牌旗舰店
展示广告
视频广告
亚马逊DSP
报告基础知识
注册疑难解答
KDP作者和图书供应商

如何开始广告? +
卖家和供应商之间有什么区别? +
什么是按点击付费广告? 如何使用这种广告? +
创建广告需要多少钱? +
什么是关键词，该如何使用它们? +
如何使关键词与商品相关? +

图 8-18　“亚马逊广告常见问题”页面

步骤 03 卖家只需单击某个问题后面的＋图标，便可查看该问题的答案。图8-19所示为“如何开始广告？”的答案。

亚马逊广告常见问题

广告基础知识

商品推广

品牌推广

展示型推广

品牌旗舰店

展示广告

视频广告

亚马逊DSP

报告基础知识

如何开始广告?

亚马逊提供一系列选项来实现您的广告目标，包括商品推广、品牌推广、品牌旗舰店、展示广告、视频广告和通过亚马逊 DSP 投放的广告。

商品推广和品牌推广是自助式, 按点击收费的 (CPC) 广告解决方案，可供注册卖家、供应商、图书供应商、Kindle 直接发布 (KDP) 作者、应用程序开发人员和服务商使用。请访问注册页面，然后选择其中一个选项进行注册。注册后即可开始创建广告活动：

- 卖家应登录卖家平台并在导航栏选择广告选项
- 供应商、图书供应商以及代表供应商的服务商应登录广告平台并选择创建广告活动
- KDP 作者应登录 KDP 控制面板并选择 KDP 标题旁边的推广和宣传

品牌旗舰店允许卖家、供应商和服务商在亚马逊上为他们的品牌建立一个多页面网站。要创建品牌旗舰店，您必须是在亚马逊品牌注册中注册品牌的亚马逊卖家、供应商或供应商代理。

- 如果您是符合条件的卖家，则应该在“卖家平台”的“品牌旗舰店”下看到“管理店铺”。
- 如果您是拥有广告平台账户（原“亚马逊营销服务”）的供应商或供应商代理，则登录后应在主导航栏中看到“店铺”。

图 8-19　“如何开始广告？”的答案

8.2 站内广告投放实操技巧

虽然亚马逊为卖家提供了站内广告的投放渠道，但是卖家还需要进行一定的操作才能投放广告。具体来说，亚马逊站内广告主要分为两种，即商品推广广告和品牌推广广告。本节将为大家讲解这两种站内广告投放的实操技巧，帮助大家快速完成广告投放。

8.2.1 投放商品推广广告

卖家可以通过以下步骤，在卖家后台中设置商品推广的相关信息。

步骤 01 进入卖家后台的主页面，将鼠标停留在左侧菜单栏中的“广告”上，会打开一个子类目列表框，选择“广告活动管理”选项，如图8-20所示。

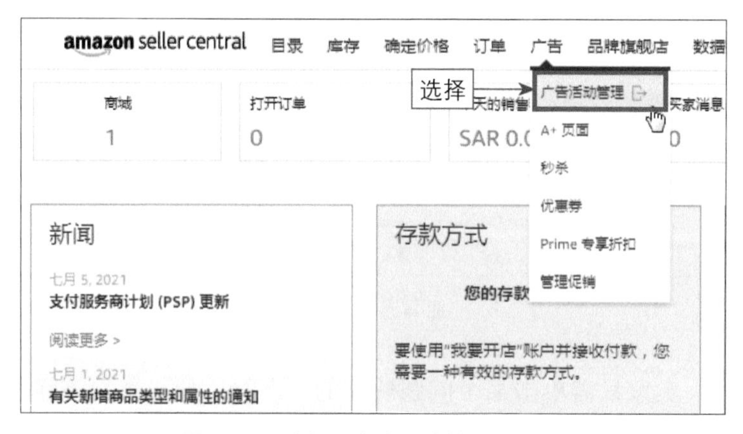

图 8-20　选择“广告活动管理”选项

步骤 02 进入“新建广告活动”页面，单击“商品推广”下方的“继续”按钮，如图8-21所示。

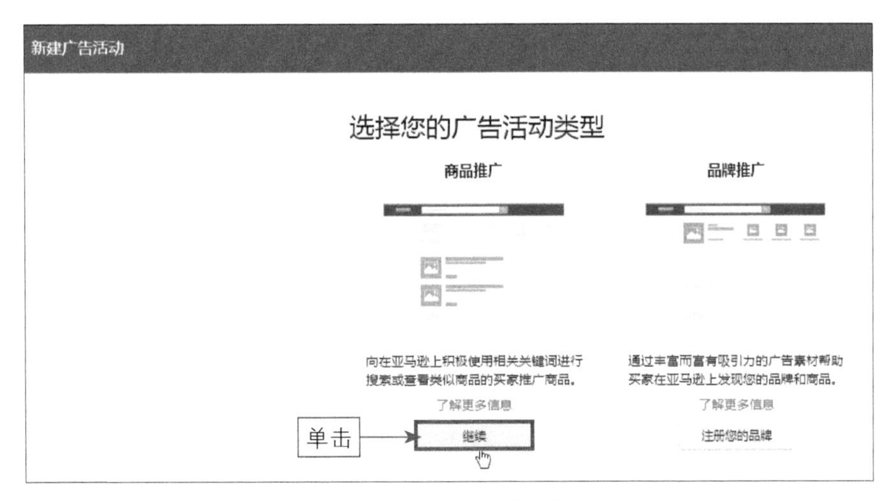

图 8-21　单击“继续”按钮

步骤 03 进入“新建广告活动”页面的“创建广告活动”版块，如图8-22所示。在该版块中填写和设置相关信息。

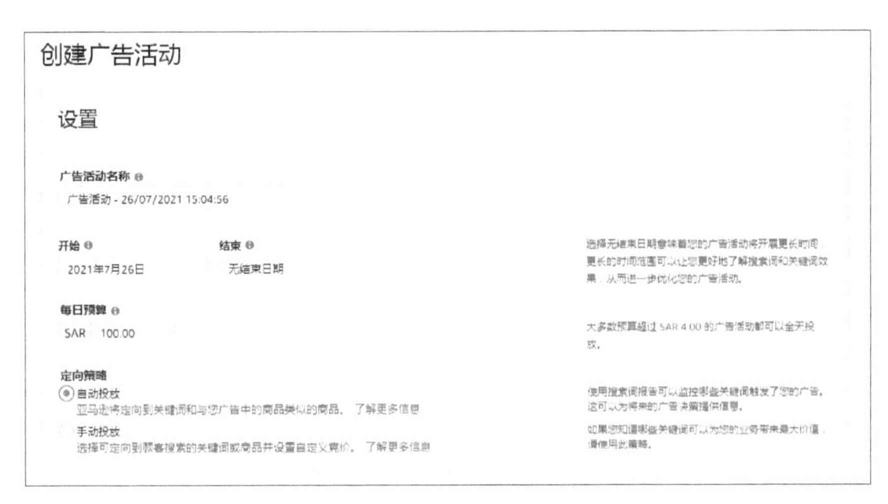

图 8-22　“创建广告活动”版块

★ 专家提醒 ★

需要注意的是，在“定向策略”一栏中，卖家可以选择“自动投放”或“手动投放”。如果选择“手动投放”单选按钮，会打开“广告活动竞价策略”版块。卖家可以在该版块中选择具体的竞价方式，如图 8-23 所示。

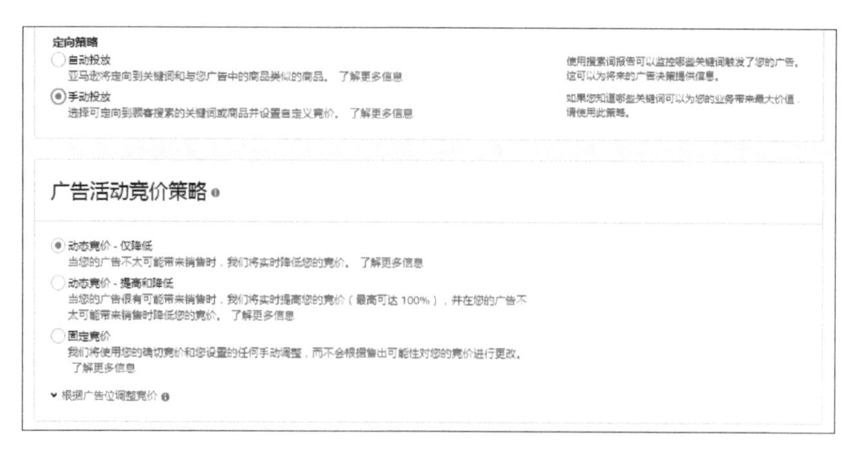

图 8-23 “广告活动竞价策略”版块

步骤 04 进入“创建广告组”版块，在“设置”子版块中输入广告组名称，如图8-24所示。

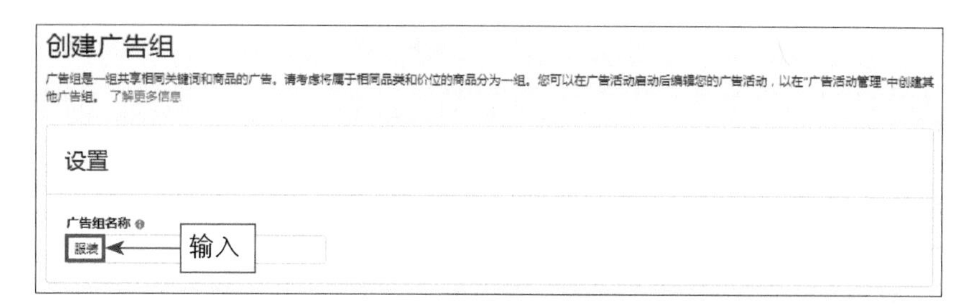

图 8-24 输入广告组名称

步骤 05 进入“创建广告组”版块的“商品”子版块，在该子版块中❶输入卖家SKU；❷单击搜索结果中对应商品后面的“添加”按钮，如图8-25所示。

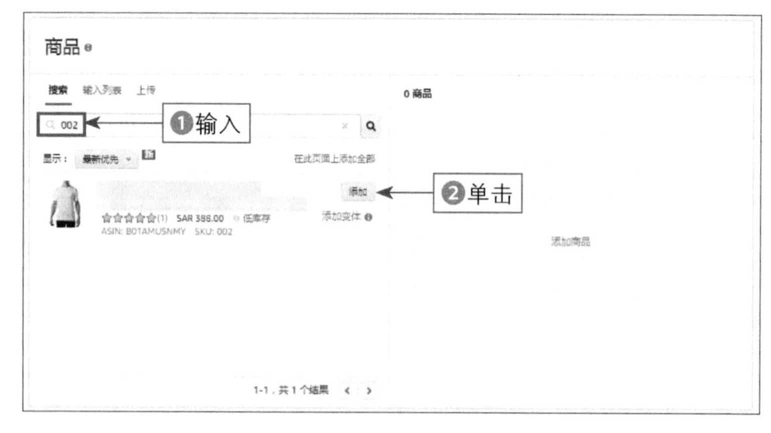

图 8-25 单击“添加”按钮

步骤 06 操作完成后，如果“商品”子版块的右侧出现了商品的相关信息，就说明商品添加成功了，如图8-26所示。

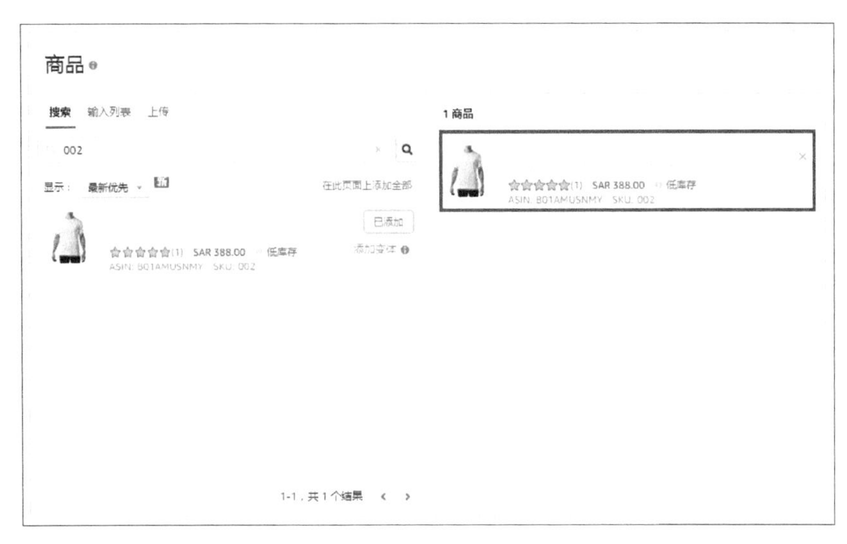

图 8-26　商品添加成功

步骤 07 进入“创建广告组”版块的“竞价”子版块，在该子版块中根据自身需求设置广告活动竞价策略和默认竞价，如图8-27所示。

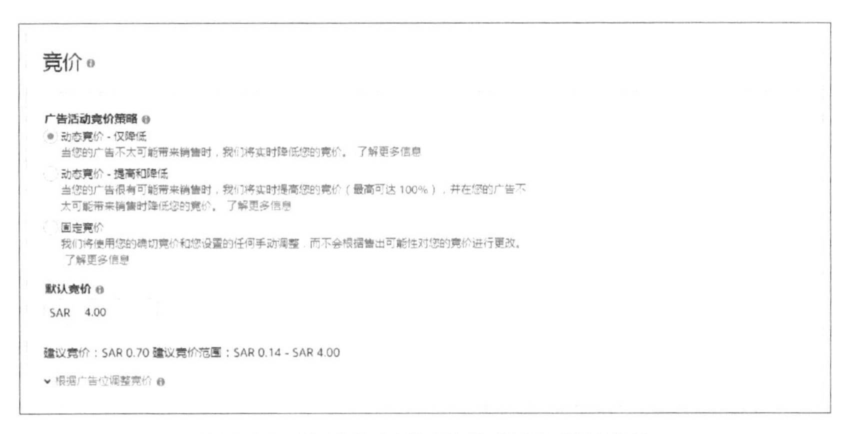

图 8-27　设置广告活动竞价策略和默认竞价

步骤 08 进入“创建广告组”版块的“否定关键词投放”子版块，在该子版块中❶输入否定关键词，如“衬衣”；❷单击“添加关键词”按钮，如图8-28所示。

步骤 09 操作完成后，如果“否定关键词投放”子版块的右侧出现了上一步中设置的否定关键词，就说明否定关键词添加成功了，如图8-29所示。

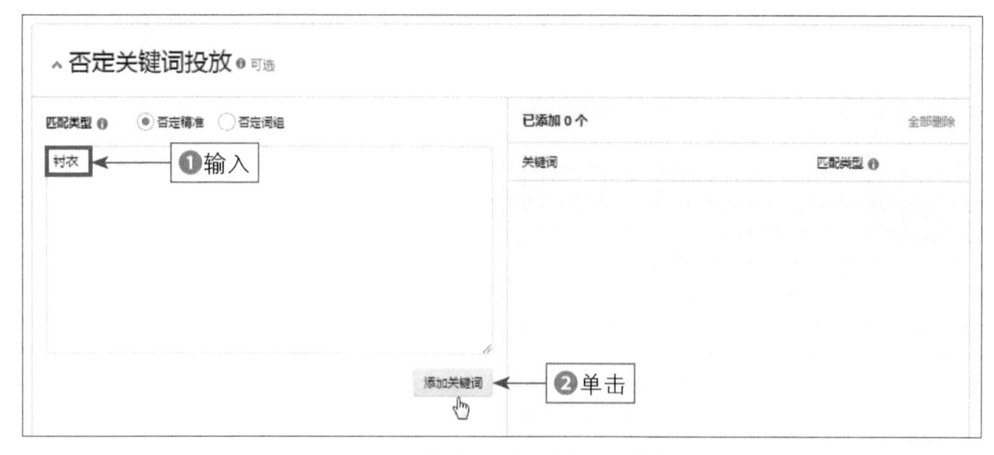

图 8-28　单击"添加关键词"按钮

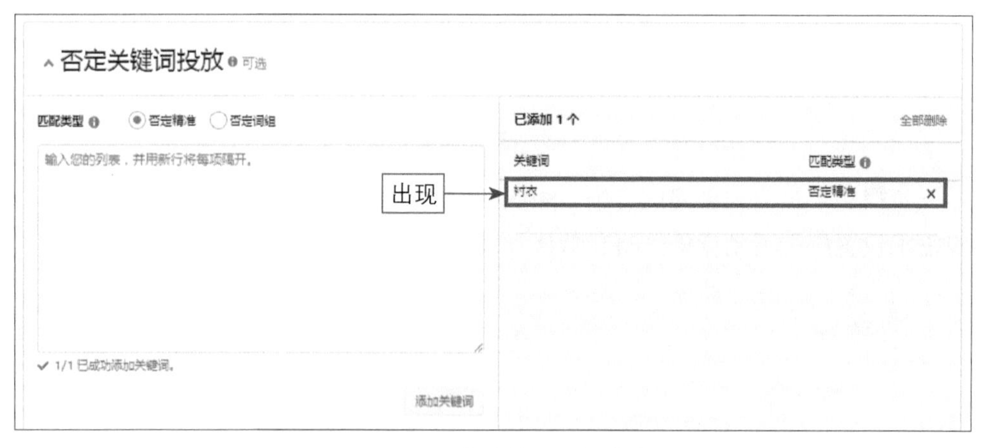

图 8-29　否定关键词添加成功

★ 专家提醒 ★

否定关键词是用来阻止广告展示的关键词，当用户的搜索词与否定关键词匹配时，商品 PPC 广告不会展示出来。因此，只要否定关键词设置得好，卖家便可以获得更精准的流量，并能有效地控制广告成本。

步骤 10 进入"创建广告组"版块的"否定商品定向"子版块，输入关键词进行搜索，单击搜索结果中对应商品后面的"删除"按钮，如图8-30所示。

步骤 11 操作完成后，如果"否定商品定向"子版块的"添加的排除对象"中显示了商品信息，并且搜索结果中商品后面显示"已排除"，就说明否定商品排除成功了，如图8-31所示。

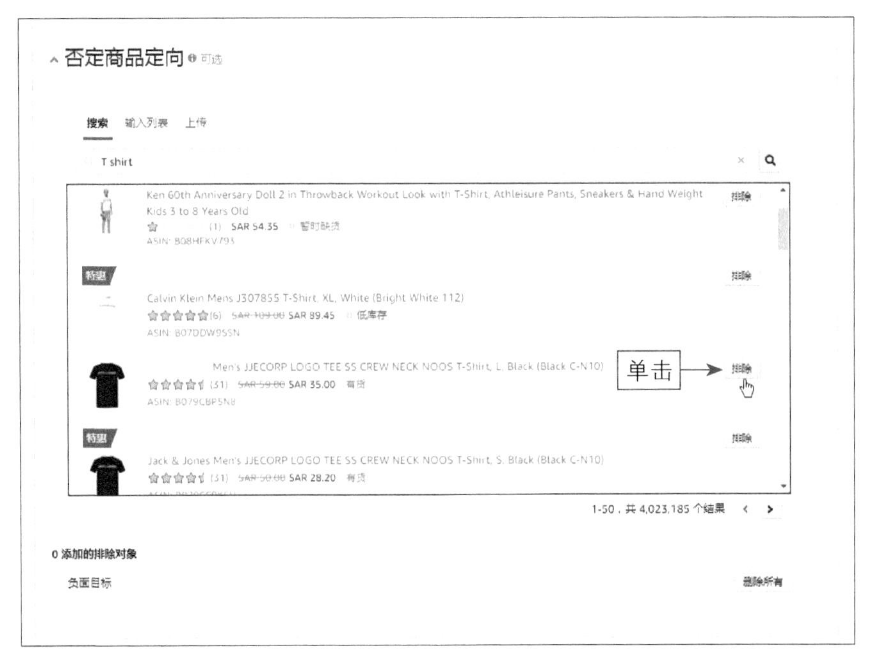

图 8-30　单击“删除”按钮

图 8-31　否定商品排除成功

步骤 12 相关信息设置完成后，单击“创建广告活动”页面下方的“启动广告活动”按钮，即可完成商品推广的设置。

★ 专家提醒 ★

否定商品与否定关键词的作用相似，卖家通过单击商品后面的“排除”按钮否定商品后，用户搜索的内容与否定的商品匹配时，卖家的商品 PPC 广告将不会出现。这样能够避免不相关的搜索所造成的额外广告费用。

8.2.2 投放品牌推广广告

卖家要设置品牌推广，需要先在亚马逊跨境电商平台上注册一个品牌。在亚马逊跨境电商平台上注册一个品牌的具体操作步骤如下。

步骤 01 进入“新建广告活动”页面，单击“品牌推广”版块下方的“注册您的品牌”按钮，如图8-32所示。

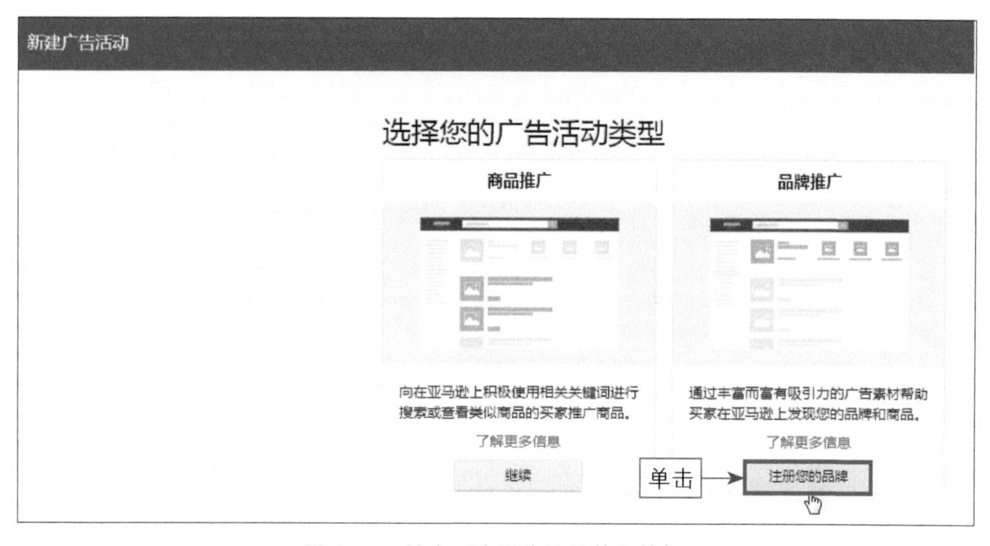

图 8-32　单击“注册您的品牌”按钮

步骤 02 操作完成后，进入“欢迎使用品牌注册”页面，单击页面中的“注册新品牌”按钮，如图8-33所示。如果卖家对亚马逊品牌推广广告有疑虑，还可以单击“欢迎使用品牌注册”页面下方的“使用条款”按钮，查看“亚马逊品牌备案使用条款”，如图8-34所示。

步骤 03 操作完成后，弹出“注册品牌”对话框，根据该对话框的内容做好相关准备，单击“注册您的品牌”按钮，如图8-35所示。

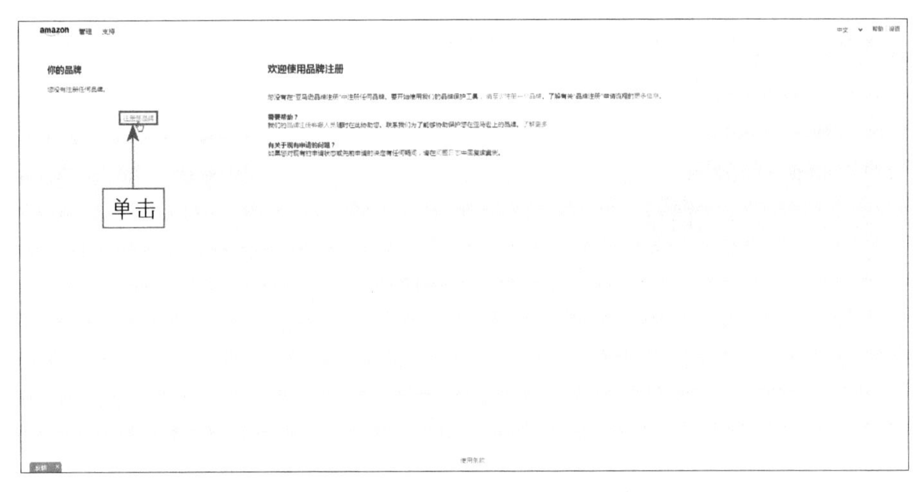

图 8-33　单击“注册新品牌”按钮

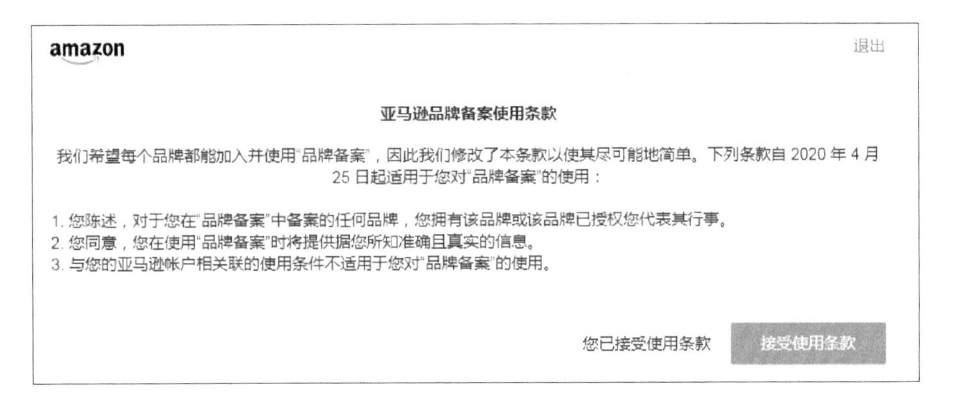

图 8-34　亚马逊品牌备案使用条款

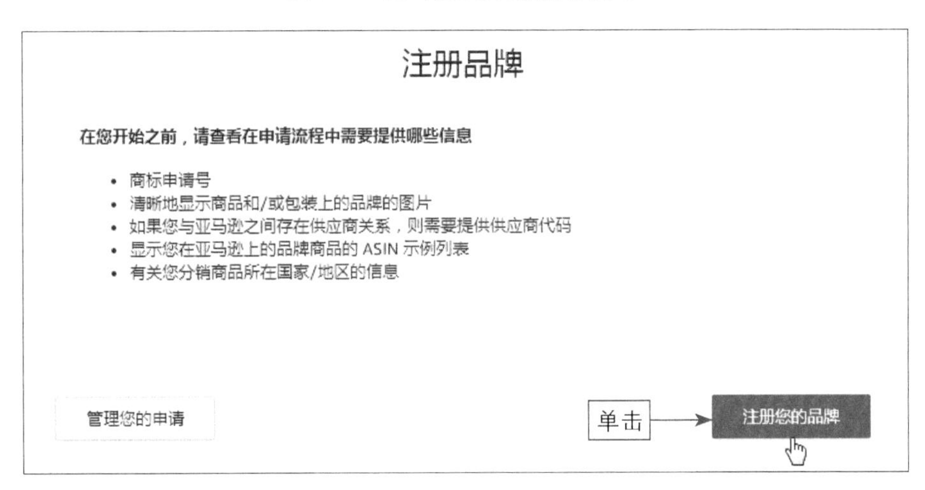

图 8-35　单击“注册您的品牌”按钮

步骤 04 操作完成后，进入“注册品牌”页面，在该页面中依次填写品牌信息、销售账户信息和分销信息。图8-36所示为“品牌信息”版块的相关页面。在该页面中填写品牌信息和商品信息，单击“下一步”按钮，便可以进入“销售账户信息”页面，填写销售账户的相关信息。参照同样的操作方法，进入“分销信息”版块，填写分销信息。

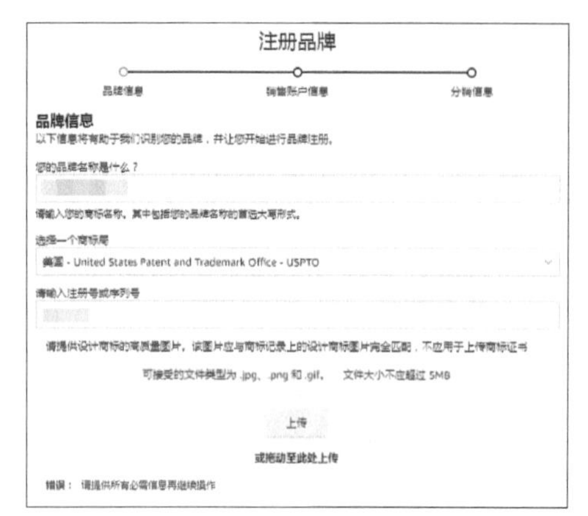

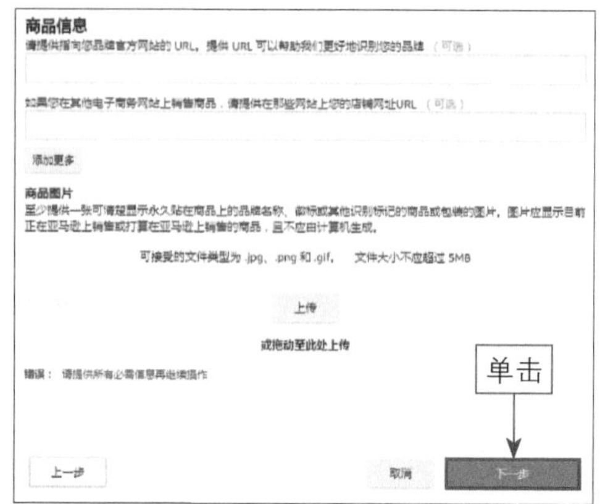

图 8-36 “品牌信息”版块的相关页面

步骤 05 品牌信息、销售账户信息和分销信息填写完成后，向平台进行提交。如果信息审核通过了，卖家便可成功注册一个品牌。

品牌注册完成后，卖家便可以参照商品推广的设置方法及系统提示，进行品牌推广的设置。

当然，有需要的卖家也可以同时进行商品推广和品牌推广，因为这两种推广都能为店铺和商品带来一定的流量，促进商品的销售。

第9章
推广汇聚流量

在店铺运营过程中，流量的获取非常关键。通常来说，一个店铺获取的流量越多，该店铺获得的销量也会越高。那么，卖家如何做才能让自己的店铺获得更多流量呢？本章笔者就为大家介绍店铺引流的常用方法，让大家快速达到为店铺引流的目的。

9.1 用好站内流量入口

许多用户都会通过亚马逊跨境平台中的各个入口，查看店铺和商品的相关信息。因此，如果卖家能够用好站内的流量入口，便可持续获得大量流量。本节将为大家介绍亚马逊站内的常见流量入口，帮助大家更好地进行站内引流。

9.1.1 关键词搜索流量

如果要购买某种商品，很多人都会选择输入商品的关键词进行搜索。在亚马逊跨境电商平台中也是如此，许多人都会通过关键词搜索来寻找自己需要的商品。因此，关键词搜索是亚马逊跨境电商平台中的一个流量入口。

例如，外国用户想要购买皮带时，可能会在亚马逊跨境电商平台的搜索栏中输入“belt（译为：皮带）”。图9-1所示为在亚马逊跨境电商平台上搜索“belt”的结果。看到搜索结果后，用户可能会点击查看自己感兴趣的商品，这样一来，卖家就相当于通过关键词搜索获得了流量。

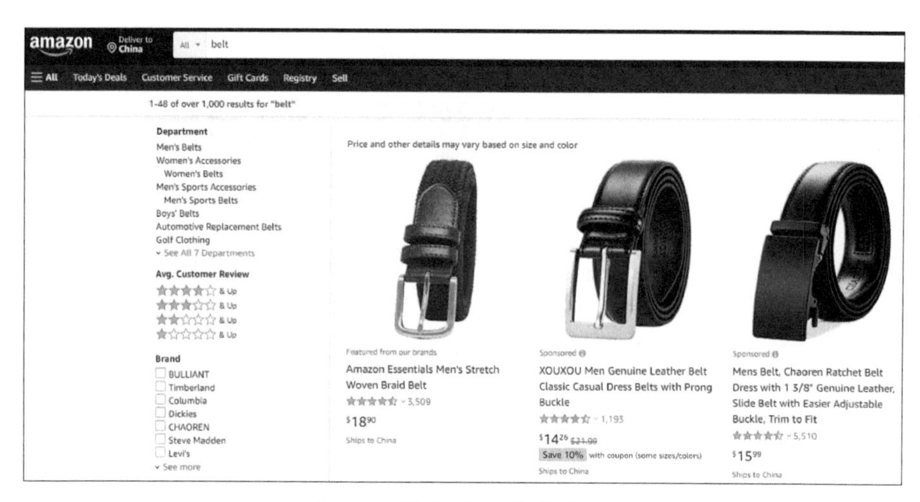

图 9-1　搜索“belt”的结果

有的卖家可能会觉得，亚马逊跨境电商平台会根据用户搜索的关键词，将销量相对较高的商品优先推荐给用户。如果自己的商品刚上架或者销量不太高，就很难在搜索结果中被用户看到了。对此，卖家可以采取一个策略，以增加商品被用户看到的概率，即向亚马逊跨境电商支付一定的推广费用打广告。

图9-2所示为搜索“men’s clothing（译为：男装）”显示的部分结果。可以看到，这些商品的介绍信息中都显示了“Sponsored（译为：赞助商，这里可以理解

为“广告”）”。也就是说，这些商品都是通过向亚马逊跨境电商支付一定的费用进行营销推广的。

图 9-2　搜索“men’s clothing”显示的部分结果

另外，为了增加商品的搜索曝光率，卖家要尽可能地在商品标题中体现出核心关键词。例如，当卖家向欧美国家销售遮阳帽时，可以将遮阳帽的英语单词（即sun hat）添加到商品标题中。否则，当买家搜索“sun hat”时可能看不到你的商品，即便看到了你的商品，买家也可能会因为你没有在商品标题中添加“sun hat”这个关键词，而质疑商品的遮阳能力。

图9-3所示为某遮阳帽的商品详情页，可以看到，该商品的标题中并没有添加“sun hat”这个关键词。这样一来，买家看到该商品的标题后，就可能不会选择查看该商品了。

图 9-3　某遮阳帽的商品详情页

9.1.2 商品的关联流量

在商品的销售页面中，有时会出现商品的关联销售版块。如果卖家的商品出现在这些关联销售版块中，那么只要用户点击查看店铺中的商品，卖家便可以获得一定的流量。下面将介绍商品销售页面中常见的关联销售版块。

1. Buy it with

“Buy it with（译为：一起购买）”版块主要是将一款商品与其他关联商品组合在一起进行销售，如图9-4所示。

图 9-4 “Buy it with”版块

通常来说，“Buy it with”版块中的几种商品具有较强的关联性，许多用户都会同时购买其中的几种商品。而且因为组合在一起销售往往比单独购买更便宜一些，所以很多用户都会查看，甚至购买该版块中的相关商品。因此，只要卖家的商品出现在该版块中，卖家的店铺便可获得一定的流量。

2. Frequently bought together

“Frequently bought together（译为：经常一起购买）”版块主要是将其他买家经常一起购买的几款商品进行组合销售，如图9-5所示。

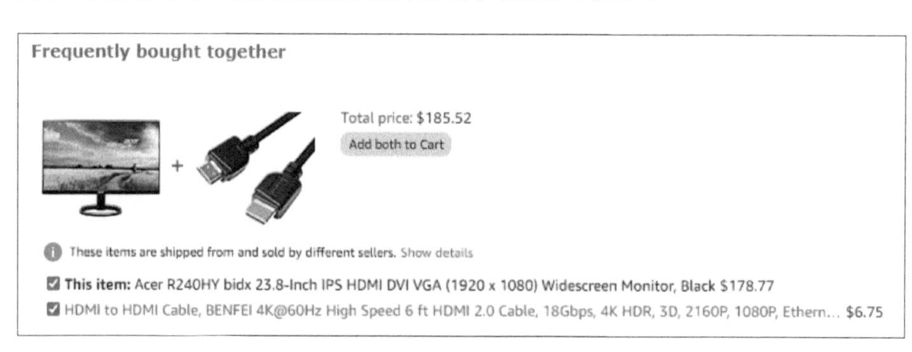

图 9-5 “Frequently bought together”版块

通常来说，“Frequently bought together”版块可以看作是将几款商品进行捆绑销售，而且是将主要商品和配件搭配。因为这几款一起销售的商品联系比较强，卖家一般都需要购买，并且它们组合销售的价格比单买便宜，所以该版块中销售的商品还是比较受买家欢迎的。

对此，卖家在销售商品时，也可以通过“Frequently bought together”版块对商品进行捆绑销售，通过适当控制商品捆绑销售的价格，来增加店铺的流量和买家的购买意愿。

3. Products related to this item

“Products related to this item（译为：与此商品相关的商品）”版块中会展示与销售页面中主要介绍的商品相关的商品，如图9-6所示。

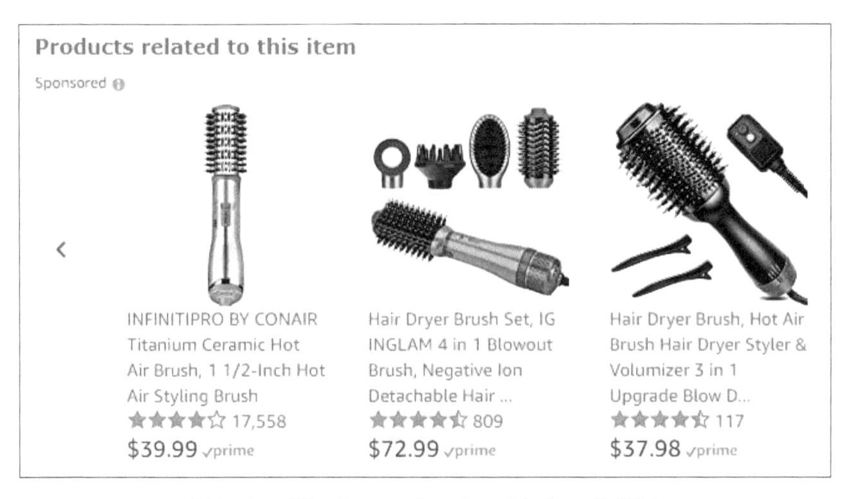

图 9-6　“Products related to this item”版块

和“Buy it with”版块中的商品一样，“Products related to this item”版块中的商品同样具有较强的联系。不同的是，“Buy it with”版块中的商品是组合销售的，而“Products related to this item”版块中的商品是需要单独进行购买的。对于卖家来说，如果自家店铺中的商品出现在“Products related to this item”版块中，那么只要用户点击查看商品，卖家的店铺便可以直接获得流量了。

4. Compare with similar items

“Compare with similar items（译为：同类商品对比）”版块中会列出销售页面中主要介绍的商品的几款同类商品，并从Customer Rating（客户评级）、Price（价格）、Sold By（经销商为）和Color（颜色）等角度对这几款商品进行对比，如图9-7所示。

通常来说，“Compare with similar items”版块中的商品是可以互相替代的，只是每款商品有特定的优势和不足，而用户则会通过该版块中的对比信息选择更适合自己的商品。因为“Compare with similar items”版块中只是对特定几个方面的信息进行对比，而许多用户又想更全面地了解该版块中的商品，于是这些用户便会点击商品链接，查看商品的详细信息。这样一来，只要卖家的商品出现在“Compare with similar items”版块中，卖家的店铺便可以借此获得一定的流量。

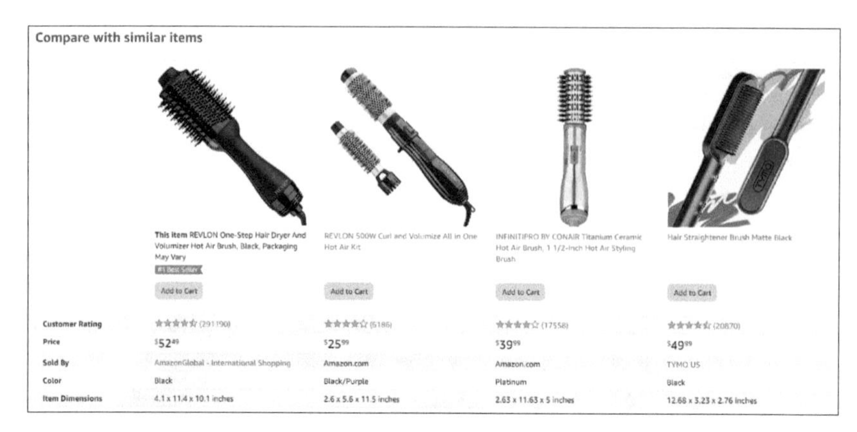

图 9-7 “Compare with similar items”版块

5. Related to items you’ve viewed

“Related to items you’ve viewed（译为：与您已查看的商品相关的商品）”版块中会根据用户的浏览历史为用户推荐商品。例如，当用户最近多次查看男装短袖时，“Related to items you’ve viewed”版块中便会自动为用户推荐几款男装短袖，如图9-8所示。

图 9-8 “Related to items you’ve viewed”版块

通常来说，只有用户持续查看某种商品时，商品销售页面中才会出现"Related to items you've viewed"版块。而且如果卖家想通过该版块获得流量，就必须保证自己店铺中的相关商品获得了一定的销量，并且口碑比较好。只有这样，亚马逊跨境电商平台才会将相关商品展示在"Related to items you've viewed"版块中。

6. Featured items you may like

"Featured items you may like（你可能喜欢的精选商品）"版块中会根据用户的浏览和购买信息，列出平台中口碑相对较好、用户可能感兴趣的相关商品。例如，当用户持续在亚马逊跨境电商平台中查看男装短袖时，"Featured items you may like"版块中便会为用户推荐精选的男装短袖，如图9-9所示。

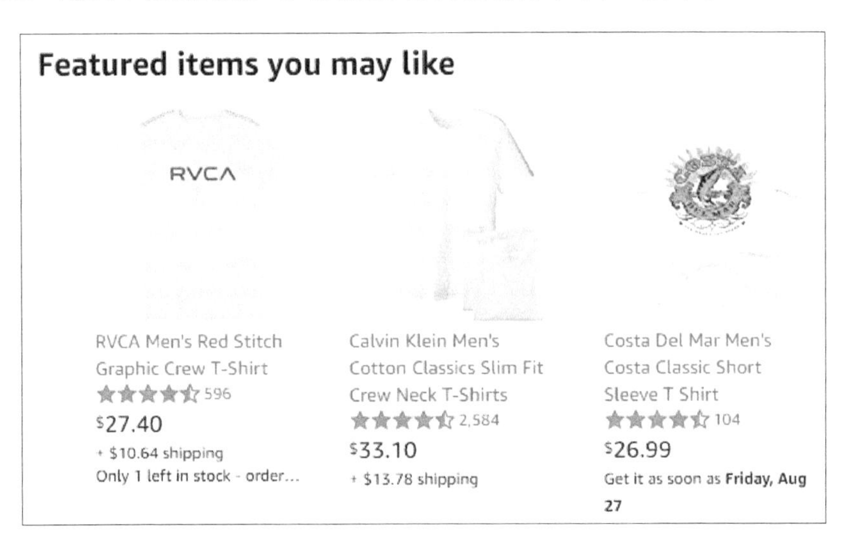

图 9-9　"Featured items you may like"版块

通常来说，卖家的商品要想通过"Featured items you may like"这个入口获得流量，那么卖家的商品需要满足两个条件：一是商品属于用户感兴趣的类目；二是商品的口碑比较好。只有这样，卖家的商品才有可能成为亚马逊跨境电商平台中的精选商品，并被推荐给具有购买需求的用户。

7. 4 stars and above

"4 stars and above（译为：4星以上）"版块会根据商品销售页面主要介绍的商品所属的类目，展示与之同类且平均星级在4星以上的商品。例如，用户在某款男装短袖的销售页面中，便有可能会看到该版块中列出的4星以上的男装短袖，如图9-10所示。

通常来说，卖家要想通过“4 stars and above”版块获得额外流量，就必须保证自家店铺中有商品能够满足两个条件：一是自家店铺中对应的商品与商品销售页面中主要介绍的商品属于同一个类目；二是自家店铺中的对应商品获得的平均星级超过4星。

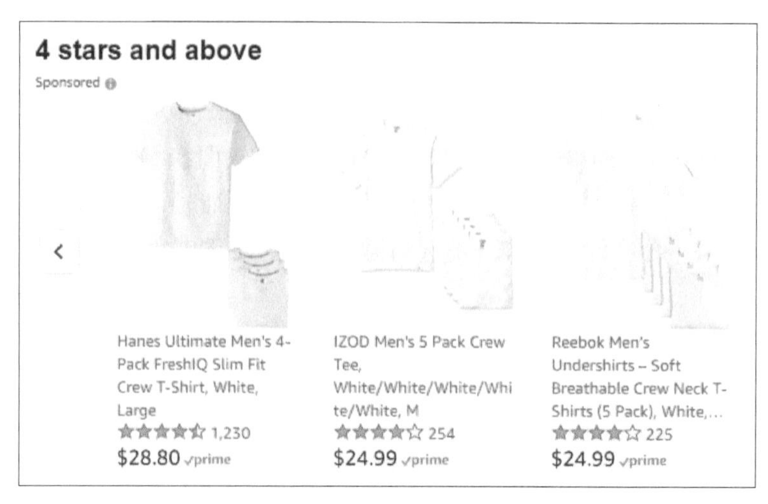

图 9-10 “4 stars and above”版块

9.1.3 Today’s Deals流量

“Today’s Deals（译为：今日特价）”是亚马逊跨境电商平台中的一个热门版块，亚马逊跨境电商平台会在该版块中展示许多特价商品。

具体来说，用户可以在亚马逊跨境电商平台的默认页面中单击“Today’s Deals”按钮，如图9-11所示。

图 9-11 单击“Today’s Deals”按钮

操作完成后，进入“Today’s Deals”的相关页面，查看当前的特价商品，如图9-12所示。

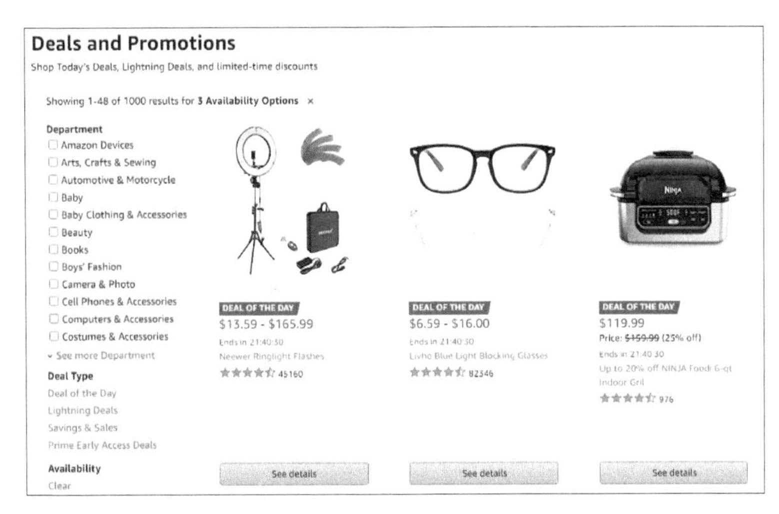

图 9-12　“Today’s Deals”的相关页面

如果买家对“Today’s Deals”相关页面中的商品感兴趣，可以直接单击商品所在的区域，前往其商品详情页查看商品信息，甚至直接进行购买。图9-13所示为图9-12中第3个商品的详情页面。

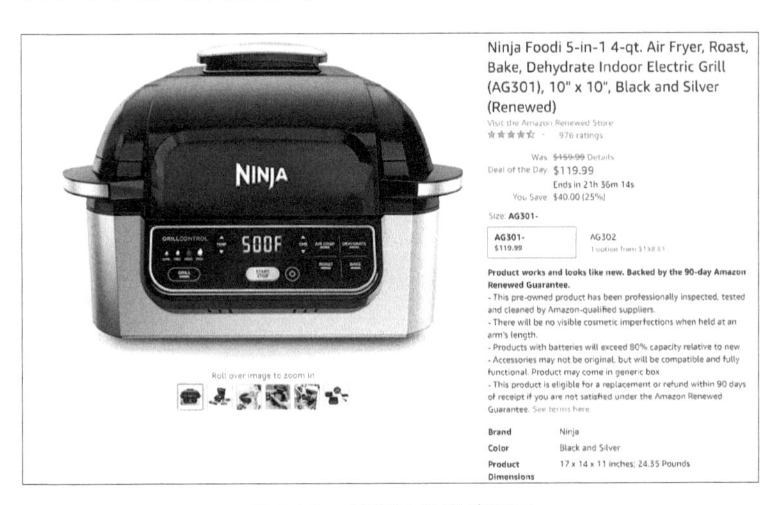

图 9-13　某商品的详情页面

正是因为“Today’s Deals”版块中展示的都是特价商品，所以许多用户都会时不时地查看该版块中的商品。对于卖家来说，如果自己的商品进入了该版块，便可以在当天获得大量的流量。

9.1.4 商品类目节点流量

部分用户会通过商品类目查看自己需要的商品，例如用户要想购买化妆品时，可能就会查看“Makeup（译为：化妆品）”这个类目。图9-14所示为“Makeup”类目的相关页面。

图 9-14 “Makeup”类目的相关页面

当该页面中有自己感兴趣的商品时，用户便会点击商品介绍信息所在的区域，进入商品的销售页面。例如，当用户单击图9-14中第一个商品所在的区域时，便可进入该商品的销售页面，如图9-15所示。这样一来，销售该商品的卖家便可借此获得一定的流量了。

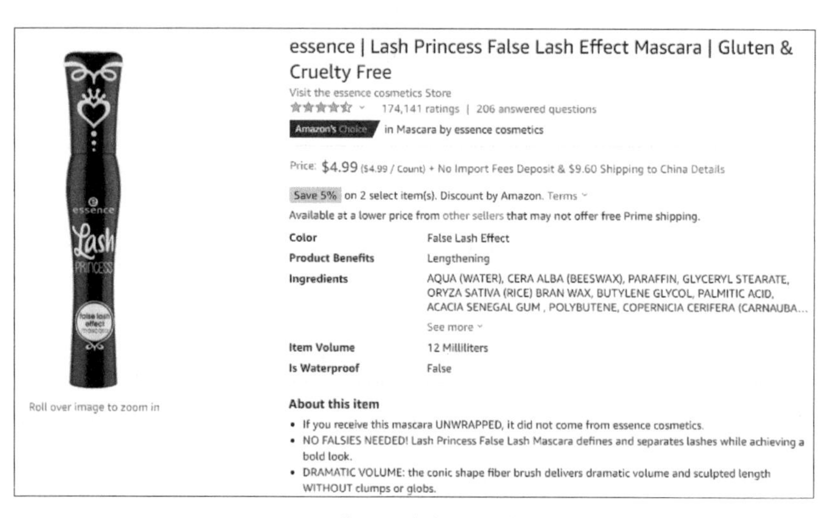

图 9-15 进入对应商品的销售页面

9.1.5　商品销量榜单流量

部分用户会觉得销量是衡量商品质量的一个重要因素，因此这部分用户会重点查看商品销量榜单中的商品。图9-16所示为“Best Sellers in Beauty & Personal Care（译为：美容和个人护理销售排行榜）”的相关页面。

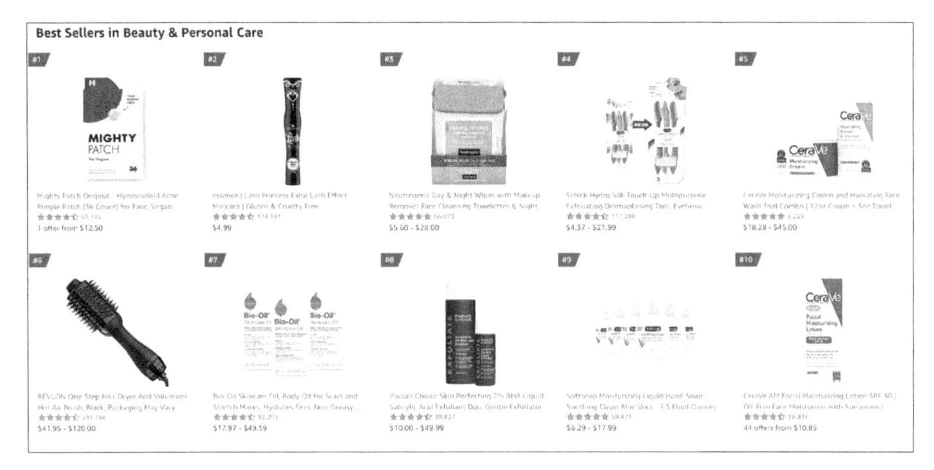

图 9-16　“Best Sellers in Beauty & Personal Care”的相关页面

看到销售排行榜后，许多用户会重点查看榜单中排名靠前的商品。例如，用户单击图9-16中排名第一的化妆品所在的区域，便可进入该化妆品的销售页面，如图9-17所示。

图 9-17　某化妆品的销售页面

对于卖家来说，自家商品进入销售排行榜无疑便可获得大量的流量。当然，一款商品要想进入销售排行榜，就需要保障该商品获得较高的流量。而要想让一款商品获得较高的流量，卖家往往需要采取一些举措，如降价销售商品，让用户觉得此时购买商品比较划算。

需要特别说明的是，亚马逊的商品畅销榜每个小时都会更新。图9-18和图9-19所示分别为某天不同时间段的“Best Sellers in Hair Care Products（译为：护发商品畅销榜）”页面。可以看到，榜单中出现的商品还是有比较大的区别的。而对于卖家来说，要想通过商品畅销榜引流，还得通过一些举措提高商品的销量，如打折出售商品、限时特价秒杀等。

图 9-18　“Best Sellers in Hair Care Products”的相关页面（1）

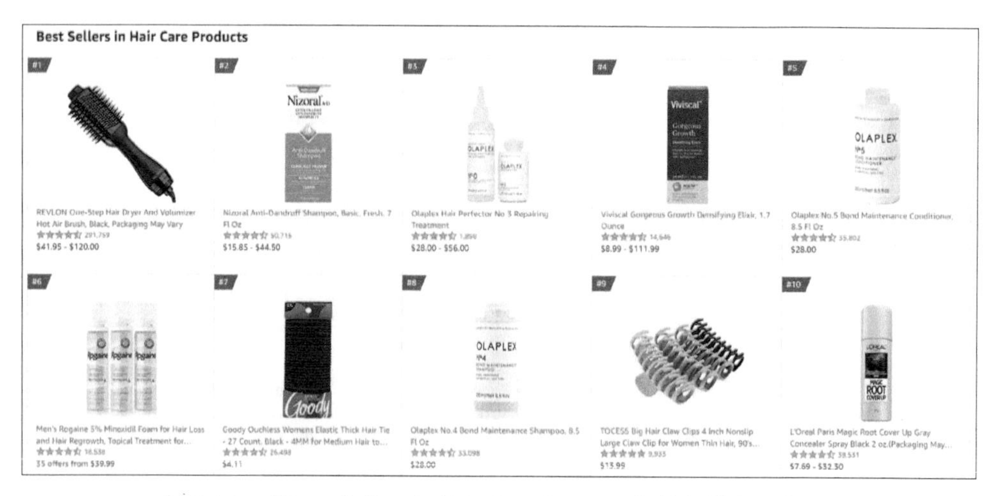

图 9-19　“Best Sellers in Hair Care Products”的相关页面（2）

9.2 通过社交软件引流

除了在亚马逊跨境电商站内进行引流，卖家和运营者还可以通过站外进行引流。本节将为大家介绍几种站外推广引流渠道，帮助大家快速吸引大量站外流量前往自家店铺中购买商品。

9.2.1 国外社交网站

很多人都会通过社交网站分享自己的生活和查看他人的动态，因此一些主流社交媒体上往往都聚集了大量的流量。对于卖家来说，如果能够借助这些社交媒体进行推广引流，便可让更多用户知道你的店铺的存在，为店铺获取大量的流量。

当然，由于需要将商品销售给境外消费者，而这些境外消费者很少会在国内社交媒体上活动，所以卖家和运营者需要重点在国外社交媒体上进行推广引流。具体来说，卖家和运营者可以在Facebook、Instagram、Twitter和YouTube上分享店铺和商品的相关信息，让境外消费者主动前往亚马逊查看并购买商品。

9.2.2 Deals网站

Deals（译为：交易）网站通常都会长期推出促销活动，也正因如此，这类网站往往会聚集大量忠实的顾客。而对于卖家来说，如果需要在短期内快速提高销量，并且让更多人知道你的店铺的存在，那么借助这类网站进行营销推广是一个不错的选择。

具体来说，卖家可以根据自身开设店铺所在的站点选择Deals网站进行引流推广。以亚马逊美国站为例，卖家可以选择在Kinja、Slickdeals和Deals News等网站上进行引流推广。

9.2.3 搜索网站

许多人都会通过搜索网站查找相关信息，因此一些知名搜索网站上通常都会拥有大量的流量。因此，对于卖家来说，知名的搜索网站也是一个重要的推广引流渠道。

例如，卖家可以支付一定的费用在Google上做广告推广，让用户在搜索相关信息时，能够看到你的店铺和商品信息。这样一来，许多想要购买相关商品的用户可能就会前往你的店铺购物了。

第 10 章
打造爆款商品

对于卖家来说，要想提高变现收益，就得想办法提高商品的销量，甚至是把商品打造成爆款。那么，卖家要如何做才能将自己的商品打造成爆款呢？本章笔者就为大家介绍一些打造爆款商品的技巧。

10.1 掌握实用选品技巧

选品是有技巧的，只要掌握了技巧，卖家就能快速找到具有爆款潜力的商品。本节将为大家介绍选品的一些技巧，让大家能够找到更多爆款商品。

10.1.1 亚马逊选品的要点

在做亚马逊选品时，卖家需要掌握以下5个要点。

1. 选品范围要广泛

卖家，特别是新手卖家，在选品时可以将商品的类目放得广泛一些，这样卖家不仅能够熟悉更多的类目和商品，还能发现更多有爆款潜力的商品。卖家只需从中选择自己感兴趣的、有市场潜力的商品进行销售，就能打造出爆款商品。

2. 专业知识要掌握

在选品时，卖家需要掌握相关的专业知识，知道选择某种商品时要重点关注哪几个要点。这样卖家在选品时就会更加有的放矢，而根据这些要点选择的商品也具有更强的竞争力。这也相当于是卖家先对商品进行筛选，把自己认为有成为爆款潜力的商品先选出来。

3. 对商品要精挑细选

卖家要亲自参与选品，对商品进行精挑细选。有需要时，卖家还应该亲身试用商品，并根据自己的体验选择更符合自身需求的商品。这样选出来的商品整体质量会比较高，也更能满足用户的需求。

4. 要懂得坚持和重复

选品看似只是选择商品，然后上架进行销售。但是，这其中有很多学问，卖家很难一下就选中爆款商品。因此，在选品时，卖家还需要长期坚持、反复甄选，并在此基础上积累经验。这样，卖家选品的经验会越来越丰富，选出爆品的眼光也会越来越准确。

5. 要立足数据分析

人们在看待一件事时，通常都会带有主观因素，选品也是如此。很多卖家在选品时会因为自己喜欢就觉得商品肯定会成为爆款。其实，一款商品能否成为爆款，完全可以用数据来说话。在选品时，卖家完全可以结合商品的数据表现来判断其成为爆款的潜力。

10.1.2 亚马逊选品“三板斧”

很多人都知道阿里巴巴的管理“三板斧”：揪头发、照镜子、闻味道。其实，这“三板斧”在亚马逊选品时同样也适用，下面就来具体进行分析。

1. “揪头发”

所谓“揪头发”，简单来说，就是揪着头发进行思考，不顾自身的形象，为了自己的目标全力、全面地进行思考。

很多卖家不知道如何进行选品，此时便可以“揪头发”，对市场上相关的商品一一进行筛选，充分考虑这些商品的优势和不足。这样做可以很直观地把握各商品的优缺点，快速、精准地找到表现更好的商品。

2. “照镜子”

所谓“照镜子”，就是寻找主要竞争对手，并将对手作为自己的镜子，将自己作为对手的镜子，进行对比分析，了解各自的优势和不足。

这样做不仅可以快速看到自身的优势和不足，还能学习和借鉴对手的长处。反映到选品上，就是能够发现自身选品过程中做得好的地方和做得不好的地方，并学习竞争对手在选品上的经验。或者说是了解自身所选商品的优缺点，以及该商品与竞争对手的商品相比有哪些优缺点。

3. “闻味道”

所谓“闻味道”，就是通过对自身情况进行分析，了解自身的实际情况，并对自身进行反思和复盘，从而让自己的“味道更好闻”（反映在选品上，就是让所选的商品被更多用户喜欢）。

“闻味道”可以理解成对选品的总结和分析。对于卖家来说，选品是一个需要长期做的工作，而通过“闻味道”总结经验，则可以不断提高自身的选品能力，让选品更加精准，从而找到更多爆款商品。

10.1.3 亚马逊选品的常用方法

在做亚马逊选品时，卖家要掌握一些方法。本节将为大家介绍亚马逊选品的常用方法，让大家可以快速选到有可能成为爆款的商品。

1. 数据选品法

数据选品法是指卖家设定一定的数据门槛，然后选择达到该门槛的商品进行销售。在使用这种方法选品时，卖家需要对商品的关键数据进行评估，了解商品成为爆款的潜力。卖家不仅可以在销售商品之前用数据选品法对所要销售的商品进行评估，还可以在商品销售过程中对商品的受欢迎程度进行评估，选择更有可能成为爆款的商品进行重点销售。

2. 排行榜选品法

排行榜选品法是指通过排行榜查看受用户欢迎的商品，然后据此确定选品思路。通常来说，排行榜，特别是销售排行榜上的商品，往往都具有成为爆款的潜力。查看排行榜不仅能了解相关商品的销售情况，还能据此判断用户的购物偏好。具体来说，在亚马逊平台中，卖家可以通过以下步骤查看对应商品类目的销售排行榜。

步骤 01 进入亚马逊平台中星级数较高的商品的销售页面，滑动鼠标查看商品的基本信息，单击基本信息中相关排名后方的类目链接，如图10-1所示。

图 10-1　单击基本信息中相关排名后方的类目链接

步骤 02 进入“亚马逊销售排行榜”页面，即可查看该类目的销售排行榜。如果卖家要查看其他类目的排行榜，可以单击菜单栏中的类目链接，如图10-2所示。

图 10-2　单击菜单栏中的类目链接

步骤 03 操作完成后，即可查看对应类目的销售排行榜，如图10-3所示。

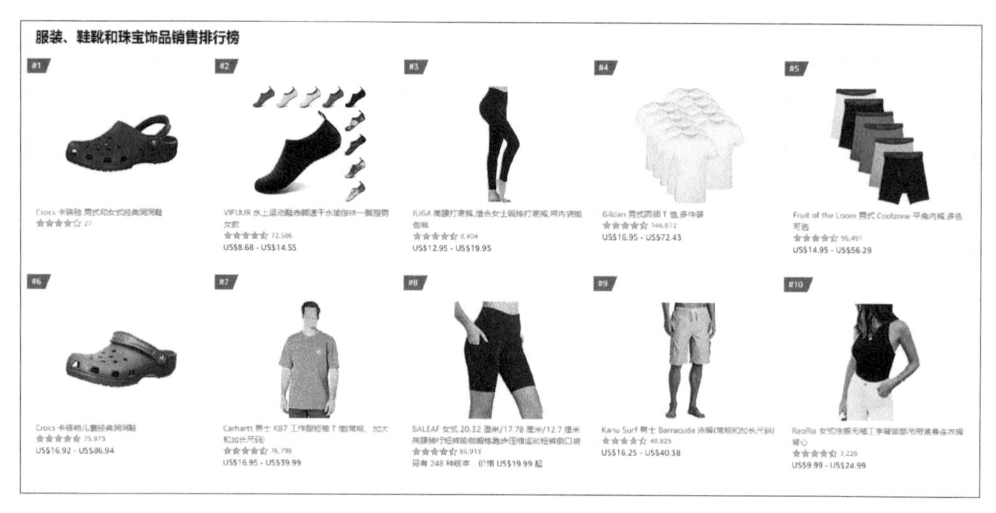

图 10-3　对应类目的销售排行榜

步骤 04 滑动鼠标，即可在销售榜第6至第10名的下方，看到该类目的“新品排行榜”和“销售飙升榜”链接。卖家可以单击链接查看对应的排行榜。例如，单击“新品排行榜”链接，如图10-4所示。

图 10-4　单击“新品排行榜”链接

步骤 05 操作完成后，即可查看对应类目的新品排行榜，了解该类目受欢迎的商品，如图10-5所示。

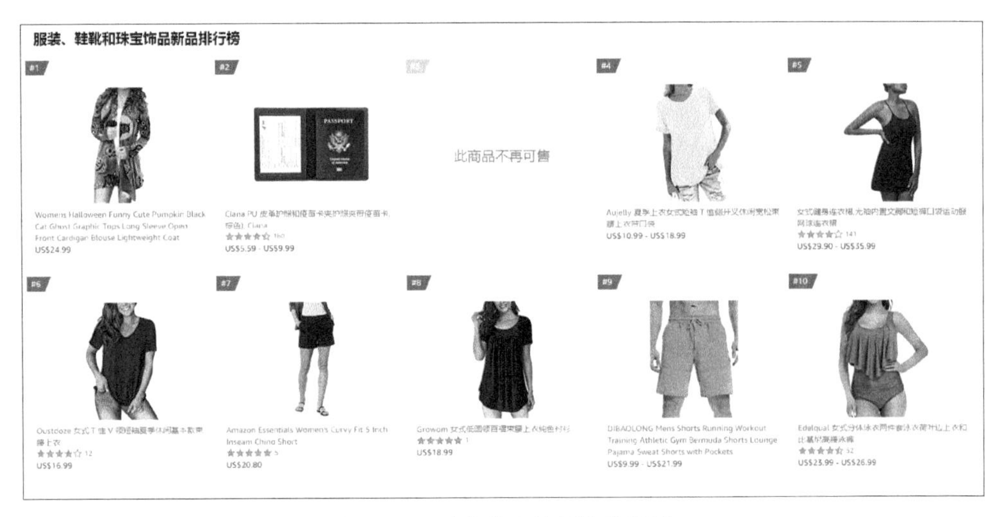

图 10-5　对应类目的新品排行榜

步骤 06　当然，卖家也可以单击图10-4中的“销售飙升榜”链接，查看对应类目的销售飙升榜，如图10-6所示。

图 10-6　对应类目的销售飙升榜

3. 店铺观察法

店铺观察法是指查看优秀店铺，特别是优秀同类店铺销售的商品，然后据此进行选品，做好商品布局。通过对优秀同类店铺的观察，卖家可以快速了解主要竞争对手销售的商品，从而找到可以与之抗衡的商品。具体来说，卖家可以通过以下步骤查看他人店铺中销售的商品。

步骤 01　进入优质同类商品的详情页面，单击“卖家”后面的链接，如

图10-7所示。

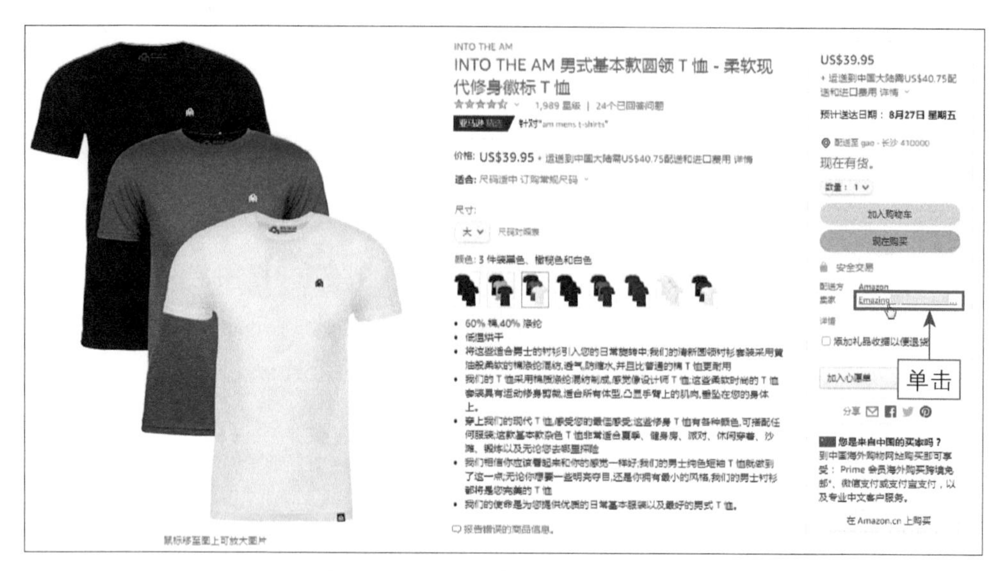

图 10-7 单击“卖家”后面的链接

步骤 02 进入优秀同类店铺的评估页面，单击页面中的“商品”按钮，如图10-8所示。

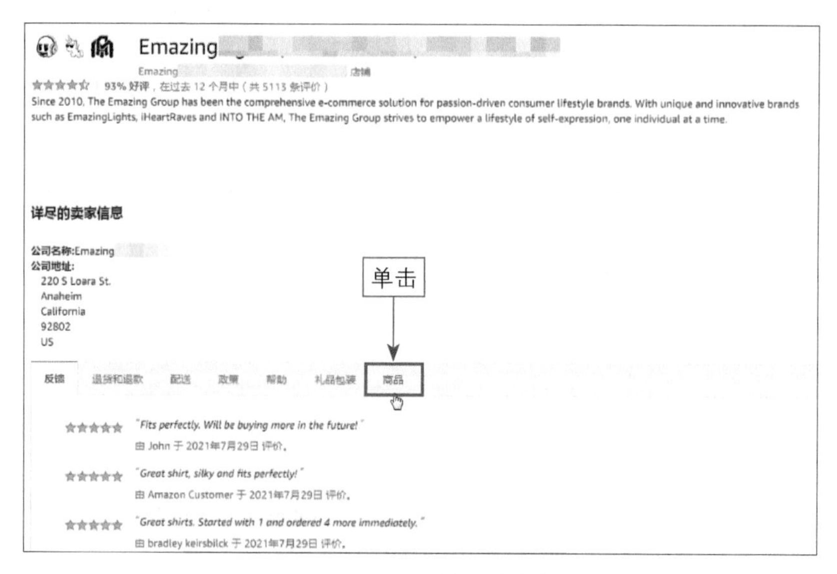

图 10-8 单击“商品”按钮

步骤 03 操作完成后，即可在该店铺的商品列表中查看店铺所售商品的相关信息，如图10-9所示。

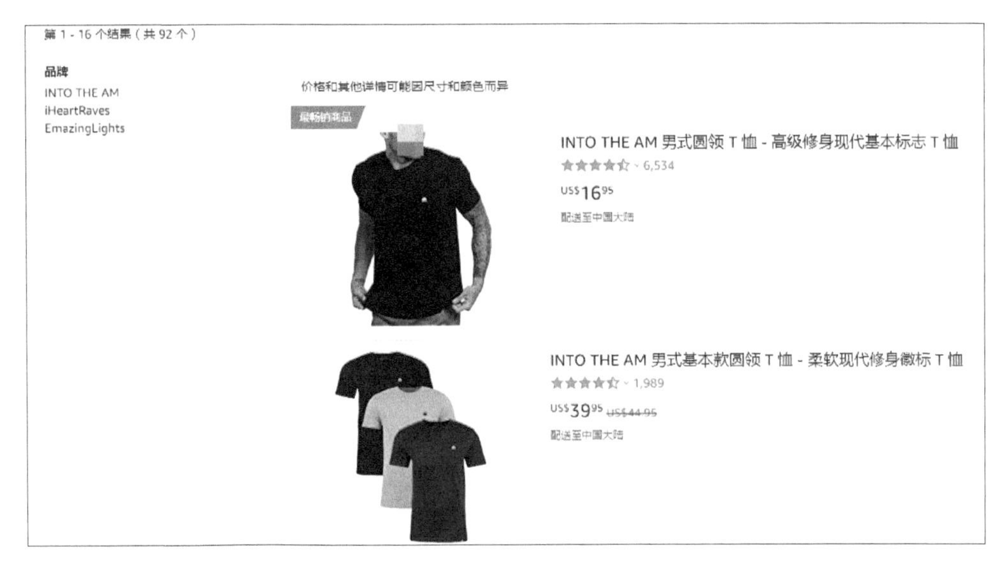

图 10-9　店铺的商品列表

4. 类目精选法

类目精选法是指卖家确定要销售某个类目的商品后，查看该类目的具体子类目，并选取其中具有成为爆款潜力的商品进行销售。当然，在使用这种方法选品时，卖家需要先了解亚马逊平台中对应类目包含的子类目。具体来说，卖家可以通过以下步骤查看亚马逊平台中对应类目包含的子类目。

步骤 01　进入亚马逊官网的默认页面，单击页面左上方的“全部”按钮，如图10-10所示。

图 10-10　单击“全部”按钮

步骤02 操作完成后，页面左侧会打开一个下拉列表框。选择“全部商品分类”版块下方的商品分类，如“计算机”，如图10-11所示。

图 10-11 选择“全部商品分类”版块下方的商品分类

步骤03 操作完成后，即可看到对应商品分类包含的类目。图10-12所示为“计算机”包含的类目。

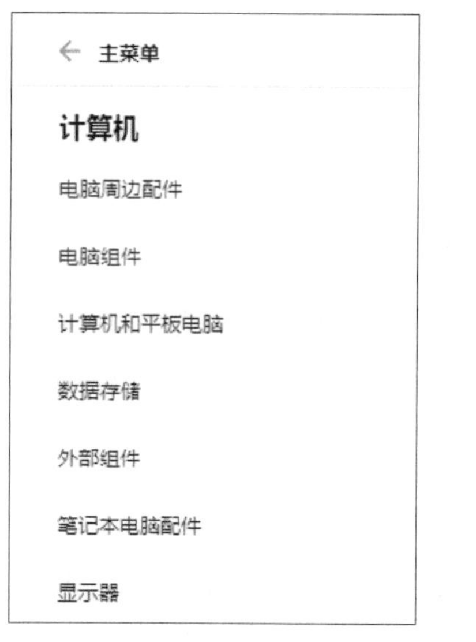

图 10-12 “计算机”包含的类目

步骤04 卖家可以选择图10-12中的某个类目，查看其包含的子类目。例如，选择图10-12中的“电脑周边配件”选项，便可查看“外设产品”的子类目及相关的在售商品，如图10-13所示。

图 10-13　“外设产品”的子类目及相关的在售商品

5. 网站选品法

网站选品法是指通过货源网站选取适合的商品，或者有成为爆款潜力的商品进行销售。目前，亚马逊卖家常用的货源选品网站为1688网，卖家可以通过以下步骤在该网站上选取要销售的商品。

步骤 01 进入1688网的官网默认页面，单击页面中的“跨境专供”按钮，如图10-14所示。

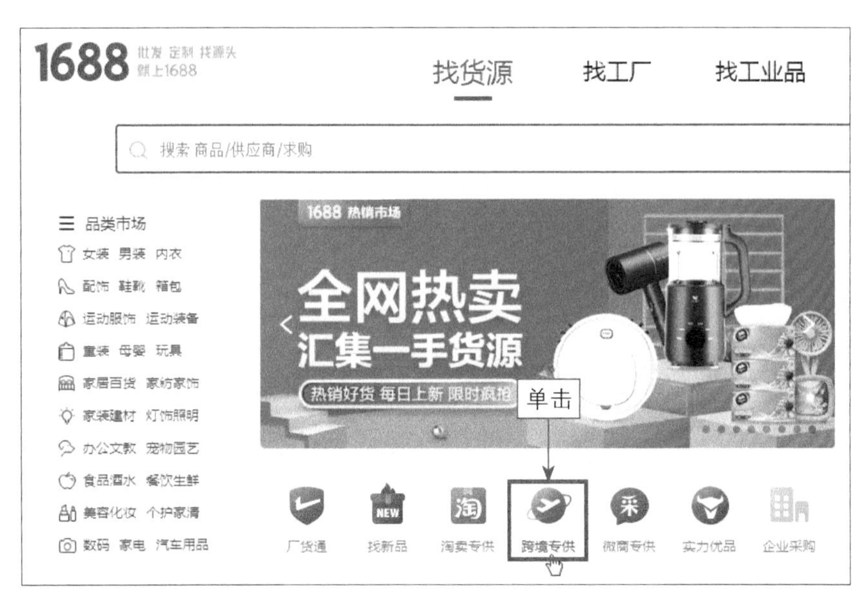

图 10-14　单击“跨境专供”按钮

步骤 02 操作完成后，进入1688网的“跨境专供”页面，如图10-15所示。卖家可以在页面搜索栏中输入关键词，并单击“搜索”按钮，查找对应商品的货源。例如，在搜索栏中输入“电脑”并单击“搜索”按钮，便可以在搜索结果中看到电脑类商品共有1030585件，如图10-16所示。

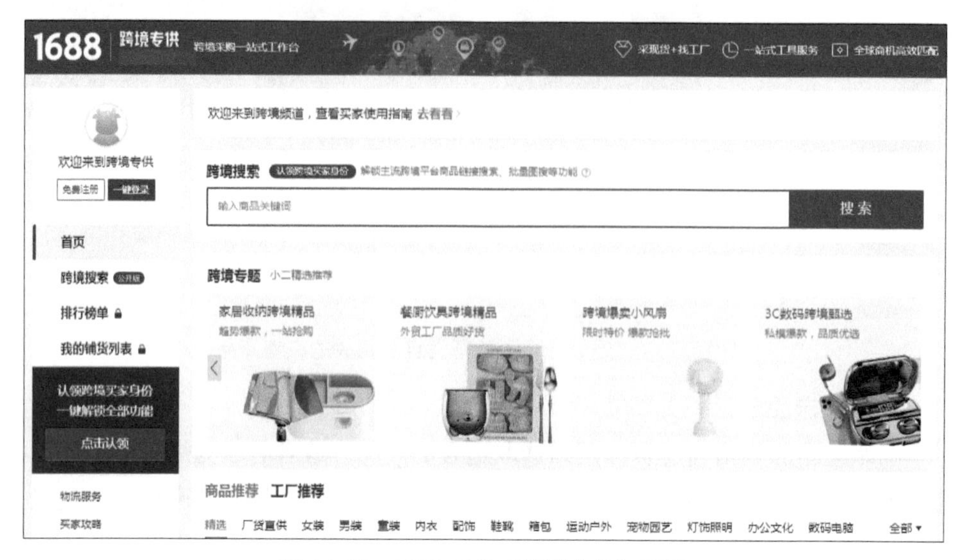

图 10-15　1688 网的“跨境专供”页面

图 10-16　电脑类商品的搜索结果

步骤 03 卖家还可以在搜索结果中选择商品信息的相关选项，对商品进行筛选。例如，在电脑类商品的搜索结果中选择“15.6英寸”“独立显卡”“国产”，系统便会自动筛选符合要求的商品，如图10-17所示。

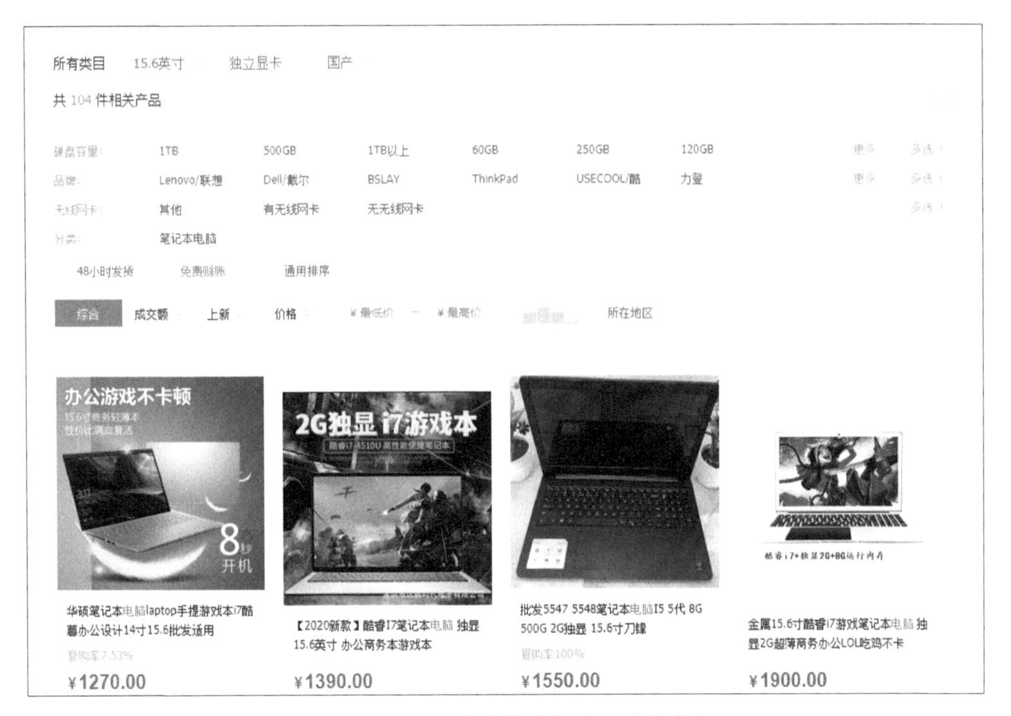

图 10-17　系统自动筛选符合要求的商品

6. 社交选品法

社交选品法是指通过社交媒体查看商品的热度，并选择其中热度相对较高的商品进行销售。

需要特别说明的是，由于是通过亚马逊跨境电商平台将商品销售给外国消费者，所以通过这种方法选品时卖家不能通过微信、抖音、快手和QQ等国内社交网站评估商品的热度，而要重点查看Facebook、Instagram、Twitter和YouTube等国外影响力较大的社交平台中商品的热度。

7. 供应商谈判法

供应商谈判法是指卖家通过与供应商谈判，让供应商按照自己的要求生产商品，从而让商品更加符合自身的要求，增加商品成为爆款的可能性。通常来说，当卖家对商品有特定的要求时，可以采用供应商谈判法进行选品。

当然，大部分卖家，特别是新手卖家在与供应商沟通的过程中往往处于相对被动的地位，他们只能选择供应商提供的商品。如果卖家要想与供应商谈判，就要提高采购量及自身的影响力。因为只有这样，供应商才会考虑满足卖家的要求。

10.1.4 新手选品应遵循的原则

新手卖家在选品时要遵循一定的原则，这样可以规避因选品不当而遭受损失。具体来说，新手选品时应遵循以下几个原则。

1. 选择重量轻、体积小的商品

通常来说，商品的重量越重，卖家需要支付的物流成本就越高。因此，新手卖家在选择商品时，应该选择重量相对较轻的商品，有需要的卖家甚至可以尽量选择重量低于500g的商品，这样可以有效地控制物流成本。

另外，很多卖家都是将采购的商品直接放置在仓库中。如果选择体积相对较小的商品，那么相同数量的商品只需租赁较小的仓库即可，这样可以有效地控制仓库的租金成本。

2. 选品要重点考虑利润空间

许多人之所以选择运营亚马逊跨境电商，就是希望能够借此获得一定的收益。因此，卖家在选品时应重点选择利润空间相对较大的商品。这样卖家每卖出一单都能获得较为可观的收益，而且卖家即便为了吸引用户下单进行降价销售，也能保证有足够的降价空间。

3. 选品要考虑商品的市场容量

商品的市场容量是指一定时间内市场能够吸纳这种商品的数量，它能从一定程度上反映市场的需求情况。在选品时，卖家应该尽量选择市场容量较大的商品。如果商品的市场容量太小，那么商品上架后的购买量就很难上去，卖家的商品将会大量积压在仓库中。

4. 选品要尽量规避商品侵权

亚马逊跨境电商平台非常重视版权，如果卖家销售的商品侵犯了知识产权，那么商品将会被迫下架，这样一来商品将无法在亚马逊中进行销售。因此，卖家在选品时要尽量规避商品侵权。

5. 尽量不要选择销售敏感货

敏感货主要是指液体状、粉末状，或者带电、磁和异味的商品。许多物流服务商都拒绝运输敏感货，如果卖家要销售敏感货，那么就需要寻找专门的物流服务商，而且需要花费的物流成本也会比较高。因此，如无必要，卖家还是尽量不要选择销售敏感货。

6. 尽量不要选择需要审核的类目

在亚马逊跨境电商平台中，有一些类目的商品是需要进行审核的，如果审核未能通过就不能上架进行销售，而这些商品的审核通过率又不是100%。因此，为了避免因为审核不通过而造成商品积压，卖家还是尽量不要选择销售这些需要审核的商品类目比较好。

7. 尽量不要选择被垄断的类目

有的卖家，特别是品牌卖家，入驻亚马逊跨境电商平台的时间比较长，在该平台上获得了大量的忠实顾客。因此，其销售的商品类目就形成了垄断，大部分用户都会选择购买该店铺的商品。对于这样的商品类目，卖家最好不要选择进行销售，因为即便你上架了商品，可能销量也很难上去。

8. 尽量少选节日或季节性商品

有的商品只有在某个节日或某个季节的需求量比较大，卖家应该控制这类商品的采购量，不要一次性采购太多。否则，一旦最佳销售时间过去了，可能即便降价也很难销售出去。这样一来，势必会造成商品的大量积压。

10.2 用好商品促销工具

与获得流量相比，卖家更想要获得销量。当然，在销量提升的同时，流量也会增加。卖家要想达到提升销量的目的，可以通过运用促销工具让更多用户看到你的商品，并产生购买的欲望，从而提升销量。

10.2.1 秒杀

大部分用户都希望以相对较低的价格购买到所需的商品，于是这部分用户会时不时地查看秒杀信息，并从中寻找自身需要的商品。在亚马逊电商平台中，用户可以通过以下步骤查看秒杀活动。

步骤 01 进入亚马逊电商的默认页面，单击“Deals & Promotions（优惠和促销）”版块中的“Shop now（现在购物）”链接，如图10-18所示。

步骤 02 操作完成后，进入“Deals and Promotions”页面，单击左侧菜单栏中的“Lightning Deals（特惠秒杀活动）”链接，如图10-19所示。

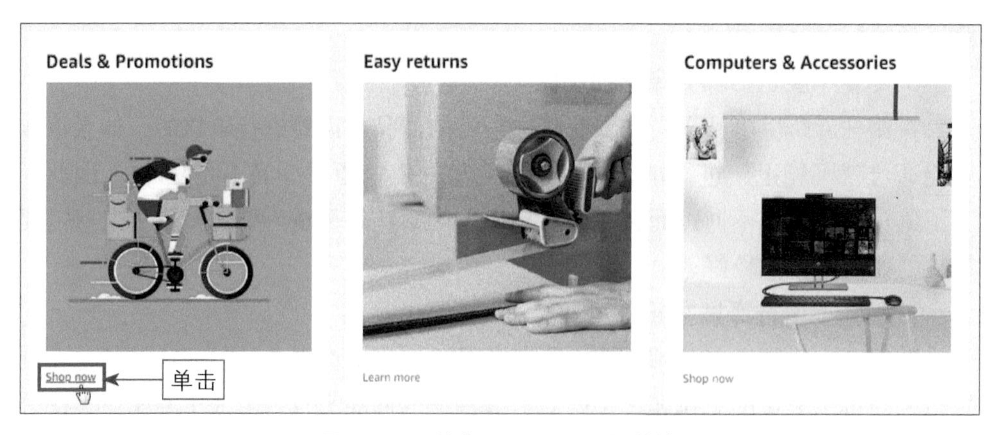

图 10-18 单击“Shop now”链接

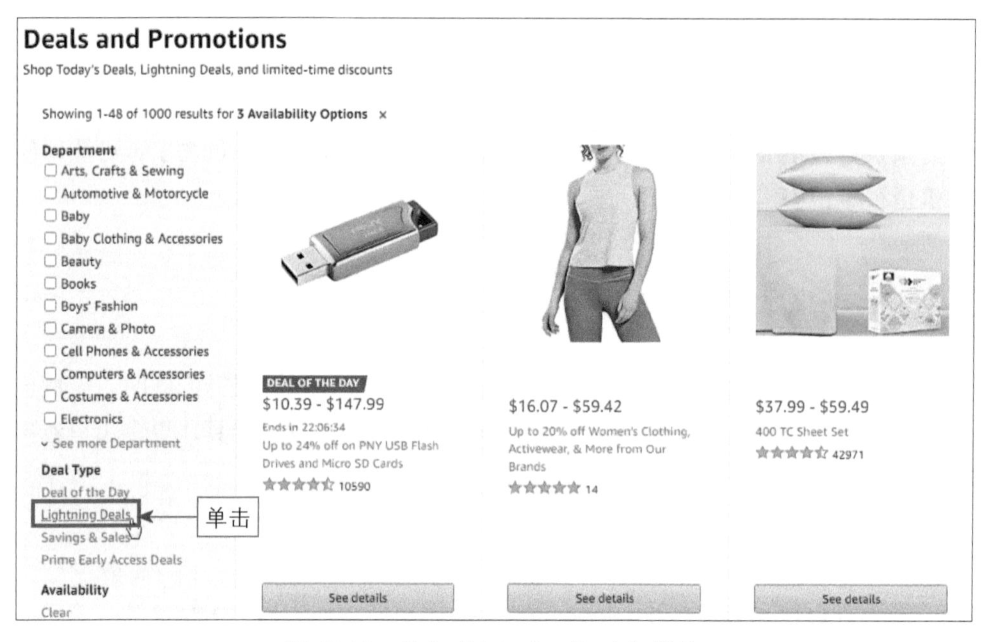

图 10-19 单击“Lightning Deals”链接

步骤 03 操作完成后，进入“Lightning Deals”的相关页面，可以看到，该页面中会展示一些限时秒杀商品，并且还会显示这些秒杀商品的“Claimed（已认购）”比例，如图10-20所示。正因如此，当看到已认购的比例越来越大时，部分用户为了买到对应的商品会更快下定购买的决心。

当然，这些秒杀活动中的商品信息需要卖家在后台中进行设置，具体操作步骤如下。

步骤 01 进入亚马逊跨境电商卖家后台的默认页面，将鼠标停留在页面上方菜单栏中的“广告”上，会打开一个下拉列表框，选择“秒杀”选项，如图10-21所示。

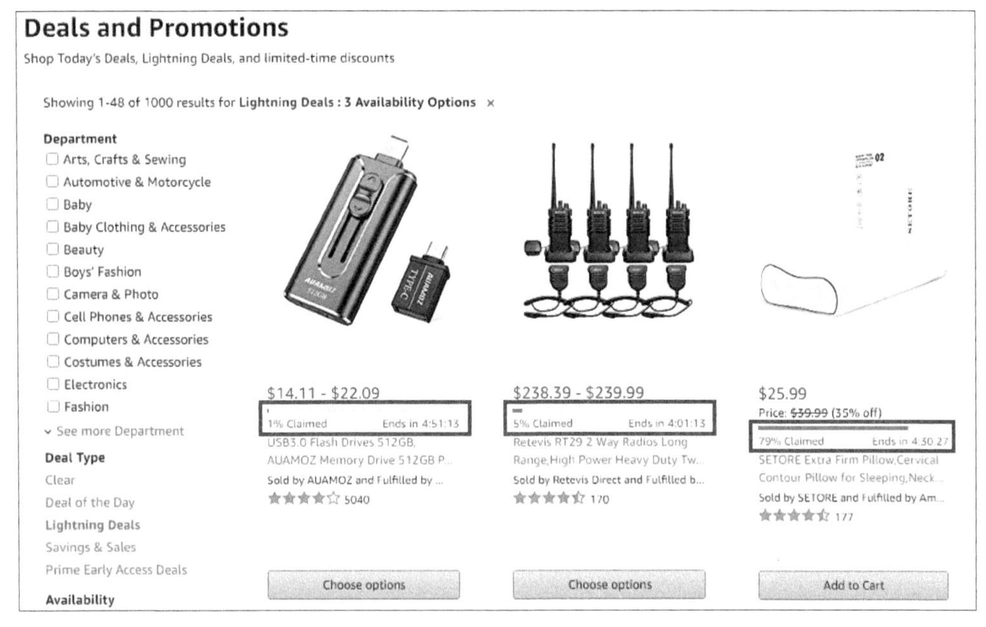

图 10-20　“Lightning Deals”的相关页面

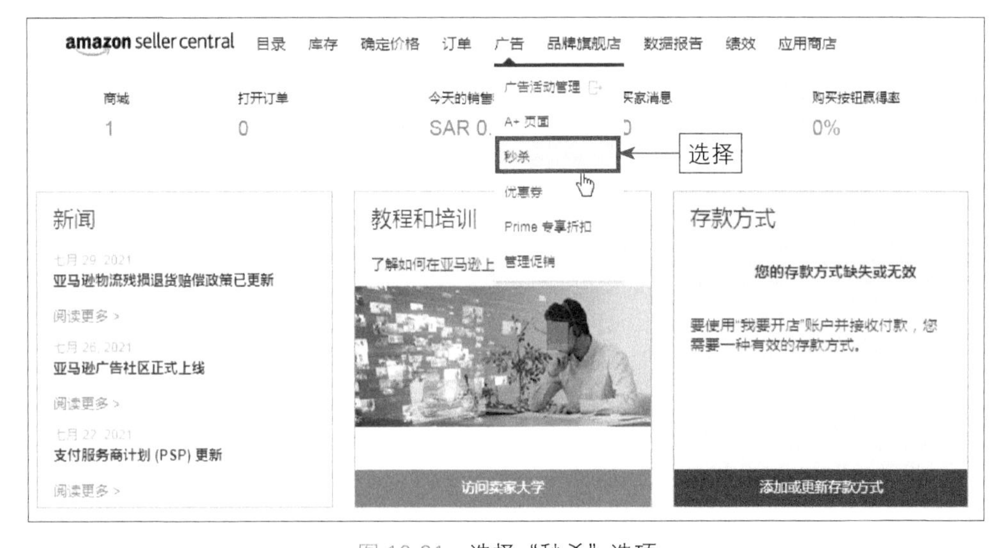

图 10-21　选择“秒杀”选项

步骤 02 操作完成后，进入“借助促销提升销量”页面，单击“创建新促销”按钮，如图10-22所示。

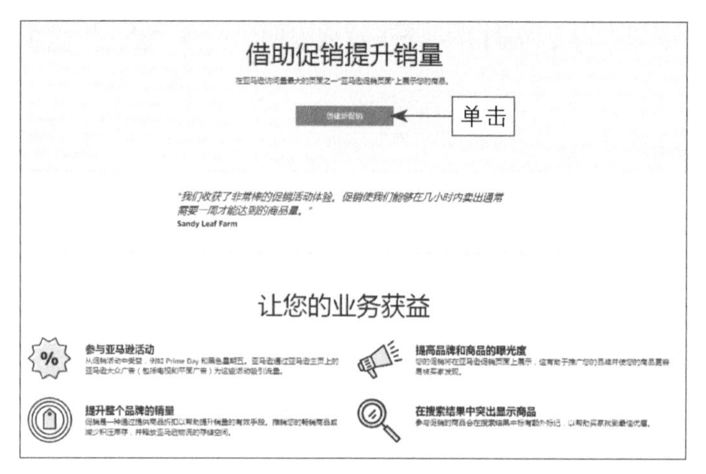

图 10-22　单击“创建新促销”按钮

步骤 03　操作完成后，进入“创建新促销”页面，如图10-23所示。可以看到，卖家只需在该页面中依次进行选择商品、安排促销、配置促销和查看并提交操作，便可提交商品秒杀信息。如果提交的信息通过了亚马逊的审核，那么对应的商品便会出现在秒杀活动中。

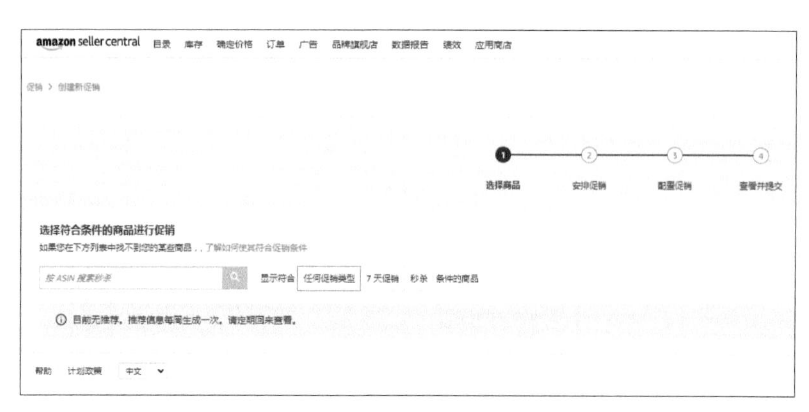

图 10-23　“创建新促销”页面

10.2.2　优惠券

亚马逊跨境电商平台上的优惠券主要有两种，一种是折扣优惠券，另一种是多买优惠券。图10-24所示为某商品的详情页面。可以看到，该商品采用的就是折扣优惠券，买家购买该商品，在结账时可以节省10%。另外，买家还可以单击“优惠券”后面的“详情”按钮，查看该优惠券的相关信息，如图10-25所示。那么，卖家如何设置优惠券呢？具体操作步骤如下。

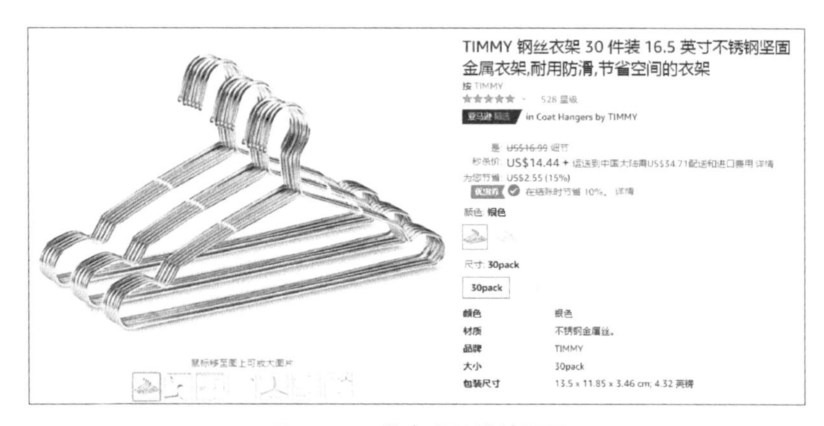

图 10-24　某商品的详情页面

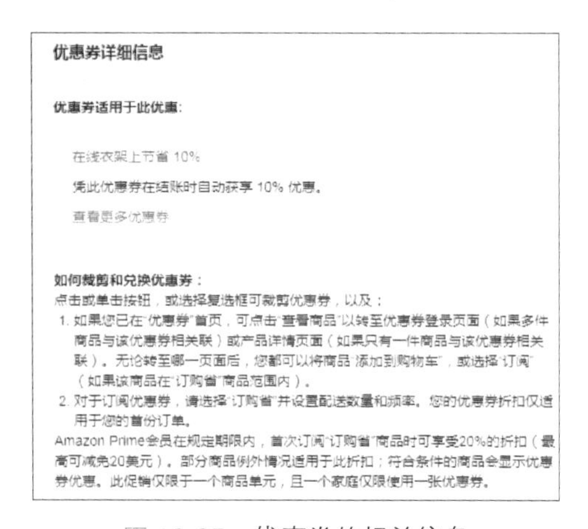

优惠券详细信息

优惠券适用于此优惠:

在线衣架上节省 10%

凭此优惠券在结账时自动获享 10% 优惠。

查看更多优惠券

如何裁剪和兑换优惠券：
点击或单击按钮，或选择复选框可裁剪优惠券，以及：
1. 如果您已在"优惠券"首页，可点击"查看商品"以转至优惠券登录页面（如果多件商品与该优惠券相关联）或产品详情页面（如果只有一件商品与该优惠券相关联）。无论转至哪一页面后，您都可以将商品"添加到购物车"，或选择"订阅"（如果该商品在"订购省"商品范围内）。
2. 对于订阅优惠券，请选择"订购省"并设置配送数量和频率。您的优惠券折扣仅适用于您的首份订单。

Amazon Prime会员在规定期限内，首次订阅"订购省"商品时可享受20%的折扣（最高可减免20美元）。部分商品例外情况适用于此折扣；符合条件的商品会显示优惠券优惠。此促销仅限于一个商品单元，且一个家庭仅限使用一张优惠券。

图 10-25　优惠券的相关信息

步骤01 在图10-21中选择"优惠券"选项，即可进入"优惠券"页面。单击页面上方的"创建您的第一个优惠券"按钮，如图10-26所示

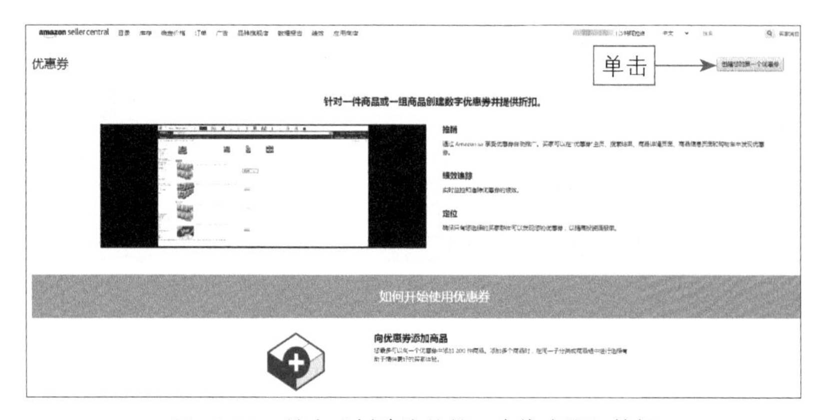

图 10-26　单击"创建您的第一个优惠券"按钮

步骤02 操作完成后，进入优惠券设置提示页面，如图10-27所示。卖家只需根据提示进行操作，便可设置商品优惠券。

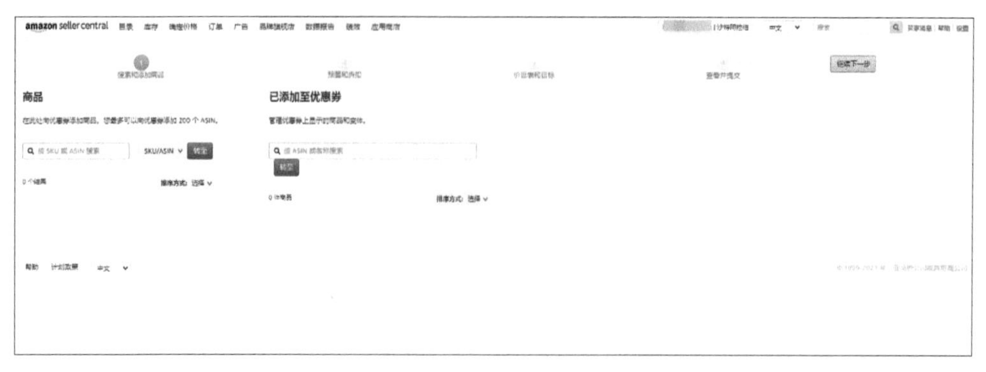

图 10-27　优惠券设置提示页面

10.2.3　Prime折扣

Prime折扣是指亚马逊跨境电商会员的专属折扣。具体来说，亚马逊跨境电商会员可以通过以下步骤查看有Prime折扣的商品。

步骤01 进入“Deals and Promotions”页面，单击左侧菜单栏中的“Prime Early Access Deals（译为：会员优先购）”链接，如图10-28所示。

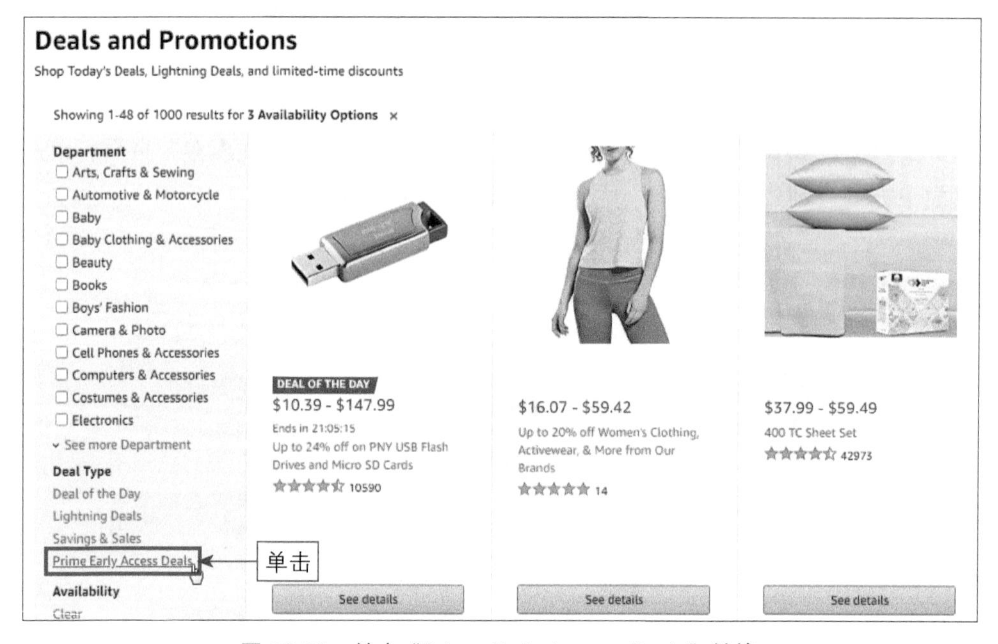

图 10-28　单击“Prime Early Access Deals”链接

步骤 02 操作完成后，即可进入“Prime Early Access Deals”的相关页面，查看会员优先享受折扣的相关商品，如图10-29所示。

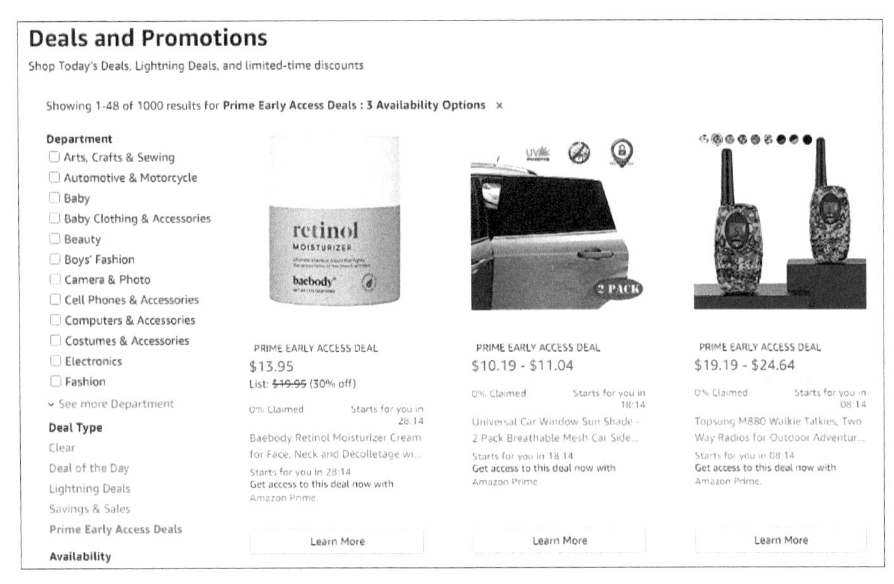

图 10-29　查看会员优先享受折扣的商品

那么，卖家如何设置Prime折扣呢？具体操作步骤如下。

步骤 01 在图10-21中选择“Prime专享折扣”选项，即可进入“Prime专享折扣”页面。单击页面中的“创建折扣”按钮，如图10-30所示。

图 10-30　单击“创建折扣”按钮

步骤 02 进入“创建Prime专享折扣”页面，如图10-31所示。卖家只需根据提示进行操作，便可设置会员专享折扣。

Prime 促销和折扣 > 创建 Prime 专享折扣

第 1 步，共 3 步： 输入折扣详情

您想如何命名此折扣？

折扣开始日期 YYYY/MM/DD 00 00

折扣结束日期 YYYY/MM/DD 23 59

折扣持续时间：00 天 00 小时 00 分钟

保存折扣详情 保存并添加商品

图 10-31 “创建 Prime 专享折扣”页面

10.2.4 购买折扣

购买折扣是指购买商品时可以获得一定的优惠（即商品在原价的基础上打折）。因为亚马逊跨境电商平台中有购买折扣的商品都会显示折扣力度、原价和折后价等信息，所以用户看到折扣和原价对比之后，会更愿意查看这类商品的信息，甚至直接进行购买。

图10-32所示为某商品的详情页面，可以看到，该商品的市场价（即原价）为149.99美元，秒杀价（即折后价）为99.99美元，也就是说用户此时购买该商品相当于节省了50美元，价格优惠了33%。这么大的购买折扣，对于用户来说，无疑是非常具有吸引力的。

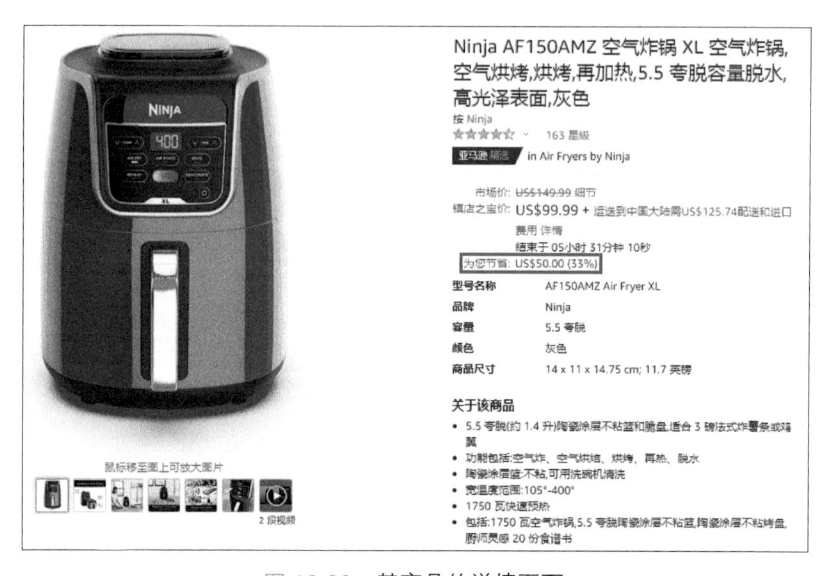

图 10-32 某商品的详情页面

购买折扣对于买家来说有很大的吸引力，因为买家可以直观地看到优惠的力度，如果商品的优惠力度比较大，买家就会觉得很值得购买。那么，卖家应该如何设置商品的购买折扣呢？具体操作步骤如下。

步骤 01 在图10-21中选择“管理促销”选项，即可进入“促销”页面。在“购买折扣”下方单击“创建”按钮，如图10-33所示。

图 10-33　单击“创建”按钮

步骤 02 操作完成后，进入“创建促销：购买折扣”页面。卖家只需在该页面中填写购买折扣的相关信息，便可完成购买折扣商品的创建，如图10-34所示。商品创建好之后，用户购买该商品时便可以享受对应的购买折扣了。

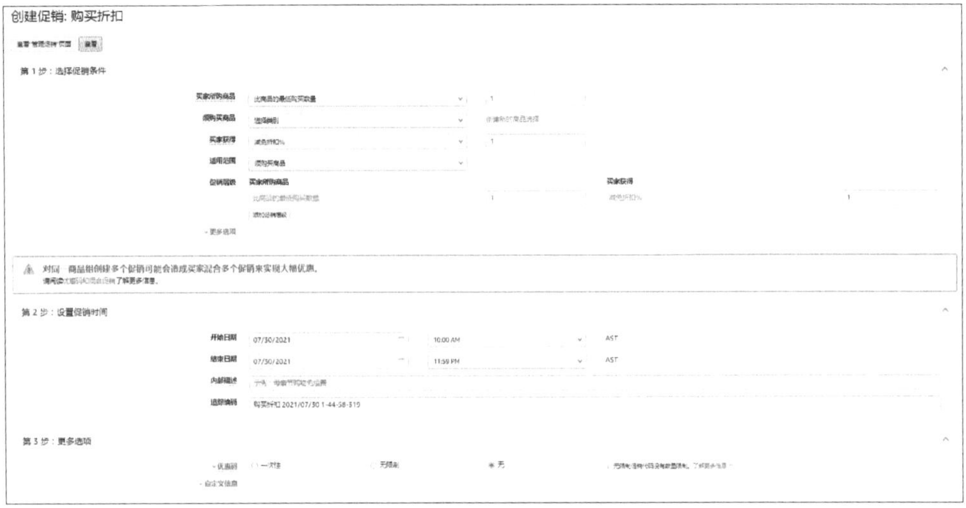

创建促销: 购买折扣
第 1 步：选择促销条件
第 2 步：设置促销时间
开始日期 07/30/2021 10:00 AM AST
结束日期 07/30/2021 11:59 PM AST
第 3 步：更多选项

图 10-34　“创建促销：购买折扣”页面

10.2.5 买一赠一

在亚马逊跨境电商平台中，买一赠一既可以是买一种商品赠送一种同样的商品，也可以是买一种商品赠送其他的商品。通常来说，为了保证销售的利润空间，卖家可以通过买一件商品赠送价值相对较低的商品来进行促销。

图10-35所示为某商品的详情页面，可以看到，卖家通过买手机支架皮套皮带夹赠送屏幕保护膜的形式，来吸引用户购物。

图 10-35　某商品的详情页面

那么，卖家要如何设置买一赠一呢？具体操作步骤如下。

步骤 01 进入“促销”页面，单击“买一赠一”下方的“创建”按钮，如图10-36所示。

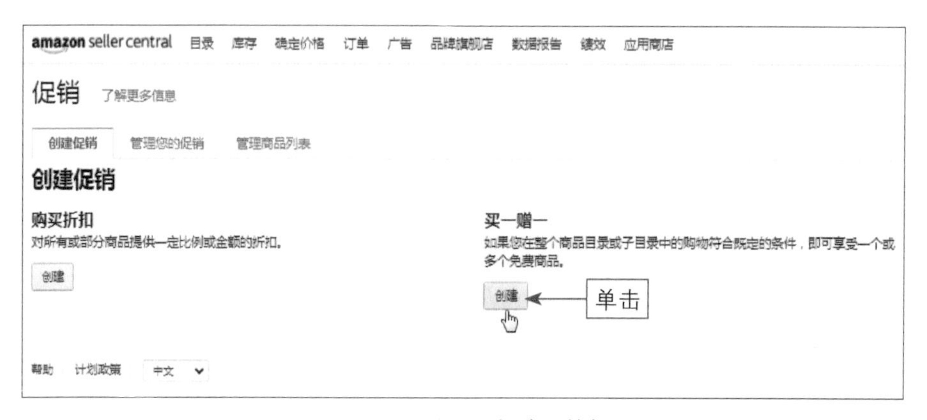

图 10-36　单击“创建”按钮

步骤 02 操作完成后，进入“创建促销：买一赠一”页面。卖家只需在该页面中填写买一赠一的相关信息，便可完成买一赠一商品的创建，如图10-37所示。

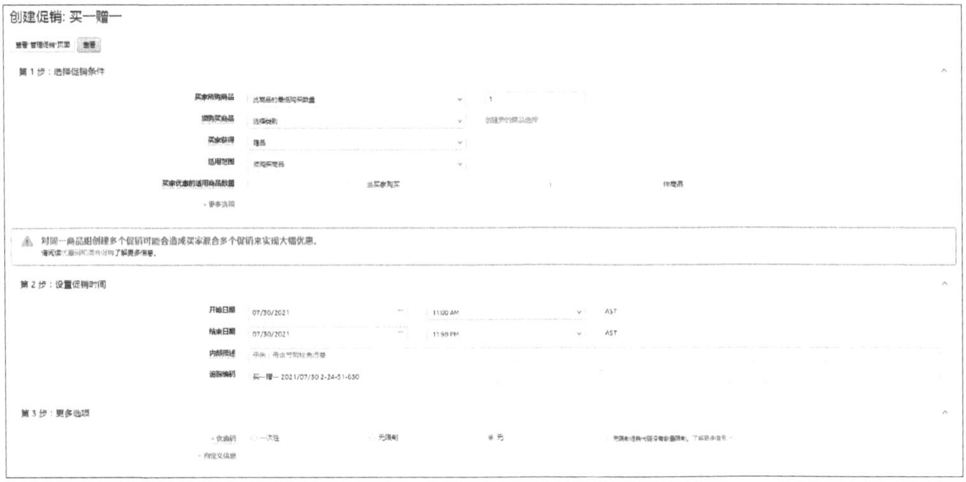

图 10-37　“创建促销：买一赠一”页面

10.3 了解爆款打造技巧

对于卖家来说，如果能将商品打造成爆款，那么该商品的销量就有保障了。因此，在亚马逊店铺运营的过程中，许多卖家都会将重心放在爆款的打造上。其实，在亚马逊平台中打造爆款很简单，只需重点做好以下6个方面的工作即可。

10.3.1　掌握爆款打造的4个要素

卖家要打造爆款，需要先掌握爆款打造的要素。具体来说，在打造爆款时，需要重点掌握以下4个要素。

1. 商品信息

前面的内容中，已经多次强调过商品详情页中内容的重要性。如果大家还不用心编写商品详情页的内容，那么就等于是自己放弃打造爆款了。需要注意的是，商品详情页中的所有内容都要重视，实际操作时，许多卖家对文字部分的内容都比较重视，但却忽视了图片的选择。其实，商品详情页中的图片对用户的购买欲也能产生重大影响。

通常来说，卖家在选择商品图片时，一定要追求美观性。千万不要将商品不太美观的一面展示出来。否则用户看到图片后，很可能就没有购买欲望了。图10-38所示为某玻璃水杯商品详情页面的部分信息，可以看到，因为该玻璃杯是透明的，而背景颜色又比较深。因此，从商品的主图来看，该玻璃杯有点看不太清，而且整张图片也不太美观。

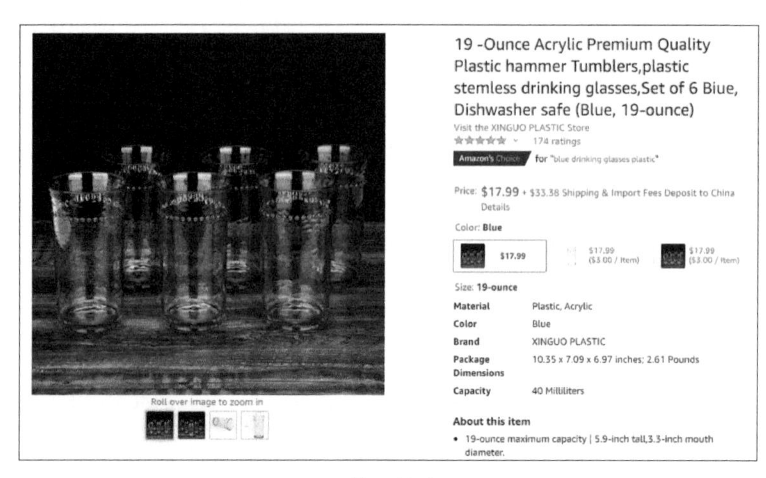

图 10-38　美观性欠缺的图片

另外，当商品自身的美观性不太够时，卖家还可以通过增加装饰物的方式，让商品图片更加美观。图10-39和图10-40所示为款式相近的两款玻璃杯的商品详情页，但这两款玻璃杯给人的感觉却有很大的不同，这主要是因为其中一款玻璃杯中添加了装饰物。

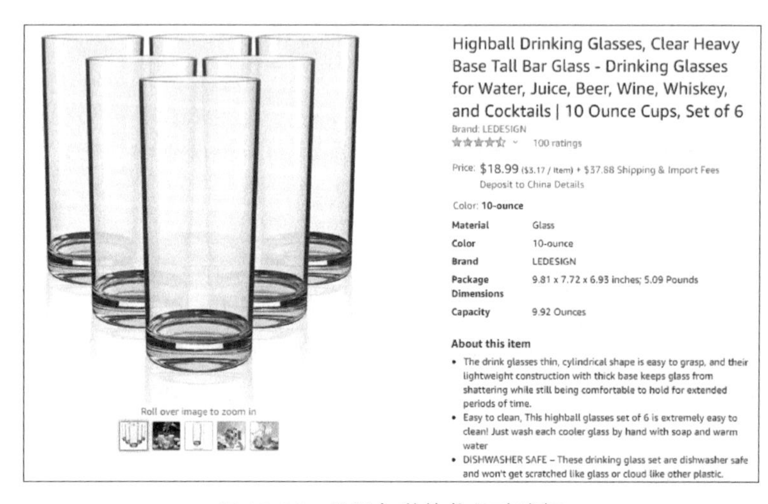

图 10-39　没添加装饰物的玻璃杯

图 10-40　增加了装饰物的玻璃杯

具体来说，相比于图10-39中的玻璃杯，图10-40中的玻璃杯看上去更加美观一些。这主要是因为图10-39中展示的都是空杯子，图10-40中的一个玻璃杯中增加了水果和汽水等装饰物，而用户在看图片时又会同时看到装饰物。因此，图10-40中的玻璃杯自然会比图10-39中的玻璃杯更吸睛。

2. 选品

选品是爆款打造的第一步和关键一步，对于卖家来说，正确的选品就等于是赢在了起点。在选品时，卖家不应该带有太多的主观情绪，而应该将商品的相关数据作为主要参考因素，通过数据评估选择用户需求量较大的商品。千万要记住，市场需求量是选品时必须重点考虑的因素，如果所选择的商品市场需求量太少，那么即便后期再如何进行推广营销，商品也难以成为爆款。

3. 商品价格

商品价格在一定程度上决定了一款商品能否成为爆款。这一点很好理解，毕竟当商品价格比较高时，舍得花钱购买的用户就减少了。而且当市场上有款式差不多的商品时，用户还会选择价格相对较低的商品。因此，卖家可以适当控制商品价格，通过相对较低的价格获得更高的销量，从而通过薄利多销打造爆款。

图10-41和图10-42所示为款式相近的两款水壶的商品详情页。如果要选择一款进行购买，你会选择哪一款呢？笔者个人会选择图10-42中的这款水壶。因为这两款水壶基本没有太大的差别，但是图10-42这款水壶却便宜1美元，所以购买图10-42这款水壶更划算。

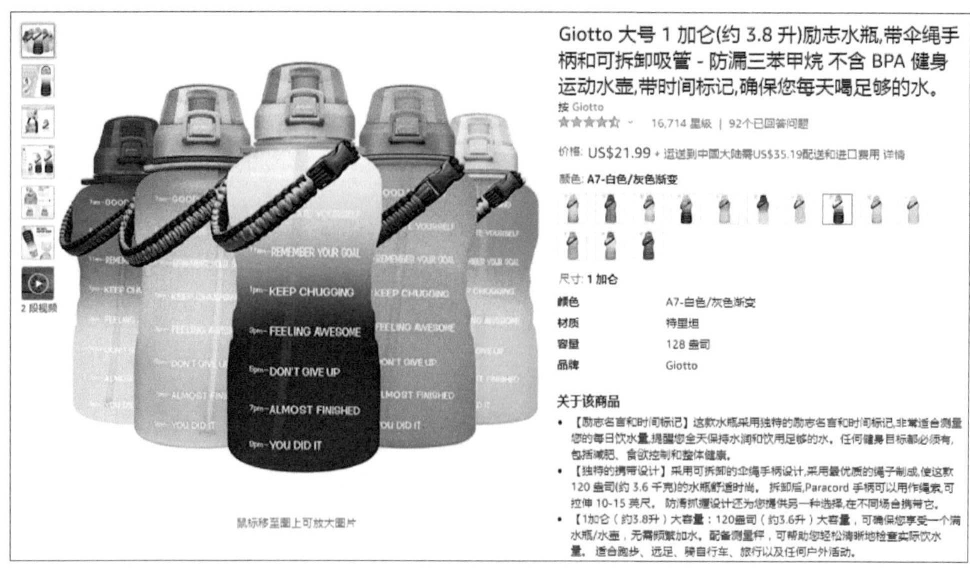

图 10-41 价格相对较高的某款水壶

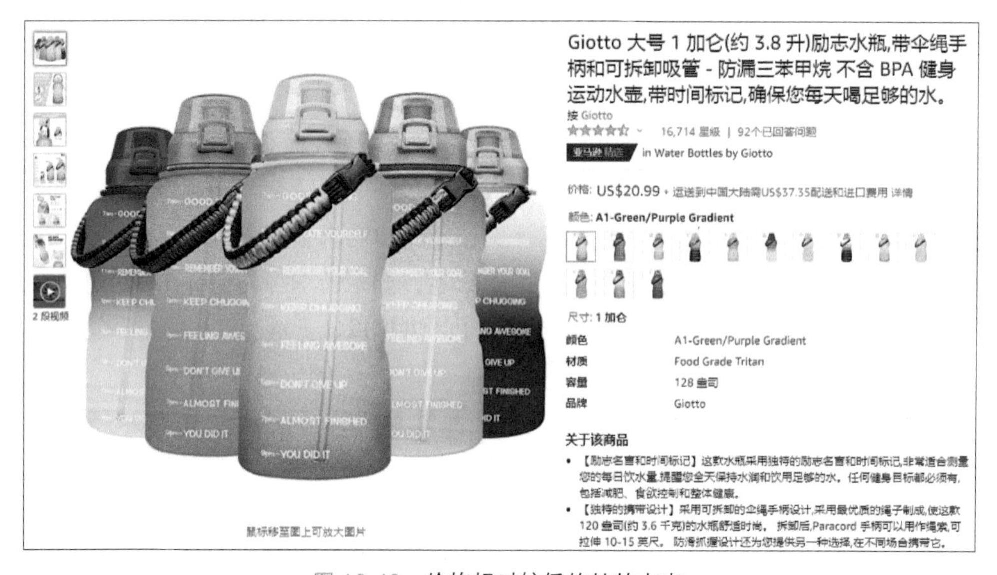

图 10-42 价格相对较低的某款水壶

4. 商品推广

商品上架后，卖家还需要通过商品推广来增加商品的曝光量。前面已经讲到，随着曝光量的增加，商品的销量也会有所增加。因此，卖家要打造爆款，就必须积极做好商品推广。

需要注意的是，商品推广的渠道越多越好，除了花钱进行站内广告推广，卖家还需要积极利用社交网站和软件等站外渠道进行商品推广。毕竟很多有购买需求的用户在站外看到商品信息时，也会对商品信息多一分关注，而且部分购买需求比较强烈的用户甚至还会直接在亚马逊平台上搜索你的商品，并进行购买。

10.3.2　在垂直细分类目专注运营

卖家可以先给自己做一个定位，然后根据定位专注地进行运营，重点销售某个垂直细分类目的商品。采用这种运营策略的亚马逊店铺很多，可以说绝大部分店铺中销售的商品都属于某个垂直细分领域。例如，很多销售服装类商品的店铺，主要销售的就是服装和相关配饰，而不会销售像食品、生活用品等其他无关领域的商品。

在垂直细分类目专注运营有两个好处，一是卖家可以针对该领域选择或生产商品，让商品更加符合用户的需求，从而提高商品的销量；二是如果卖家的商品质量比较好，而用户又在卖家的店铺中购买了商品，那么用户在购买相关商品时可能也会选择该卖家。这样一来，卖家便可以获得一批忠实的买家，为店铺中的商品持续提供购买力。

10.3.3　卡位操作轻松让单量翻倍

亚马逊平台中会对各大小品类的商品进行销量排行，如果卖家能够通过卡位（即卡住商品所处的位置，让商品始终拥有一定的曝光量）操作让商品出现在相关的销售排行榜中，那么商品就会得到持续曝光，其销量也会出现大幅上涨，甚至会出现销量翻倍的现象。因为销售排行榜就相当于是一个宣传渠道，许多用户看到销售排行榜中的商品时，只要有需求就会点击查看，甚至进行购买。

当然，很多销售排行榜都是以一段时间为周期的，时间一过就会刷新。因此，如果卖家要想通过卡位操作让商品长期处于销售排行榜中，就需要通过适度让利、赠送小礼物等方式，让商品持续获得稳定的销量。

10.3.4　推动单价低产品成为爆款

部分卖家认为，商品价格较低时自然会对用户有吸引力，自己不用卖力推广就能让商品获得较高的销量。实际上，这种想法有些片面，价格较低的商品虽然对用户比较有吸引力，但是如果卖家不进行宣传，那么很多用户甚至都不知道该商品的存在，在这种情况下，商品的销量又怎么会出现明显提升呢?

其实，对于单价较低的商品，卖家只需用力推一把，就有可能让其成为爆款。例如，卖家可以通过站内广告对单价较低的商品进行推广，让更多有需求的用户看到它的存在。如果用户看到了你的商品，并且对该类商品又有需求，那么他就会购买该商品。

随着越来越多的用户进行购买，商品又会出现在各类销售排行榜中，获得持续的曝光。这样一来，商品的销量也将在短期内持续增加，而商品成为爆款的概率自然也就增加了。

10.3.5 使用螺旋式爆款打造模型

所谓螺旋式爆款打造模型，简单来说，就是先让商品具有持续的销量，然后借助某个机遇推动商品的销售，让其成为爆款。在此过程中，商品始终要保持一定的销量，等时机到了再让商品的销量出现螺旋式上升。

例如，卖家可以通过控制价格、保证商品质量等方式，让商品持续获得一定的销量。然后，再通过花钱在站内打广告、在站外平台进行推广等方式，增加商品的曝光度，让商品被大量用户看到，从而快速增加商品的销量，让商品一跃成为爆款。

当然，采用螺旋式爆款打造模型时，卖家还需注意一点，那就是保证商品始终会有一定的销量，而且商品被引爆之后，短期内的销量会大幅提升，因此卖家需要保证商品始终有充足的库存，不要等商品引爆后才发现库存不足。

10.3.6 提升商品的搜索排名和销量

卖家要将商品打造成爆款，就必须重视商品的搜索排名和销量。这主要是因为商品的搜索排名和销量都会影响商品的曝光量，而曝光量的增加又能为商品成为爆款提供助力。

那么，卖家要如何做才能提升商品的搜索排名和销量呢？笔者认为，卖家既可以选择免费的方法，也可以选择花钱的方法，还可以将免费的方法和花钱的方法相结合。所谓免费的方法，就是通过优化商品的展示信息等方式，让用户更容易搜索到商品并被商品的展示信息所吸引。而花钱的方法就是通过花费一定的成本做站内推广以增加商品的曝光量，或者通过降低商品价格来增加用户的购买意愿等。